D1619466

Dieter Vogt   Das Anglerbuch

Das Anglerbuch

von Dieter Vogt

Ein Haus- und Handbuch für Sportfischer

Mit 48 Farbtafeln und 45 Zeichnungen

von Joachim Hormann

Büchergilde Gutenberg

Frankfurt am Main   Wien   Zürich

Lizenzausgabe mit Genehmigung der
Droemerschen Verlagsanstalt Th. Knaur Nachf. München/Zürich
© 1971 Droemersche Verlagsanstalt
Th. Knaur Nachf. München/Zürich
Schutzumschlag und Einband Hans Maier, Dreieichenhain
Satz und Druck Süddeutsche Verlagsanstalt
und Druckerei GmbH, Ludwigsburg
Herstellung der Filme für die Farbtafeln
Brüllmann KG, Stuttgart
Bindung Großbuchbinderei Sigloch, Stuttgart/Künzelsau
Printed in Germany 1972   ISBN 3 7632 1577 8

Inhalt

Eine ganz kurze Einleitung

(die Sie aber doch lesen sollten, auch wenn Sie sonst das Vorwort überschlagen.)

Was Sie sich gekauft haben, ist keines der üblichen Angelbücher, in denen Sie mit tausenderlei Tricks und Kniffen bekanntgemacht werden, so daß Sie nach der Lektüre den Eindruck haben, Sie brauchten nur noch loszuziehen, um mit den großartigsten Fischen nach Hause zu kommen. Natürlich geht es nicht ganz ohne »Theorie«. Sie finden also auch hier technische Dinge erläutert und beschrieben, allerdings nicht so ausführlich wie in der sonstigen Spezialliteratur. Zeigen will ich Ihnen aber vor allem etwas anderes: Sie sollen den Fisch in seiner Umgebung kennenlernen, sollen über seine eigenwilligen und manchmal sogar rätselhaften Verhaltensweisen Bescheid wissen, über seine geradezu unglaubliche Lernfähigkeit. Rute, Schnur, Haken und Pose machen noch keinen Angler, das wissen Sie selbst. Und da Sie sich den Angelsport als Liebhaberei erwählt haben, sind Sie gewiß auch ein Naturfreund, der in den ruhigen Stunden des friedlichen Wartens auf einen Biß mehr beobachten wird als nur den zuckenden Schwimmer.

In vielen Gesprächen mit Angelfreunden habe ich immer wieder erleben können, wie wenig man eigentlich über unsere Fische weiß. Dies vor allem hat mich dazu veranlaßt, dieses kleine Hausbuch zu schreiben und Sie, lieber Sportangler und Naturfreund, teilhaben zu lassen an den Erfahrungen eines Mannes, der sich sein ganzes Leben mit den Fischen beschäftigt hat. Natürlich konnten nicht alle Fragen beantwortet werden. Dazu hätte auch ein Vielfaches des mir zur Verfügung stehenden Raumes nicht ausgereicht. Aber wenn es mir gelungen ist, in Ihnen Verständnis und Interesse für das Lebewesen Fisch zu erwecken, wenn Sie gelernt haben, im Fisch mehr zu sehen als die Beute für Pfanne und Kochtopf, dann will ich zufrieden sein.

Zu danken habe ich, neben dem Verlag und den großen deutschen Fachfirmen, vor allem Herrn Walter Zabloudil aus Schorndorf, der mich oft unterstützt hat, aber auch meinem Neffen Thomas, dessen jungenhafte Fragen und Ansichten mir immer neue Anregungen gaben. Besonderer Dank gebührt Herrn J. R.

Hormann aus Stuttgart, dessen ausgezeichnete Aquarelle dem Buch seinen besonderen Reiz verleihen.

Nun wünsche ich Ihnen viel Vergnügen für unseren schönen Sport und hoffe, daß dieses kleine Buch Ihnen auch dann noch Freund und Ratgeber sein wird, wenn Sie schon längst ein perfekter Angler geworden sind.

Dieter Vogt

Gewässerkunde

Ein erfahrener Angler hat bereits einen Blick dafür, welche Fischarten er in einem Gewässer seiner Heimat erwarten kann. Anders ergeht es dem Gelegenheitsangler oder dem Anfänger. Er muß sich auf die Auskünfte der Ortsansässigen verlassen und, wenn er nichts in Erfahrung bringen kann, eben Versuche anstellen. Dabei ist es gar nicht so schwer. abzuschätzen, welche Fische in welchem Gewässer zu finden sind: Je mehr Erfahrung man in dieser Hinsicht hat, desto weniger Fehler wird man bei der Auswahl der erforderlichen Angelausrüstung machen. Voraussetzung ist natürlich, daß das Gewässer noch einigermaßen unberührt ist. Leider ist das heutzutage nur noch selten der Fall. Fast alle unsere Gewässer werden, wenn sie nicht außerhalb der Kulturlandschaften liegen, irgendwie genutzt, zum Unglück meist von großen Industriebetrieben, die aus der Stadt in ländliche Bezirke abwandern und ihre Abwässer in Flüsse und Bäche leiten. Bedauerlicherweise ist unsere Gesetzgebung noch so lückenhaft, daß sich viele Betriebe kostspielige Filter- und Kläranlagen ersparen und lieber bei auftretenden Fischsterben die relativ geringe Strafe bezahlen. Solche Praktiken wirken sich verheerend aus, denn gründlich verseuchte Gewässer bedürfen oft langer Hege, bis sie wieder ausreichende Fischbestände beherbergen. In solchen Fällen läßt sich auch durch Versuche nicht in Erfahrung bringen, welche Fische in solchen Gewässern leben; der Bestand ist meist so spärlich, daß man von Glück sagen kann, wenn man überhaupt einen Fisch an den Haken bekommt.

In der Fischerei-Wissenschaft teilt man den Verlauf eines Fließgewässers in verschiedene Regionen ein, die nach den dort am häufigsten anzutreffenden Fischarten benannt werden. Das bedeutet jedoch nicht, daß diese Fische nur hier vorkommen können. Oft genug kümmern sie sich aber nicht im mindesten um solche Einteilungen, sondern kommen auch an Orten vor, die ihnen aller Erfahrung nach nicht den geeigneten Lebensraum bieten. Der Grund dafür kann eine Veränderung der Wasserbedingungen in ihrem eigentlichen Vorzugsgebiet sein, so daß sie zur Abwanderung gezwungen waren. Außerdem ist eine Fischregion nicht scharf von der nächsten zu trennen, sondern meist liegen zwischen zwei Regionen längere Übergangszonen. Es kann sogar, vor allem in gebirgigem oder hügeligem Gelände vorkommen, daß eine Re-

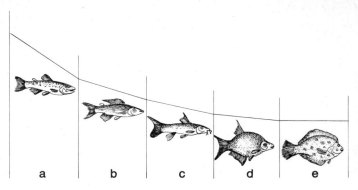

Schema der biologischen Regionen: a) Forellenregion, b) Äschenregion, c) Barbenregion, d) Bleiregion, e) Brackwasserregion

gion, die man schon »hinter« sich zu haben glaubt, im Bereich der nächstfolgenden nochmals erscheint.

An der Quelle eines Bächleins beginnt die Forellenregion. Ihr Leitfisch ist unsere einheimische Bachforelle, Salmo trutta forma fario, die sich am liebsten in kalten, sauerstoffreichen und schnellströmenden Bächen aufhält. Hier gibt es kleinere und größere Wasserfälle, die die Bachforelle mit kräftigem Schwanzschlag überquert. Ihr bevorzugter Aufenthaltsort sind die ausgewaschenen Vertiefungen oder Kolke unterhalb der Wasserfälle. In solche Vertiefungen, unter überhängende Uferpartien, ausgewaschene Ufer und höhlenartige Räume unter Steinen zieht sich die Forelle blitzschnell zurück, wenn ihr im seichteren Wasser auch nur die geringste Gefahr zu drohen scheint.

Der erfahrene Forellenfischer erkennt rasch, ob Forellen vorhanden sind: Man sieht sie, wenn man am Ufer entlang geht, als dunkle Schatten davonschießen und Zufluchten aufsuchen. Ist das Bächlein schmal, sind die Kolke nur flach, dann trifft man in der Regel lediglich auf einzelne größere Forellen, meist aber auf Jungfische von wenigen Zentimetern bis Spannenlänge. Hier lohnt es sich noch nicht, die Angel auszuwerfen. Interessant wird es erst, wenn der Bach durch Zuflüsse breiter und tiefer geworden ist.

Im Flachland kann die Forellenregion ein abweichendes Bild bieten, denn hier fließen die Bäche meist langsamer, doch immer noch mit Geschwindigkeiten, die dafür sorgen, daß das Wasser verhältnismäßig kühl ist. Auch in der Größe der Fische zeigen sich Unterschiede: Im Hochgebirge finden wir meist kleinere Exemplare, während die Flachlandformen gleichen Alters größere Gewichte erreichen. Das hängt vor allem mit dem Nahrungsangebot zusammen.

Wer Bachforellen mit lebenden Fischen angeln will, wird eine herbe Enttäuschung erleben. Nur selten nehmen Forellen diesen Köder an. Dagegen zeigen sie sich an Insekten und ihren Larven sowie an Würmern fast immer interessiert.

Da das Wasser der Forellenregion meist kristallklar ist, ist an offenen Uferpartien Vorsicht geboten; man lasse sich so wenig wie möglich sehen, denn Fische reagieren sehr rasch auf unbedachte Bewegungen.

»Begleitfische« der Bachforelle in ihrer Region gehören zu Arten, die wie sie das kühle, klare und schnellfließende Wasser lieben, also die Groppe, die Elritze und Schmerle. Auch der ursprünglich nicht in unseren Gewässern beheimatete Bachsaibling ist in der Forellenregion anzutreffen. Er wird von den Fischern oft gar nicht erkannt, sondern läuft als Bachforelle mit. Außerdem findet man hier die Regenbogenforelle, allerdings nicht sehr häufig, denn sie liebt etwas wärmeres Wasser.

Dazu kommen in manchen Gebieten noch Nase, Huchen, Äsche, Bachneunauge und vereinzelt andere Fische. So traf ich zu meiner Überraschung einmal eine Schleie in einem Schwarzwaldbach an, in dem die Forellen Mühe hatten, sich in der Strömung zu halten. Fische, die in der Regel in wärmeren Regionen zu Hause sind, beißen selten in der Forellenregion, weil die Kühle ihre Nahrungsaufnahme bremst.

Berühmt und beliebt als Sportfisch ist in dieser Region der Lachs, denn er laicht sowohl in den skandinavischen Ländern als auch in Schottland oder Spanien in der Forellenregion, die er alljährlich auf seinen Wanderungen erreicht.

In den Niederungen Europas finden sich in der Forellenregion noch andere Gäste ein, wie der Schneider, die Quappe und der Gründling.

Zu den hauptsächlichsten Nahrungstieren gehören sowohl im Flachland als auch im Gebirge Eintagsfliegenlarven, Köcherfliegenlarven (auch Sprock genannt), Bachflohkrebse, Salamanderlarven und die fertigen Insekten nach dem Schlüpfen. So erklärt sich auch die Vorliebe der Bachforelle für die künstliche Fliege. Da Pflanzen im allgemeinen fehlen (Quellmoos ist oft der einzige Pflanzenwuchs, in dem sich Insektenlarven verstecken), kommt man den meisten Bewohnern dieser Region nicht mit pflanzlichen Ködern bei. Zu bestimmten Zeiten oder unter bestimmten Umständen lassen sich Forellen allerdings mit Brot fangen.

Auf die Forellenregion folgt die Äschenregion, die sich in den meisten Gewässern kaum von der Forellenregion unterscheidet, jedenfalls nicht auf den ersten Blick. Das Wasser ist auch hier noch hell, klar und sauerstoffreich. Aber die Durchschnittstemperatur steigt an, der Bach und seine Wasserfälle werden breiter, das Bachbett darunter ist tiefer ausgespült, die Kolke sind ruhig, tiefer. Die Äsche, Thymallus thymallus, ist einer unserer besten Edelfische; ihr sportlicher Wert übersteigt bei Kennern noch den der Forelle. Dennoch überrascht es, daß viele Menschen den Fisch nie lebend oder auch tot gesehen haben. Charakteristisch ist die hohe, fahnenartig vergrößerte Rückenflosse. In der Äschenregion findet man im Frühjahr neben den Fischen, die auch in der Forellenregion anzutreffen sind, viele Fischarten, die zur Laichzeit dorthin wandern, weil sie hier ihre Laichplätze haben. Neben kiesigen und steinigen Untergründen gibt es feinen Sand und gelegentlich auch breitere Pflanzenbestände.

Wer aber glaubt, die Äsche sei in allen zur Äschenregion gehörenden Bächen zu finden, der irrt sich. Sie tritt nur an bestimmten Stellen auf, dann aber oft sehr zahlreich. Leider gehört eine ganze Reihe ihrer Vorzugsgebiete ausgerechnet zu jenen Zonen, die auch von übersiedelnden Industriebetrieben bevorzugt werden. Gegen Wasserverunreinigungen jedoch ist die Äsche außerordentlich empfindlich und wandert ab.

Zu den Begleitfischen gehört vor allem der Döbel, der Hasel und der Gründling, im Einflußgebiet der Donau auch die Nase und der Huchen. Hier finden die Fische gute Nahrungsgründe, nicht zuletzt eine Fülle fliegender Insekten, nach denen die Äschen gern springen.

Der breiter gewordene Bachlauf gleicht manchmal bereits einem kleinen Flüßchen, bleibt aber noch ziemlich flach, und das Wasser ist immer noch kühl. Lediglich zur Zeit der Schneeschmelze und bei starken Regenfällen steigen in gebirgigen Gegenden diese Wasserläufe stark an und werden trüb. Das Wasser klärt sich jedoch durch die schnelle Strömung bald wieder. Oft stehen die Äschen heute in den Bächen, die in künstlich angelegte Hochwasserrückhalte-Becken einfließen, sie halten sich aber auch in den aufgestauten tieferen Teilen des Beckens selbst auf, sofern das Wasser klar bleibt und nicht durch Badebetrieb verschmutzt wird.

Da die Äsche gegen Wasserverschmutzungen empfindlich ist und auch auf künstliche Veränderungen ihres Wohngebietes durch Abwanderung reagieren kann, hat man heute die verschwundenen oder doch reduzierten Fischbestände dieser Region in manchen Gegenden durch andere Fische ergänzt. Dazu gehört vor allem die Regenbogenforelle, die aus Nordamerika eingeführt wurde, aber heute bei uns Heimatrecht genießt und einer der beliebtesten Sportfische geworden ist.

Für den Angler interessanter wird – was die Breite des Fischangebotes betrifft – die Barbenregion. Hier ist das Wasser über weite Strecken nicht mehr so klar und sauerstoffreich wie in der Forellen- und Äschenregion, es wird bereits wärmer, die Strömung hat schon langsame Striche, häufig sind die Ufer unterspült, oder es gibt tiefe, leicht mulmige Ausspülungen. Aber auch hier gibt es noch wirbelnde, raschfließende Abschnitte, oft sogar kleinere Gefälle. Nun aber breitet sich die Unterwasservegetation über größere Flächen aus; sie bietet Fischen, die ihre Eier in Pflanzen ablegen, vorzügliche Laichplätze. Da sich hier und in den stillen Seitenbuchten Planktonkrebse bilden und halten, stehen den Jungfischen auch die ersten Futtertiere zur Verfügung.

Der Leitfisch dieser Region ist die Flußbarbe, Barbus barbus, die mit ihrer abgeflachten Kopf- und Brustunterseite und den kräftigen Bartfäden um das Maul zu den am leichtesten zu erkennenden Fischen unserer Gewässer gehört. Barben halten sich oft gesellig in größeren und kleineren Gruppen auf und liegen gern an tieferen Stellen unter Holz, Steinen oder Überhängen auf dem Boden.

Zu den Begleitfischen gehören auch hier noch die Forellen und Saiblinge, solange das Wasser ihren Anforderungen entspricht; dagegen sucht man sie – mit Ausnahme der Regenbogenforelle – vergeblich, wenn das Wasser trüb und sauerstoffarm ist. Man trifft Forellen und Saiblinge am ehesten dort, wo klare, saubere Seitenarme oder Bäche in das Hauptgewässer einmünden. Auch die Äsche findet noch an geeigneten Stellen ihr Auskommen. Wenn das Wasser tief genug ist, erscheint der einzige Raubfisch unter den Karpfen, der Rapfen. Orfen, Plötzen, Bleien, Güster, Döbel, Ukelei, Barsch, Zander und Hecht sind durchaus nicht selten und bieten gute und interessante Abwechslung in der Fischwaid. An geeigneten (tiefen und auch etwas langsamer strömenden) Stellen findet man ferner Karpfen und Schleien. Dazu kommen je nach Gegend noch weitere Arten, die jedoch erst in der folgenden Region häufiger auftreten oder aus den vorherigen Regionen stammen.

Unsere Flußbarbe kommt im mittleren Europa von der Kanalküste bis zum Schwarzen Meer vor, außerdem in Portugal und Spanien. Andere Arten mit ihren Unterarten findet man im Schwarzmeergebiet, auf der nördlichen Iberischen Halbinsel, in Griechenland, Italien und im Einzugsgebiet von Oder und Weichsel. Oft leben im gleichen Gebiet, zum Beispiel in Oberitalien, zwei Arten nebeneinander.

Zur Winterzeit zieht sich unsere Flußbarbe gern in Gesellschaften an günstige Überwinterungsplätze zurück, und hier hält sie ihre Winterruhe, während der sie keine oder nur sehr wenig Nahrung zu sich nimmt.

Aus der Barbenregion geht der Flußlauf dann in seinen Hauptabschnitt über, die Blei- oder Brachsenregion. Hier ist das Wasser meist alles andere als klar, es fließt ziemlich träge dahin und ist zumindest streckenweise sehr nährstoffreich. Natürlich gibt es auch in dieser Region noch Abschnitte, die an die vorhergehende Region erinnern, aber Forellen, Saiblinge und andere Bewohner kalter und sauerstoffreicher Gewässer sind hier nicht mehr anzutreffen. Meist haben die Ufer einen breiten Schilfgürtel. Der Boden ist schlammig und bietet vielen bodenbewohnenden Futtertieren gute Lebensmöglichkeiten. Einige Flüsse haben bisweilen Ähnlichkeit mit Seen, weil das Wasser so langsam fließt, daß es stillzustehen scheint.

Der Leitfisch ist hier der Blei oder Brachsen, Abramis brama, dem wir auch in Seen begegnen. Er liebt den ruhigen Fluß mit weichem Bodengrund und Vertiefungen. Ihm sehr ähnlich und von Ungeübten auf den ersten Blick kaum zu unterscheiden sind Güster, Zobel und Zope, wobei die beiden zuletzt genannten Arten vor allem vom Schwarzen Meer und von der Ostsee her in die Süßgewässer eindringen oder im Unterlauf der Flüsse heimisch sind.

Zu den Begleitfischen des Blei gehören so ziemlich alle die einheimischen Arten, die bisher noch nicht aufgeführt wurden. Zu ihnen gesellen sich außer den Forellen und Saiblingen sowie den typischen See-Fischen auch die Formen, die in höheren Regionen auftraten. Dazu dringen immer wieder die Wanderfische der Meere hier ein (zum Beispiel der Stör, die Finte, der Schnäpel, der Stint), so daß man sich vorstellen kann, wie vielgestaltig hier die Fischwelt ist. In der Bleiregion kann man daher mitunter völlig unerwartete Fänge machen.

Recht eigenwilligen Gesetzen unterliegt die Region zwischen Fluß und Meer. In dieser Brackwasserregion gibt es neben den Süßwasserarten bestimmte Meeresfische. So finden sich hier die Flunder, der Stint und der Aal. Die gesamte Region wird an den Meeresküsten mit ausgeprägten Gezeiten sowohl durch das eindringende Salzwasser bestimmt als auch durch einen durch Fluteinflüsse erfolgenden Wasserstau sowie eine Umwälzung der Wasserschichten, hervorgerufen durch die häufig recht steifen Winde. Solche Umschichtungen finden wir zwar auch schon in der Bleiregion, aber in Meeresnähe kommt das Salzwasser dazu.

Interessant ist die Tatsache, daß manche Fischarten, die wir als reine Süßwasserformen kennen, hier zu leben vermögen, ja, daß mehrere bekanntere Arten hier ihren bevorzugten Aufenthaltsort finden, den sie nur zur Laichwanderung oder bei anderen saisonbedingten Zügen verlassen. Zu ihnen gehören im Bereich der Ostsee und des Schwarzen Meeres vor allem die Ziege oder der Sichling (Pelecus cultratus), die Zährte (Vimba vimba), der Zobel (Abramis sapa), die Zope (Abramis ballerus), aber auch deren größerer Süßwasserverwandter, der Blei oder Brachsen, die Güster, Kaulbarsch, Ukelei und Plötze. In den Mittelmeerländern gesellen sich in diesen Gebieten gern Ährenfische dazu, und von Norwegen bis zum Schwarzen Meer findet man in den Flußmündungen den großen, kräftigen, gut kämpfenden See- oder Wolfsbarsch.

Natürlich werden, wenn die Winde von See her steif wehen, auch viele andere Fische in das Brackwasser verschlagen. Aber bei solchem Wetter ist für die Angelfreunde selten ein guter Fang zu machen, weniger der Fische als des Sturmes wegen.

Ähnliche Verhältnisse wie in der Bleiregion finden wir in den meist noch langsamer fließenden künstlich angelegten Kanälen und ähnlichen Wasserläufen, nicht selten auch in den Verbindungs- und Abflußgräben der größeren Flachlandseen. In solchen Kanälen und Gräben kommen die gleichen Fische vor wie in den Gewässern, mit denen sie in Verbindung stehen. Am häufigsten sind freilich Stichlinge und Karauschen.

So mancher Angelfreund ist zu einem Liebhaber dieser Gewässer geworden, denn man fängt in ihnen mitunter recht starke Stücke, die die weniger aufregende Jagd nach ihnen mehr als entschädi-

Karpfen, *Cyprinus carpio*

Engl.: carp, holl.: karper, franz.: carpe, ital.: carpa, jugosl.: saran, tschech.: kapr obecny, russ.: karp, schwed.: karp, norw.: karpe, dän.: karpe.

B e s c h r e i b u n g : Die Körperform des Karpfens ist sehr variabel, wenn auch die typische gedrungene Gestalt erhalten bleibt, die dem Fisch ein kräftiges Aussehen verleiht. Exemplare aus fließenden Gewässern sind in der Regel schlanker und langgestreckter, während Tiere aus stehenden Gewässern recht hochrückig werden können. Dazu kommt noch, daß neben den Wildkarpfen, die eigentlich immer langgestreckt sind, Zuchtformen vorhanden sind, die gern zum Besatz von Gewässern verwendet werden, vor allem wenn es sich um Stämme handelt, die immun gegen die Bauchwassersucht der Karpfen sind. Wildkarpfen sind völlig beschuppt, man nennt sie auch Schuppenkarpfen. Dagegen sind die meisten Zuchtformen mit wenigen oder gar keinen Schuppen bedeckt. Hier kennen wir mehrere Namen, wie z. B. Lederkarpfen, Spiegelkarpfen usw. Größe: bis 1 m Länge, Gewicht über 30 kg.

V o r k o m m e n : Das ursprüngliche Heimatgebiet liegt um das Schwarze und Kaspische Meer. Heute findet man den Karpfen in sehr vielen Gewässern Europas, in denen er entweder angesiedelt wurde oder in die er aus Zuchtanstalten einwanderte.

L e b e n s w e i s e : Der Karpfen gilt als ausgesprochener Friedfisch, und seine ruhigen und gemächlichen Bewegungen unterstreichen diese Einstufung noch. Normalerweise hält sich das Tier in Schwärmen auf, die in ihrer Gesamtzahl recht unterschiedlich sein können. Besonders zur Laichzeit finden sich die Tiere in oft erstaunlichen Zahlen zusammen und legen ihre Eier mit lautem Getöse in pflanzenbedeckten Uferbezirken ab. Vorzugsweise halten sie sich in der Nähe des Bodengrundes auf, den sie ständig nach Freßbarem durchsuchen. Dennoch steigen sie gern zur Wasseroberfläche, und nicht selten sieht man die Rücken der Fische aus dem Wasser ragen. Trotz seiner behäbigen Bewegungen ist der Karpfen recht scheu, und nur in kleinen Teichen legt sich das etwas. Wildkarpfen aus Fließgewässern bekommt man kaum zu Gesicht. Hier ist sein bevorzugtes Aufenthaltsgebiet die Bleiregion. Wichtig ist es, daß das Wasser warm bleibt. Der Fisch hält eine Winterruhe, während der er sich in den Schlamm der Gewässer zurückzieht und keine Nahrung annimmt. Er ernährt sich von allem Freßbaren und kann sich mit einem zu großen Brocken längere Zeit beschäftigen. Während des Frühjahres nach der Winterruhe nimmt er gern tierische Nahrung, stellt sich aber nach der Laichzeit vor allem auf Pflanzenkost um. So frißt er gern die sogenannte Entengrütze, an der Oberfläche treibende Schwimmpflanzen, in der sich viel tierische Organismen aufhalten, so daß er doch zu einem gewissen Anteil tierischer Nahrung kommt.

A n g e l : Grundangel, Floß. – Schnur: 0,30–0,35. – Haken: Größe 1–5. – Köder: Im Frühjahr nach dem Aufsteigen vom Bodengrund gute Erfolge mit Regenwürmern, die man am Haken zum Zopf vereinigt. Später wird der Karpfen oft ein Spezialist, dessen Geschmack man treffen muß. Das klassische Ködermaterial sind Kartoffeln, Brot und Getreide.

F a n g z e i t : Ganzjährig, mit Ausnahme der für die Gewässer angeordneten Schonzeiten. Erkundigung einziehen! – Laichzeit: Mai–Juli, je nach Wasserwärme. – Schonzeit: unterschiedlich. – Mindestgröße: um 28 cm, oft auch nach Gewicht. Hier sind die Bestimmungen zu beachten. – Der Karpfen geht am besten im Frühjahr an den Haken. Während der warmen Sommermonate frißt er zwar stärker, aber sein Fang ist meist nicht einfach. Es gehört viel Ausdauer und Ruhe dazu, zumal die einzelnen Exemplare unterschiedliches Beißverhalten zeigen. Der Fisch schleppt den Köder oft längere Strecken, ohne anzubeißen

Gründling, *Gobio gobio* (Grundel, Greßling, Gresse)

Engl.: gudgeon, holl.: rivier-grondel, franz.: goujon, ital.: gobione, tschech.: hrouzek obecny, russ.: peskarj, schwed.: sandkrypare, dän.: grundling.

B e s c h r e i b u n g : Langgestreckter, fast runder Körper. Augen stehen ziemlich hoch am Kopf. 2 Barteln. Auf graubraunem Grund ziehen sich entlang der Körperseiten blaue bis violett glänzende Flecke. Flossen gelblichbraun, manchmal mit grünlichen Tönen, und kleingefleckt oder streifige Muster. – Größe: bis 20 cm, Gewicht gering.

V o r k o m m e n : England, Benelux-Länder, Frankreich, Mitteleuropa, Norditalien, Balkan (außer Süden) bis nach Asien, südliches Finnland, Schweden und Norwegen, Dänemark.

L e b e n s w e i s e : Gründlinge sind Bewohner fließender Gewässer, halten sich aber auch in stehenden auf, wenn sie Verbindung zu Fließgewässern haben. Steigen bis zur Forellenregion, doch trifft man sie auch in Küstengewässern. Reiner Bodenbewohner, der gern in Trupps auftritt. Ernährt sich von Bodentieren, die er geschickt auch aus Unterständen oder kiesigem Boden herausholt. Wird hauptsächlich als Köderfisch für raubende Arten, aber auch für Barben benutzt. In manchen Gegenden wird er gern gegessen.

A n g e l : Grundangel, Floß, Laufloß. – Schnur: feinste Stärken genügen. – Haken: feinste Größen. – Köder: Käse, Würmer, Blutwurm, Getreide, Brot, Bachflohkrebse, Insektenlarven, Wasserasseln.

F a n g z e i t : Ganzjährig. – Laichzeit: Mai–Juni, Männchen mit Laichausschlag. – Verschiedene Arten im Donaugebiet und in Osteuropa, ähnliche Lebensweise. Am bekanntesten ist bei uns der Steingreßling (Gobio uranoscopus), der in seiner Gestalt und in der Färbung dem Gründling stark ähnelt, aber deutlich längere Bartfäden besitzt und insgesamt langgestreckter wirkt.

Karausche, *Carassius carassius* (Moorkarpfen, Bauernkarpfen, Steinkarpfen, Kotscheberl, Boretsch, Breitling)

Engl.: crucian carp, bronze carp, holl.: kroeskarper, franz.: carassin, ital.: carassio, tschech.: karas obecny, russ.: karassj, schwed.: ruda, norw.: karuss, dän.: karuds.

B e s c h r e i b u n g : Die kräftige, karpfenähnliche Gestalt ist in unserer heimischen Fischwelt unverkennbar. Von ähnlichen kleineren Schuppenkarpfen unterscheidet sich die Karausche durch das Fehlen der Bartfäden und die nur schwach hinten eingebuchtete Schwanzflosse. In der Farbe variabel. Es gibt ziemlich stark messingfarbene Tiere, aber auch schmutzig bräunliche. Je nach Gewässertyp kann die Karausche in ihrer Körpergestalt wechseln: hochrückiger oder langgestreckter. – Größe: bis 45 cm. – Gewicht bis 3 kg.

V o r k o m m e n : Da die Karausche sowohl als Nahrungsfisch als auch als Futterfisch für Edelfische dient, ist sie vielfach in ganz Europa ausgesetzt worden. Sie bewohnt aber England, Benelux-Länder, nordöstliches Frankreich, Mitteleuropa nördlich der Alpen (Schweiz nicht), bis nach Westasien.

L e b e n s w e i s e : Die Karausche ist sehr anpassungsfähig und zählebig, deshalb findet man sie in den unterschiedlichsten Gewässern, selbst noch in kleinen Dorfteichen. Sie liebt aber langsam fließende oder stehende Gewässer. Vornehmlich hält sie sich in Bodennähe auf. Sie frißt alles, was sie bewältigen kann, auch tote Nahrung und Fischbrut. Guter Lebendköder für Raubfische. In den kalten Monaten zieht sich die Karausche in tiefere Wasserschichten zurück oder in den schlammigen Bodengrund und hält eine Winterruhe.

A n g e l : Grundangel, Floß, Laufloß. – Schnur: 0,20–0,30. – Haken: Größe 2–8. – Köder: Regenwürmer, Insektenlarven, Brot, Hülsenfrüchte, Kartoffeln.

F a n g z e i t : In warmen Gewässern ganzjährig, in kühlen von März bis November. – Laichzeit: Mai–Juni.

gen. Wer aber hier auf Karpfen ansitzt, der weiß, welcher Kampf noch folgt und wieviel Geschicklichkeit erforderlich ist. Auch der Zander ist hier zu finden, und kapitale Hechte oder Welse sind durchaus nicht so selten, wie man vielleicht glaubt.

Allerdings hat dieses Gebiet einen großen Nachteil: Viele Gewässerabschnitte, vor allem im Unterlauf der Flüsse in der Nähe von Großstädten oder Großbetrieben, sind zeitweise stark von Abwässern verseucht. Das hat zur Folge, daß manche Wanderfische, wie zum Beispiel der Stör, kaum noch in die Flüsse einwandern. Erfreulicherweise füllen sich die Bestände in Norddeutschland wieder auf, aber die guten »Nebenbeifänge« von Neunaugen sind nur noch in wenigen Gebieten zu machen.

Dennoch darf man nicht glauben, daß diese Gewässer grundsätzlich nichts mehr an schuppigem Wild enthalten. Beim jährlichen Wettangeln vieler Tieflandvereine stellt sich zur Überraschung manches Petrijüngers heraus, daß weit mehr Fische vorhanden sind, als angenommen wurde. Selbst Regenbogenforellen finden sich mitunter in der Ausbeute.

Bei den stehenden Gewässern reicht die Skala von kleinen, tümpelartigen Wasserlöchern mit braunem, moorigem Wasser in Tieflandgebieten bis zu den großen, herrlich klaren und kalten Seen der Alpen. Nicht jeder See oder Teich eignet sich für Fische, doch sind die meisten von irgendwelchen Fischarten besiedelt, und seien es nur Stichlinge und Karauschen. Vielfach hat man die kleinen natürlichen Teiche, die bei der Kultivierung der ländlichen Gebiete erhalten geblieben sind, aber auch Kiesgruben, Baggerlöcher usw. für den Angelsport nutzbar gemacht. Dort lebten ursprünglich keine Fische, und so war es leicht, geeignete Edelfische oder auch Beifische auszusetzen, zu hegen und zu pflegen. Solche Gewässer erfordern einen nicht unbeträchtlichen Kostenaufwand von pachtenden Vereinen, aber er lohnt sich, denn die früher höchstens von Aquarianern zum Wasserflohfang genutzten Teiche bieten eine Ausweichmöglichkeit, wenn die Fließgewässer immer stärker verarmen oder durch Fischsterben in ihren Beständen gefährdet sind. Außerdem hält man so den teuren Jungfischbesatz zusammen, der in den verunreinigten Fließgewässern zumindest in manchen Gegenden größtenteils abwandern würde.

In den kleinen verschlammten und meist unansehnlichen Teichen kommen auch Karausche, Aal und Schleie vor. Eingesetzte Hechte halten sich meist nicht allzu lange.

In den größeren Seen von geringer Tiefe, mit weichem Boden

und Schilfgürtel, sind Blei und Güster die Hauptfische. Deshalb nennt man diesen Typ auch Bleiseen. Zu ihren Mitbewohnern gehören von den Karpfenfischen Ukelei, Plötze, Rotfeder, Schleie und Karpfen, dazu kommen noch Barsch, Kaulbarsch, Zander, Aal und manch andere. Da solche Seen oft bewirtschaftet werden, kann sich der Fischbestand hinsichtlich Häufigkeit und Artenzahl je nach Gegend ändern. Dazu kommt noch, daß diese Seen abschnittweise oft sehr verschieden sind, wodurch sich auch die Hauptstandplätze der vorkommenden Fischarten verändern können.

Ähnlich wie der Bleisee ist der Zandersee aufgebaut. Zanderseen liegen meist im Flachland. Das Wasser ist nicht sonderlich klar, die Uferbeschaffenheit wechselnd: Es gibt flachere und tiefere Stellen, krautige Zonen und pflanzenbestandene Ufer. Fast immer wird der Zander von anderen Barschen begleitet; dazu kommen Hecht, Blei, Rotfeder, Plötze, Gründling. In manchen der großen norddeutschen Seen stellt sich auch die Maräne ein, falls Wassertiefen von mehr als 30 m erreicht werden.

Die sogenannten Karauschenseen erinnern an große Tümpel und Teiche. Das Wasser ist meist sehr trübe, ähnlich wie in einem Dorfteich, auf dem sich die Enten tummeln. Die Bodenschicht besteht aus viel Mulm, der Wasserstand ist oft so niedrig, daß man nach einer längeren Trockenperiode nur noch schlammiges Wasser vorfindet. Aber die Fische, die hier leben, können je nach den Nahrungsverhältnissen durchaus von lohnender Größe und Schwere sein. Dagegen haben sie oft den üblen Modergeschmack, der sich nur dann etwas verliert, wenn man die Beute nicht gleich nach dem Fang tötet, sondern in fließendem Wasser hältert. Da die Bewohner der Karauschenseen sehr anspruchslos und widerstandsfähig sind, kann man sie ohne Schwierigkeiten halten. Hierher gehören Schleie, Karpfen, Aal, gelegentlich auch Hecht, Plötze, Rotfeder. Selbst ausgesetzte Regenbogenforellen, die keineswegs untergewichtig waren, habe ich einmal in einem derartigen Pfuhl angetroffen.

Diese meist im Flachland anzutreffenden Seen kennt jeder Angler; sie dienen in den Sommermonaten häufig als Badeseen. An dieser Stelle muß ich aber noch einmal darauf hinweisen, daß die hier angeführte Seeneinteilung sehr willkürlich ist, zumal in den letzten Jahrzehnten die fischereiliche Bewirtschaftung mitunter gewaltige Verschiebungen innerhalb der ursprünglich vorhandenen Fischwelt verursacht hat. Am besten ist es stets, wenn man sich mit der betreffenden Gemeinde in Verbindung setzt, was man ohnehin tun muß, wenn man angeln will, und nach dem Fischbestand fragt. Es wird nur wenige Seen geben, die noch so unberührt sind, daß man die ursprüngliche fischereibiologische Einteilung tatsächlich antrifft.

Ähnliches gilt auch für die großen Voralpenseen, die für manchen Petrijünger beliebte Angelparadiese sind, weil er hier auf sogenannte Edelfische trifft, die es nur in gebirgigen Regionen gibt. Da spricht man von Bachforellenseen, Seeforellenseen, Saiblingsseen, Coregonenseen, die sich rein äußerlich oft kaum voneinander unterscheiden. Wichtig ist der Hauptfisch des Gewässers.

Als Bachforellensee bezeichnet man sehr klare, meist flache, kalte Seen oder kleinere Gewässer (Staubecken, Hochwasserrückhaltebecken usw.) mit kiesigem Bodengrund, die einen oft starken Durchfluß haben. Neben der Bachforelle treffen wir auf Groppen, Schmerlen, Renken, Grundbarsche und andere Fische, die sich je nach Gegend halten können.

Zu den Seeforellen-Seen gehören meist stehende Gewässer in gebirgigen oder alpinen Gebieten. Ihr Wasser ist ebenfalls kühl und sauerstoffreich; sie sind fast immer ziemlich tief, aber so klar, daß man oft noch in einigen Metern Tiefe den Bodengrund erkennen kann. Gespeist werden sie durch kleinere und größere Bäche, die der Forellenregion angehören. Fast immer handelt es sich um große Seen; ein Beispiel ist der oberitalienische Gardasee. Dieser Seentyp ist bei Sportanglern sehr beliebt, weil die große Seeforelle, die dem Gewässer den Namen gegeben hat, nicht ganz einfach zu erbeuten ist. Man muß schon einige Erfahrungen haben, wenn man erfolgreiche Angeltage erleben möchte. Zu den Begleitfischen, die man in fast allen Seen antreffen kann, gehören hauptsächlich Felchen, Renken und Maränen, aber auch die aus der Forellen- und Äschenregion einwandernden Bachforellen, Schmerlen, Groppen und Elritzen. An Ufern, die Unterstände und Versteckmöglichkeiten bieten, findet man nicht selten den einzigen Dorschfisch des Süßwassers, die Quappe.

Nicht so groß, aber doch durchaus beträchtlich sind die Saiblingsseen, die sich vor allem durch ihre Tiefe und Kühle auszeichnen. Auch sie liegen in gebirgigen und alpinen Gebieten, etwa in gleicher Höhe wie die Bachforellenseen. Der natürliche Fischbestand hat nicht sonderlich viele Arten aufzuweisen, und nur in den flacheren Uferzonen trifft man Fische an, die auch in anderen

Seen vorkommen, beispielsweise den Seesaibling, der zum großen Formenkreis des Wandersaiblings zählt und in vielen Gebieten Europas eigene Formen bildet, die man früher als echte eigene Arten angesehen hat. Mit wissenschaftlichem Namen heißt der Fisch Salvelinus alpinus, unser Seesaibling Salvelinus alpinus salvelinus. Diese Form kommt nur in den Seen des oberen Donaugebietes vor, während in anderen Teilen der Welt weitere Formen zu finden sind. Ihre Lebensweise und die Lebensräume bleiben sich aber fast überall ziemlich gleich.

Große Seen gibt es freilich auch im Flachland, vor allem in Norddeutschland, so etwa auf der Mecklenburgischen Seenplatte. Sie bieten geeignete Lebensbedingungen für die Kleine Maräne (Coregonus albula). Man nennt deshalb diesen Seentyp Coregonenseen. Das Wasser ist nicht sehr klar, zeitweilig sogar ausgesprochen trübe, aber da die Maränen vorzugsweise Kleinlebewesen fressen, die man Plankton nennt, finden sie hier immer reichlich Nahrung. Meistens sind die Seen tief. Aber auch in höher gelegenen Gebieten gibt es Coregonenseen, die hier kühler und klarer sind. Zu den Begleitfischen zählen im Gebirge Seeforelle, Mairenke, Perlfisch, Barsch und Hecht. Im Flachland kommt noch der Stint hinzu.

Man hat zwar den Seen nach ihren Hauptbewohnern bestimmte Namen gegeben, mitunter aber wird man den Leitfisch kaum zu Gesicht bekommen, dafür jedoch erfolgreich Jagd auf andere Arten machen können, die – scheinbar – zahlreicher vorhanden sind. Das liegt freilich oft am Angler selbst, der vom Ufer aus fangen möchte und deshalb nicht die Tiefen erreicht, in denen sich die Fische aufhalten.

Neben diesen Haupttypen haben sich in den letzten Jahrzehnten zahlreiche andere Gewässer als fündige Angelplätze erwiesen, die keinem der hier angeführten Typen entsprechen. Das ist nicht zuletzt das Verdienst vieler nimmermüder Angelvereine. Zu den Fischgewässern dieser Art gehören beispielsweise Kies- und Baggergruben, die bei sachgemäßer Bewirtschaftung besonders Karpfenfischen, wie zum Beispiel Karpfen, Schleien, Karauschen, Weißfischen, aber ebenso Barschen und Hechten ausreichende Lebensmöglichkeiten bieten. Auch die sogenannten Hochwasserrückhaltebecken werden gern zu ertragreichen Forellengewässern gemacht. Welche Fischarten sich für welche Gewässer eignen, muß der besetzende Verein oft erst in jahrelangen Versuchen herausfinden.

Eine ganz andere Region befischbarer Gewässer bietet sich uns im

Meer. Hier verwischen sich manche Grenzen, und in der eigentlichen Brandungszone des offenen Meers ist die ansässige Fischwelt meist klein und kaum für den Kochtopf geeignet. (Allerdings lassen sich diese Arten zu einer schmackhaften Fischsuppe verarbeiten.) Besser zum Angeln eignen sich Küstenstreifen, denen Wattenmeer vorgelagert ist oder wo man von erhöhten Standorten aus den Köder über weitere Entfernungen werfen kann. Sonst ist ein Boot das geeignete Mittel, um sich von der Küste etwas zu entfernen. Dann allerdings bietet dieses Gebiet die verschiedenartigsten Fische, von denen die Plattfische am Boden, die Makrelen im freien Wasser leben.

Diese Übersicht über die Gewässer ist – das muß immer wieder betont werden – in ihrer Namengebung oft recht willkürlich. Übergänge oder wiederholt auftretende Regionen findet man allenthalben.

Unsere Fische

Fragt man einen harmlosen Mitbürger, was ein Fisch sei, so wird er einen ob der vermeintlich dummen Frage überrascht ansehen und dann zur Antwort geben: . . . Ja, was eigentlich? Was würden Sie darauf antworten? Wasserbewohner? Stimmt nicht unbedingt, denn es gibt Fische, die die meiste Zeit ihres Lebens auf dem Land verbringen. Schuppenträger? Auch nicht allgemein. Denken Sie nur an die Welse oder Aale. Aber Flossen haben sie! Doch die haben andere Tiere ebenfalls. Und daß neben den Fischen noch viele andere Tiere im Wasser leben, weiß jedermann. So ganz einfach ist die Erklärung also doch nicht, wie Sie sehen!

Die Wissenschaft unterscheidet grundsätzlich drei Gruppen, die der Laie als Fisch schlechthin bezeichnet. Da ist einmal die Gruppe der Kieferlosen; das heißt, die Tiere haben keine Unterkiefer. Zu ihnen gehören die Neunaugen oder Lampreten. Dann kommen die Kieferfische, die in zwei deutlich zu unterscheidende Gruppen unterteilt werden, nämlich in die Knorpelfische und in die Knochenfische. Zu den Knorpelfischen zählen die Haie und die Rochen, zu den Knochenfischen die übrigen Kieferfische. Gerade unter den Kieferfischen aber sind die Formen, Farben und Lebensgewohnheiten so unterschiedlich, daß es nicht möglich ist, alle Vertreter dieser Gruppe unter einen Hut zu bringen.

Was wir als Fische bezeichnen, zählt gemeinhin zu den Knochenfischen. Innerhalb dieser großen Klasse kennen wir auf der Erde etwa 20 000 Arten, von denen im europäischen Süß- und Brackwasser allerdings nur rund 200 Arten anzutreffen sind. Von diesen 200 Arten wiederum fällt ein großer Teil für uns als Sportfische aus, weil die Tiere zu klein sind. Als Angelfische bleiben etwa 60 Arten übrig, von denen einige innerhalb Europas noch Unterarten bilden, die in manchen Angelbüchern als eigene Arten aufgeführt sind. Solche theoretisch-zoologischen Überlegungen sind für uns als Angler natürlich nicht sonderlich wichtig, aber wir sollten doch wenigstens einmal etwas davon gehört haben.

Ein deutsches Sprichwort sagt: Stumm wie der Fisch im Wasser. Hier irrt der Volksmund! Vielmehr können manche Fischarten einen solchen Krach machen, daß während des Zweiten Weltkrieges geschickte U-Boot-Kommandanten lauterzeugende Fischschwärme benutzten, um die Schraubengeräusche ihrer Boote zu übertönen.

Die Sinnesleistungen der Fische sind recht überraschend. So mancher Angler hat schon auf das falsche Gerät oder die Beißunlust der Fische geschimpft, wenn ein Tag ergebnislos vorüberging. Und doch kann es daran gelegen haben, daß er die Fähigkeiten seiner Beute unterschätzt hatte. Die Fische können ebenso sehen, hören, riechen, fühlen und schmecken wie wir Menschen. Und sie haben noch einen weiteren Sinn, den Schwingungssinn in den Seitenlinien, der uns Anglern oft mehr schadet, als wir vermuten. Na schön, wird nun mancher sagen, mögen die Viecher auch alle diese Sinne haben, so besitzen sie doch keine Intelligenz, sondern verfügen nur über instinktive Verhaltensweisen. Wer so denkt, unterschätzt zu seinem eigenen Nachteil die Fische. Erst in den letzten Jahrzehnten hat sich bei verhaltensphysiologischen Untersuchungen auch an unseren einheimischen Fischen herausgestellt, daß sie sehr wohl lernen und auch behalten können, was sie gelernt haben, falls die Auffrischung ihres Gedächtnisses nicht in zu großen Zwischenräumen geschieht.

Welche Folgerungen wir aus diesen Tatsachen für die Angelei zu ziehen haben, wird uns klarwerden, wenn wir die Leistungsfähigkeit der einzelnen Sinne besprechen. Wer einer Beute nachstellt, sollte immer wissen, über welche Möglichkeiten sie verfügt. Selbst die Fische sind »klüger«, als man gewöhnlich annimmt.

Das Fischauge ist anders gebaut als das menschliche Auge, wenn auch das Bauprinzip bei allen Wirbeltieren gleich ist. Den Unterschied sehen wir am besten am gekochten Fisch. Die runde, oft sehr große Linse ist steinhart. Sie sieht nach dem Kochen milchig aus, ist jedoch beim lebenden Fisch glasklar. Sehen Sie sich einmal einen frischgefangenen oder einen lebenden Fisch im Aquarium von oben an, und zwar so, daß Sie über das Auge flach hinwegsehen. Dann erkennen Sie sofort, daß sich der mittlere Teil des Auges hügelartig über den äußeren, undurchsichtigen Ring der Iris erhebt. Hier sitzt die kugelige Linse. Durch diese Anordnung hat der Fisch die Möglichkeit, fast rundum zu blicken. Wie groß das Gesichtsfeld eines Fisches jeweils ist, liegt an der Stellung der Augen am Körper und an der Einlenkung der Augen zueinander. Der markanteste Unterschied zeigt sich zwischen einer Flunder und einem Weißfisch. Die Flunder hat die Augen auf einer Körperseite; mit der anderen liegt sie platt auf dem Bodengrund. Dadurch sieht sie beim Schwimmen zwar so ziemlich alles, was über ihr vor sich geht, aber nichts, was sich unter ihr befindet. Schwimmende Flundern sind also nur dann an den Haken zu bekommen, wenn der Köder über ihnen ist. Bei einem Weißfisch liegen die Augen an den Kopfseiten ziemlich flach an. Sie erheben sich bei den meisten Arten kaum über die Kopfoberfläche. Damit haben diese Fische ein weites Gesichtsfeld nach vorn, hinten, oben und unten. Sie können also nach beiden Seiten gleichzeitig sehen, weil ihre Augen seitlich angebracht sind. Jeder Köder kann wahrgenommen werden, ganz gleich, wo er sich befindet. Da die meisten Weißfische Schwarmfische sind, die sich in kleineren oder größeren Gruppen zusammenhalten, und außerdem lebhafte Schwimmer, ist die Wahrscheinlichkeit, daß ein Köder einem der Schwarmangehörigen auffällt, sehr groß.

Immer wieder wird in der Angelliteratur behauptet, Fische seien kurzsichtig. Nach den neuesten Untersuchungen stimmt das keineswegs. Eher kann man sie als weitsichtig bezeichnen. Das hängt von der Form und der Anzahl der Sehzellen in der Netzhaut ab. Im nach vorn gerichteten Gesichtsfeld werden die deutlichsten, schärfsten Wahrnehmungen gemacht, während seitlich einfallende Bilder der Umgebung undeutlich sind. Das leuchtet ein, denn das Maul ist nach vorn gerichtet, und deshalb müssen Beutetiere, aber auch Hindernisse und Feinde am deutlichsten wahrgenommen werden können, während der seitliche Bildausschnitt vor allem Bewegungen an das Gehirn melden soll, wobei zunächst nicht sonderlich wichtig ist, von wem die Bewegung ausgeht. Erst richtet sich der Fisch mit dem Körper auf die Bewegung aus, dann nimmt er genau die Ursache wahr. Man kann diese Verhaltensweise der Fische in jedem Gewässer beobachten, zum Beispiel dann, wenn ein Köder am Fisch seitlich vorbeitreibt.

Raubfische weisen oft eine besondere Augenstellung auf. Bei ihnen (beispielsweise bei unserem einheimischen Hecht) sind die Augen stärker nach vorn ausgerichtet. So überschneiden sich die Gesichtsfelder beider Augen in einem je nach Augenstellung größeren oder kleineren Winkel. Dadurch haben diese Fische vor dem Körper ein Blickfeld, in dem sie wie der Mensch binokular sehen, also echte räumliche Eindrücke haben und Entfernungen abschätzen können. Hechte sehen in klarem Wasser etwa 15 Meter weit und schießen auf Beute los, die sich in etwa 8 Metern Entfernung vor ihnen bewegt. Es gibt aber auch Raubfische, die eine ziemlich starke seitliche Einlenkung der Augen besitzen; diese Fische jedoch leben im Schwarm oder halten sich fast immer in größeren Gruppen auf. Dadurch gleichen sie den Mangel an ausgeprägt räumlicher Sehfähigkeit teilweise aus, denn für den Angehörigen eines jagenden Schwarmes braucht die Beute nur im richtigen Winkel zu schwimmen.

Daß Fische Farben sehen und nicht nur Grautöne, ist erwiesen. So erklären sich auch die oft recht rätselhaften Reaktionen auf besonders gefärbte Köder. Zu manchen Zeiten bevorzugen zum Beispiel Döbel oder Forellen Rottöne. Dabei ist es zur Kirschenzeit beim Döbel mitunter wichtig, daß man nicht irgendwelche Kirschen nimmt, sondern sich in der Farbe nach den Kirschen richtet, die am Döbelgewässer wachsen. Eingemachte Kirschen sind übrigens nur in den seltensten Fällen zum Ködern geeignet. Ich zum Beispiel habe damit noch nie etwas gefangen.

Unklarheit herrscht auch vielfach über die Fähigkeit der Fische, während der Dämmerung und bei Dunkelheit zu sehen. Im Wirbeltierauge hängt diese Fähigkeit davon ab, in welcher Anzahl Zäpfchen und Stäbchen vorhanden sind. Die Stäbchen sind für Hell und Dunkel zuständig, die Zäpfchen für die Farben. Sehr große Augen finden sich meist bei Fischarten, die in der Dämmerung oder Dunkelheit aktiv werden. Normal große Augen sind bei am Tage munteren Fischen die Regel. Ganz kleine Augen weisen nun aber nicht darauf hin, daß der betreffende Fisch nur bei hellstem Tageslicht munter ist; mit ihnen hat es eine besondere Bewandtnis. Wenn ein Fisch im Verhältnis zur gesamten Körpergröße auffallend kleine Augen besitzt, kann man gewiß sein, daß er über zusätzliche, vergrößerte Sinnesorgane verfügt. So kann der Geruchssinn geradezu unvorstellbar entwickelt sein, wie zum Beispiel beim Aal, oder auch der Geschmackssinn, was man daran erkennt, daß diese Fische Barteln besitzen. In den Tropen kommen die elektrischen Fische mit ihrem »Ortungs«-System dazu.

Wie gut Fische sehen können, sei hier an einem Beispiel erläutert. Bei einem Versuch wurden einem Hecht kleine Beutefische vorgesetzt, die alle von der gleichen Art und für das Menschenauge kaum oder gar nicht zu unterscheiden waren. Ein Exemplar jedoch steckte in einer Glasröhre und war für den Hecht unerreichbar. Jedesmal, wenn er zuschnappte, biß er auf Glas. Nach einiger Zeit wurde dem Hecht wieder einmal Beute vorgesetzt, aber diesmal kam der vorher im Glas sitzende Fisch in den freien Schwarm. Der Räuber fraß alle bis auf den einen, der seiner Erfahrung nach nicht zu packen war!

Dennoch ist ein Fisch nicht völlig hilflos, wenn sein Gesichtssinn ausfällt. Ihm stehen noch andere Möglichkeiten zur Verfügung, sein Leben wenigstens zu fristen.

Fische besitzen ein Gehör, auch wenn dieses nicht durch äußere Muscheln oder Öffnungen angezeigt wird. Der innere Aufbau ähnelt aber durchaus dem der Wirbeltierohren. Wie beim Menschen dienen die Ohren nicht nur zum Hören, sondern beherbergen auch den Gleichgewichtssinn. Zerstört man das Innenohr eines Fisches, dann torkelt er im Wasser herum, dreht sich mit dem Bauch nach oben usw. Durch das Ohr werden also die Körperbewegungen koordiniert. Aber selbst mit gesunden Ohren kann ein Fisch im aufgewühlten Wasser um die eigene Achse rollen, weil ihm das Gefühl für die Schwerkraft abhanden kommt. Im Zusammenspiel mit den Augen richtet er sich aber immer wieder auf, weil ihm unter diesen anomalen Umständen sein Gesichtssinn verrät, daß er falsch schwimmt.

Die Hörfähigkeit der Fische mag unterschiedlich sein. Sie können jedoch Töne deutlich voneinander unterscheiden und reagieren, wie die berühmten Versuche von Professor Herter ergeben haben, selbst auf Unterschiede wie den verschiedenen Lautklang der Namen Adam und Eva. Auch auf Pfiffe oder Glocken kann man sie dressieren, wie sich in den bekannten »Fischzirkussen« gezeigt hat. Alles in allem ist freilich über das Gehör der Fische noch sehr wenig bekannt. Für den Angler bedeutet es jedenfalls, daß er bei manchen Gelegenheiten scharfe und von den umgebenden Geräuschen abweichende Töne vermeiden sollte. Vielleicht haben Sie schon einmal gelacht, wenn erfahrene, versunken dasitzende Angler recht ungemütlich wurden, weil sich jemand neben sie stellte und zu schwatzen begann. Diese Sportfreunde haben recht: Man sollte sich am Wasser still verhalten, wie man das ja auch bei der Pirsch auf vierbeiniges Wild tut. Natürlich ist die Sache anders, wenn man an stark tosenden Gewässern angelt. Der Lärm unter Wasser dürfte so ziemlich alle Geräusche von außerhalb übertönen.

Daß man sich am Wasser nicht wie ein Elefant im Porzellanladen bewegen soll, hat freilich zumeist einen anderen Grund, der weniger mit dem Gehör der Fische zusammenhängt als mit ihrem Erschütterungssinn. Wasser leitet Schallwellen ausgezeichnet. Wer es nicht glaubt, halte einmal bei einem noch fernen Gewitter den Kopf unter Wasser. Sobald er unter Wasser den Donner hört, tauche er wieder auf. Dann vernimmt er wenig später das Donnergrollen zum zweitenmal. Verstehen Sie nun, warum manche Fische Sie schon hören, bevor sie von Ihnen gesehen werden können?

Der Erschütterungssinn der Seitenlinienorgane ist eine einfache und doch raffinierte Einrichtung, die es den Fischen ermöglicht, Wasserströmungen wahrzunehmen und zu deuten, die in ihrer Umgebung, aber auch in weiterer Entfernung bei sonst ruhigen Gewässern auftreten. Diese Linien verlaufen am Fisch entlang der Seiten. Sie befinden sich nicht immer in der Körpermitte und ziehen sich auch nicht stets vom Kopf bis zum Schwanz. Manche Linien enden bereits nach wenigen Schuppen. Die Seitenlinie ist das, was so aussieht, als habe jemand mit einer Nadel Löcher in die Schuppen gebohrt. Gehen wir am Ufer mit lauten Schritten umher, dann übertragen sich die Erschütterungen des Bodens auf das Wasser und weiter auf die Seitenlinienorgane. Ist das Geräusch sehr auffallend, dann bedeutet das für die Fische höchste Alarmstufe, und blitzschnell verschwinden sie in Verstecken oder tieferen Wasserbezirken. Wenn man sich anschließend ruhig verhält, kommen die Fische, die hier ihr Revier haben, nach einiger Zeit wieder zum Vorschein, bleiben aber zunächst doch recht flüchtig, wenn man sich erneut ungestüm bewegt. Freilich können Fische auch in dieser Hinsicht lernen. In manchen Kurorten ziehen mitten durch die Stadt klare Forellenbäche, um die ringsum munteres Treiben herrscht. Hier sind die Fische so an Erschütterungen gewöhnt, daß kein Fußgänger sie stört. Man könnte sie sozusagen streicheln. An dieser Gewöhnung sind natürlich Auge und Ohr ebenfalls beteiligt.

Wer also in einsamen, wenig begangenen Gebieten auf die Fischwaid geht, sollte sich leichter Schritte befleißigen und langsam gehen.

Wie sich das Zusammenspiel zwischen Auge, Ohr und Seitenlinienorganen auswirkt, zeigt sehr schön das Wanderverhalten des Lachses, der in Mitteleuropa leider zu den Seltenheiten gehört. Auf seinen Wanderungen muß der Lachs mit den verschiedensten Strömungen fertig werden, muß Ruheplätze finden, starken Strömungen ausweichen usw. Der Druck, den eine starke Wasserströmung auf die am Kopf liegenden Erschütterungsorgane ausübt, wird wahrgenommen, vielleicht auch vom Ohr, aber das ist noch nicht gesichert. Der Lachs weicht jedenfalls gewandt der stärksten Strömung aus, wenn ihm das möglich ist, und zieht bei turbulenter Wasseroberfläche dicht über dem Bodengrund. Er sucht Vertiefungen auf und nutzt geschickt jede Deckung aus. Man könnte einwenden, daß der Fisch all das ja auch mit Hilfe seiner Augen machen könne, aber der Lachs wandert nicht nur

tagsüber, sondern auch nachts. Wie empfindlich die Seitenlinienorgane, die übrigens nicht nur auf die Körperseiten beschränkt
sind, arbeiten, wird deutlich, wenn man sieht, wie Raubfische
plötzlich munter werden, sobald sie einen vom üblichen Rhyth-
mus abweichend schwimmenden Fisch erkennen, selbst wenn
das Wasser so trübe ist, daß sie den kranken oder sonstwie ge-
schädigten Fisch, zum Beispiel den lebenden Köder an der Angel,
nicht sehen, sondern nur spüren können. Die wohl berühmtesten
Beispiele kennen wir von den Haien, die sich bei solchen Gelegenheiten sogar aus Entfernungen einfinden, die so groß sind, daß
weder Gesichts- noch Geruchssinn Hilfe bedeuten.

Die neuartigen Kunstköder mit dem Namen Turbler sollen dieser Eigenheit der Raubfische entgegenkommen und sie noch neu-
gieriger machen als die Wobbler oder Blinker.

Ganz allgemein ist die Ansicht verbreitet, daß ein Fisch unter
Wasser nicht riechen kann. Wollte ein Mensch das versuchen, so
hätte er schnell im wahrsten Sinne des Wortes die Nase voll.
Fische jedoch sind sehr wohl imstande, unter Wasser zu riechen.
Natürlich ist ihre Nase anders gebaut als unsere, denn sie muß
dem Wasserleben angepaßt sein. Wir sehen bei den meisten Fischen zwei Nasenöffnungen auf dem Vorderkopf zwischen Maul
und Augen. (Nur bei Haien und Rochen sind die Nasenöffnungen gewöhnlich auf der Unterseite der Schnauze angeordnet.)
Jede Nase hat eine vordere und hintere Öffnung, und zwischen
diesen steht im allgemeinen eine große Schuppe fast senkrecht
hoch. Dadurch wird das Wasser kurz angestaut und in die vordere Nasenöffnung gedrückt. Dann fließt es über ein Riechgewebe
und strömt hinter der Schuppe wieder aus. Von dieser Konstruktion gibt es etliche Varianten. Die im Wasser fein verteilten Duftstoffe gelangen so in den Wahrnehmungsbereich der Fische. Ganz
allgemein ist zum Riechen stets Feuchtigkeit notwendig; in trok-
kener Luft kann man nicht riechen. Unsere Nase hat deshalb
feuchte Schleimhäute.

Versuche haben gezeigt, daß die Fische ausgezeichnet riechen
können. Verstopft man einem Hai eine Nasenöffnung mit un-
durchlässigem Stoff, dann legt er sich im Wasser so, daß er mit
der freien Öffnung riechen kann.

Unsere Aale sind die Riechkünstler unter den Süßwasserfischen,
denn sie nehmen Duftstoffe noch wahr, wenn davon nur einige
wenige Moleküle in die Nase gelangen. Man kann das beobachten, wenn Aale bei der Futtersuche sind. Selbst wenn das Wasser

völlig undurchsichtig und die Beute tot ist, sind sie noch in der Lage, auf schnellstem Wege zu einer verborgenen Futterquelle zu gelangen. Solche Riechfähigkeiten finden wir vor allem bei nächtlich aktiven Fischen, wie es die Aale oder die aalartigen Muränen in den Klippen- und Korallenregionen des Mittelmeeres und anderer wärmerer Weltmeere sind. Die Riechleistung eines Aales entspricht etwa der eines Hundes.

Anatomische Untersuchungen des Gehirns zeigen sofort, ob ein Fisch gut riechen kann oder nicht, denn Voraussetzung für gute Riechleistungen sind große Riechlappen im Gehirn. Beim Aal ist der Geruchssinn so hoch entwickelt, daß er sogar Wasser zu riechen vermag. Wir alle kennen ja die Gewohnheit des Aales, beim Herannahen der Geschlechtsreife aus unseren Gewässern abzuwandern und im Meer auf Nimmerwiedersehen zu verschwinden. Dabei nimmt der Aal seinen Weg auch über Land, wenn stehende Gewässer keine direkten Verbindungen durch Abflüsse haben, und findet nur mit Hilfe seiner Nase den nächsten See oder Fluß. (So erklärt sich übrigens die Fabel, der Aal fresse Erbsen und Bohnen: Man hat ihn auf seiner Wanderung auch in Erbsen- und Bohnenfeldern gefunden. Zu ködern ist er freilich mit solchen Feldfrüchten nicht.)

Will man etwas mehr über diese Fähigkeit, Wasser zu riechen, erfahren, so kann man zu Hause mit einem noch lebenden, frisch gefangenen Aal folgenden Versuch machen: Man lege ihn auf den Tisch und halte irgendwo unterhalb der Tischkante eine Schüssel mit Wasser. Der Aal wird sofort zu diesem Minitümpel finden.

Erstaunlich ist auch die Leistung der Lachse. Sie wandern, wie bekannt, bei Eintritt der Geschlechtsreife in die Süßgewässer ein und ziehen bis in die Forellenregion, in der sie dann ablaichen. Natürlich hat dieses Phänomen die Wissenschaftler beschäftigt, denn sie wollten wissen, wie der Lachs das macht. Dabei hat sich herausgestellt, daß die Lachse immer in ihre Geburtsgewässer zurückkehren, und diese finden sie mit Hilfe ihrer Nase. Sie riechen also den spezifischen Geruch ihrer Heimat. Ein in den Pyrenäen geborener Lachs wandert selbst nach Jahren nicht in Schweden oder Schottland ein, sondern zieht in die Pyrenäen. Doch nicht nur das. Er wandert zielstrebig in den Fluß zurück, aus dem er einstmals als Jungfisch ins Meer gelangte. Dabei läßt der Fisch sich nicht von Nebenflüssen, Kanälen usw. ablenken. Woher man weiß, daß er sich dabei nur nach seiner Nase richtet? Ganz einfach. Man braucht einem Lachs nur die Nase zu verkleben, damit er nichts mehr riecht – dann findet er auch nicht mehr in seine Heimat!

Wie empfindlich manche Fische auf fremde Gerüche reagieren, ist beispielsweise daran zu erkennen, daß man den Kisutsch-Lachs davon abhalten kann, die Fischtreppen zu überwinden, wenn man sich im oberen Teil der Leiter im Wasser die Hände wäscht. Dieser Geruch ist für die Lachse abstoßend. Dagegen machen ihnen Urin oder Tomatensaft gar nichts aus.

Aber viele Fische haben noch eine andere Fähigkeit. Sie können nämlich ihre eigenen Artgenossen riechen. Offenbar haben Fische einen arteigenen Geruch, der anderen Artgenossen Signale gibt. Am bekanntesten sind die Schreckstoffe, die von manchen Karpfenfischen, vielleicht auch von allen, an das Wasser abgegeben werden, wenn einer der Fische verletzt ist. Nehmen die übrigen Schwarmfische diesen Geruch wahr, dann stieben sie sofort in wilder Flucht auseinander, finden sich aber wieder zusammen, wenn an ihrem bevorzugten Aufenthaltsort der Geruch sich verloren hat. Wegen dieser Schreckstoffe müssen wir uns übrigens stets bemühen, beim Angeln ein aus einem Schwarm gefangenes Exemplar sofort und möglichst unverletzt herauszubekommen. Sitzt der Haken zu tief oder ist die Haut zerrissen, werden die Schreckstoffe frei, und schon sind die übrigen Fische verschwunden. Unter Umständen können wir dann unsere Haken auswerfen, so oft wir wollen – kein Fisch der bereits gefangenen Art läßt sich vorläufig mehr blicken. In einem solchen Fall ist es besser, den Standort zu wechseln.

Noch ungeschickter verhält sich, wer den Fisch gleich ausnimmt und sich anschließend in einem stehenden Gewässer die Hände abspült: Dann nämlich sind die Schreckstoffe in schöner Konzentration im Wasser. Es ist nicht verwunderlich, daß sich daraufhin in unmittelbarer Nähe kein Fisch mehr sehen läßt. Ähnliche Fehler machen wir mit der Lebendhälterung bereits gefangener Fische in einem Setzkescher oder durchlöcherten Fischkasten. Verletzte Fische können das umgebende Wasser weitgehend mit Schreckstoffen verseuchen. Deshalb hängt man solche Geräte zweckmäßigerweise immer in einiger Entfernung vom eigentlichen Fangplatz ins Wasser. Allerdings, und das muß ich noch einmal betonen, sind die Schreckstoffe bisher nur bei Karpfenfischen nachgewiesen. Wie es bei anderen Fischgruppen damit steht, ist noch nicht sicher.

Ukelei, *Alburnus alburnus* (Weißfisch, Laube, Maiblecke, Silberfisch, Blinke)

Engl.: bleak, holl.: alver, franz.: ablette, tschech.: oukles, russ.: uklejka, schwed.: löja, norw.: laue, dän.: löje.

Beschreibung: Zu den häufigsten Weißfischen unserer Gewässer gehören die Ukeleis, und sie gelten als gute Köderfische, obwohl sie auch in manchen Gegenden einen wirtschaftlichen Wert haben. Der Körper ist seitlich sehr stark abgeflacht und glänzt prächtig silbern. Aus den Schuppen stellt man eine Perlenessenz her. Der Schwarmfisch ist recht empfindlich, man darf ihn nicht zu hart anfassen, ja selbst weniger kräftige Berührungen lösen schon seine Schuppen. Man erkennt den Fisch recht gut an seinem grünlichbraunen dunklen Rücken, den weißlich-silbern glänzenden Seiten, die bläulich überzogen sind, und an seinem weißen Bauch, der manchmal rosa gefärbt ist. Die Flossen sind immer rauchgrau bis grünlichschwarz. – Größe: bis 20 cm Länge und 40 g Gewicht.

Vorkommen: Von England und Westeuropa bis weit nach Rußland hinein. Man findet ihn nicht in Spanien, Italien und auf dem westlichen Balkan. Auch das nördliche Norwegen, Irland und Schottland werden nicht besiedelt.

Lebensweise: Dieser Schwarmfisch hält sich vor allem unter der Wasseroberfläche auf, und fängt sich seine Nahrung gern von der Wasseroberfläche. Das sind vor allem Insekten aller Art. Zwar zieht der Ukelei langsamer fließende Gewässer vor, aber er geht auch bis in die Barbenregion. Selbst in Seen kommt er vor und bildet eine der wichtigsten Nahrungen für die Raubfische.

Angel: Leichte Grundangel, mit und ohne Floß. – Schnur: 0,10 bis 0,20. – Haken: 8–14. – Köder: Fliegen, kleine Insekten, Brot, Getreidekörner. – Am besten holt man sie sich als Köderfische mit einer Senke.

Fangzeit: Ganzjährig. – Laichzeit: April–Juni.

Schneider, *Alburnoides bipunctatus* (Alandblecke, Schußlaube, Stronze, Stocklaugle, Gestreifte Laube)

Holl.: duppelgestippelde alver, franz.: spirlin, öperlan, tschech.: oukleska pruhovana, russ.: bystrjanka.

Beschreibung: In seiner äußeren Erscheinung ähnelt der Schneider dem Ukelei. Man erkennt den Fisch aber sofort an zwei deutlichen Merkmalen: Seine Seitenlinie sieht aus, als bestehe sie aus einer Doppelnaht, wie sie ein Schneider näht, und vom Kopf bis zur Schwanzflosse erstreckt sich eine dunklere und breite Binde, die allerdings nicht immer stark ausgebildet ist. Außerdem zeigt der Schneider vor allem an den Flossenansätzen rötliche Zonen. – Größe: etwa 15 cm, Gewicht um 30 g.

Vorkommen: Von der Bretagne durch Mitteleuropa bis über den Ural hinaus. Der Fisch fehlt in Nordeuropa und Norddeutschland, Spanien, Italien und auf dem westlichen und südlichen Balkan.

Lebensweise: Der Schneider ist ein ausgesprochener Schwarmfisch, doch er besiedelt meist schneller fließende Gewässer, und in diesen trifft man ihn vor allem in klaren Wasserbezirken an. In Süddeutschland ist er häufig im Donaugebiet. Seine Nahrung besteht vor allem aus kleinen Bodenlebewesen, denn in der Regel hält er sich dicht über dem Boden auf. Er nimmt aber auch Insekten, die auf die Wasseroberfläche fallen, und Pflanzenkost.

Angel: Leichte Grundangel, mit und ohne Floß. – Schnur: 0,10 bis 0,20. – Haken: Größe 10–14. – Köder: Fliegen, Kleininsekten und deren Larven. – Als Köderfisch fängt man ihn am besten mit Senken oder Netzen.

Fangzeit: Ganzjährig. – Laichzeit: Mai–Juni. – Schonzeit: keine.

Es gibt einige umstrittene Unterarten im Gebiet des westlichen Jugoslawien bis zur Krim, deren Lebensweise sich nicht von unserer Form unterscheidet.

Döbel, *Leuciscus cephalus* (Aitel, Dickkopf, Rohrkarpfen, Hartkopf)

Engl.: chub, holl.: kopvoorn, franz.: chevaine, meunier, ital.: cavedano, jugosl.: klen, tschech.: jelec tloust, russ.: golavlj, schwed.: färna, norw.: stam, dän.: döbel.

Beschreibung: Auf den ersten Blick erinnert der Döbel an einen kräftigen Weißfisch, doch ist sein Körper recht drehrund. Am gestreckten Körper fällt der große Kopf auf mit dem großen Maul. Die Schuppen sind dunkel gerandet, so daß eine Netzzeichnung entsteht. Bauch- und Afterflossen ziegelrot, die anderen Flossen bräunlich bis schmutzig graurot. — Größe: im allgemeinen etwa bis 40 cm lang, in Ausnahmen über einen halben Meter. Gewicht: bis 1 kg, selten bis 4 kg.

Vorkommen: Von England durch ganz Europa bis auf das mittlere und nördliche Skandinavien und Dänemark.

Lebensweise: Der Döbel ist vor allem in der Jugend ein Schwarmfisch, der gern in kleinen Trupps dicht unter der Wasseroberfläche steht und Anflugnahrung aufschnappt. Er bewohnt am liebsten rascher fließende Gewässer, die nicht tief zu sein brauchen. Geht bis zur Forellenregion, ist ein Räuber und gilt als guter Sportfisch, der besonders in den großen Exemplaren nicht leicht zu erbeuten ist. In Gegenden ohne Forellengewässer ist er eine gute Übung für die Flugangel mit der Kunstfliege. Gern steht er auch in an sich langsam fließenden Gewässern hinter kleinen Gefällen und unter Brücken. Ältere Tiere leben eher einzeln. Wird in manchen Gegenden zum Fischereischädling.

Angel: Grundrute, Spinnrute, Fliegenrute. — Schnur: 0,20 bis 0,35. — Haken: 3–12, Drilling 9–11. — Köder: Insekten, Würmer, Käse, Maden, Insektenlarven, Kirschen, Holunderbeeren, Erbsen, Weizen, Kunstfliegen, kleine Spinner.

Fangzeit: ganzjährig. — Laichzeit: Mai–Juni.

Hasel, *Leuciscus leuciscus* (Häsling, Weißfisch, Märzfisch, Zinnfisch, weißer Döbel)

Engl.: dace, holl.: sneep, franz.: chevaine vandoise, tschech.: jelec proudnik, russ.: jelez, schwed.: stäm, norw.: gullbust, dän.: strömskalle.

Beschreibung: Langgestreckter, ziemlich drehrunder Körper. Flossen gelblichbraun. Schmutzigsilberne Grundfärbung, dunklerer Rücken mit bläulichem Schimmer. Maulspalte klein. Ähnelt dem räuberischen Döbel. Oft liegt über und unter der Seitenlinie eine dunklere Einfassung. — Größe: bis 30 cm. — Gewicht: bis 350 g.

Vorkommen: Von England durch ganz Europa nördlich der Pyrenäen und Alpen. Fehlt vom mittleren Balkan bis zum Süden. Fehlt in West- und Nordskandinavien.

Lebensweise: Der Hasel ist ein ausgesprochener Schwarmfisch, der sich vorwiegend in schneller fließenden Gewässern aufhält. In stehenden Gewässern ist er nur zu finden, wenn Zu- und Abflüsse vorhanden sind, in deren Nähe er lebt. Gehört zu den besten Schwimmern unter den Karpfenfischen. Steht gern unter der Wasseroberfläche und geht auch in Brackwasser. In der Laichzeit bekommt auch bei ihm das Männchen einen hellen, knötchenartigen Laichausschlag. Der vorzügliche Schwimmer ist recht scheu und legt auf seinen Fluchten oft größere Strecken zurück.

Angel: Grundangel, Floß, Flugangel. — Schnur: 0,15–0,25. — Haken: 9–13, feindrähtig. — Köder: Insekten, Insektenlarven, Würmer (kleine), Maden, Brot, Getreide, Kunstfliegen.

Fangzeit: ganzjährig. — Laichzeit: März–Mai. — Andere Arten: Der Hasel hat im Gebiet der Rhône, Garonne und Adour eine Unterart, die im westlichen Jugoslawien wird er durch sehr ähnliche Arten ersetzt. — Da er ein guter Köderfisch für den Huchen und für andere Raubfische ist, stellt man ihm überall nach.

Wir haben eben von der Riechfähigkeit der Fische gehört. Nun wird uns wohl klargeworden sein, warum manche Arten auf ausgesprochen stinkende Köder gehen, andere aber einen Köder schon dann meiden, wenn man ihn zum Beispiel mit nikotingelben Fingern angefaßt hat. Mancher Angler hat durch Fehler, die ihm gar nicht bewußt geworden sind, die besten Fische nicht an den Haken bekommen, weil er den Geruchssinn der Tiere durch irgend etwas beleidigte.

Ähnlich entwickelt sind die Geschmacksknospen der Fische. Sicher weiß jeder, daß Fische ihren Köder mitunter zunächst prüfen und daran herumnuppeln. Außerdem nehmen sie nicht an allen Tagen denselben Köder an, sondern suchen die Abwechslung. Berühmt in dieser Hinsicht sind die Karpfen.

Viele Menschen glauben, der Fisch habe seinen Geschmackssinn nur im Maul. Das stimmt nicht. Bei zahlreichen Karpfenfischen zum Beispiel sind Geschmackszellen über die ganze Körperfläche verteilt. Solche Arten können also die Schmackhaftigkeit eines Beutetieres prüfen, indem sie es nur mit dem Schwanz oder den Körperseiten berühren. Wissen Sie jetzt, warum manche Fische den Köder nicht einmal mit dem Maul berührt haben, sondern nur an ihm entlanggeschwommen sind und trotzdem Köder und Haken nicht faßten? Der Geschmack der Fische ändert sich zudem oft mit den Jahreszeiten. Zu den berüchtigtsten Beispielen für diese Tatsache gehört wohl der Döbel.

Freilich prüft der Fisch nicht jeden Köder auf seinen Geschmack hin. Wenn er gemerkt hat, daß ein Köder von bestimmter Beschaffenheit gut schmeckt, dann nimmt er ihn auch ohne Prüfung. Der Fisch hat gelernt, mit den Augen den Köder sofort zu erkennen. Auf dieser Erfahrung beruht die vortreffliche Methode der Anfütterung von Fischen. Man gibt an den ausgewählten Fangplätzen bereits einige Tage zuvor kleinere Mengen des beabsichtigten Ködermaterials ins Wasser. Die Fische prüfen es, und bei Wohlgeschmack wird es akzeptiert. Kommt man nun am Fangtage wieder zu der Stelle, kann man gewiß sein, mit diesem Köder Erfolg zu haben, wenn man nicht den Fehler gemacht hat, die Fische so zu sättigen, daß sie überhaupt keinen Hunger mehr haben. Appetit macht man mit Kostproben!

Übrigens ist diese Methode auch gut geeignet, um die Geschmacksrichtung der an einer bestimmten Stelle versammelten Fische festzustellen. Natürlich muß man dazu die Fische sehen können, das Wasser muß also einigermaßen klar und durchsichtig sein.

Günstig ist auch, daß man durch das Füttern die Fische an einen bestimmten Platz gewöhnen kann, denn sie lernen schnell, wo es etwas zu fressen gibt. Wer außerdem nur wenig Zeit auf den Fang verwenden will, kann sich eine ihm genehme Tageszeit aussuchen (die allerdings nicht in krassem Widerspruch zur Aktivität der Fische stehen darf) und wird nach einiger Zeit seine geschuppten Freunde versammelt finden.

Eine zusätzliche Geschmackseinrichtung sind die Bartfäden (Barteln) am Kopf der Fische. In ihnen sitzen zahlreiche Geschmacksknospen. So haben die Barttläger die Möglichkeit, selbst bei Dunkelheit oder bei völlig undurchsichtigem Wasser noch Beute zu machen, denn sie reagieren sofort, wenn etwas Freßbares gegen ihre Barteln kommt. Je länger die Barteln sind, desto größer ist auch der Umkreis, den die Fische mit ihnen absuchen können. Man denke nur einmal an die langen Bartfäden der Welse. Trifft ein Beutefisch auf eine Bartel, dann reagiert der Besitzer sehr schnell und schnappt zu.

Nach unten hängende Barteln, wie man sie etwa bei der Barbe oder am Unterkiefer der Welse findet, dienen in der Regel dazu, die im Mulm oder weichen Bodengrund verborgene Nahrung aufzuspüren. Wer Barben fangen möchte, kann – vorausgesetzt, der Standplatz ist einzusehen und der Lauf von Schnur und Köder zu verfolgen – den Fischen den Köder so vor das Maul praktizieren, daß die Fische ihn mit ihren Barteln berühren. Oft springen die Fische dann förmlich auf die Beute und hängen fest.

Fische besitzen auch Gefühlsnerven, deren Endungen über den ganzen Körper verteilt sind. Das Gefühl setzen sie dann ein, wenn sie mit geradezu unwahrscheinlicher Geschwindigkeit in Höhlen oder zwischen Klippen verschwinden, um sich vor Gefahren in Sicherheit zu bringen. Jeder Angler kann diese Bewegungsweise bei Forellen sehen, wenn sie wie kopflos davonschießen und unter Umständen verschwinden. Und doch beschädigen die Tiere sich dabei nicht.

Auch während des Laichens nutzen sie den Gefühlssinn, damit sich die Partner eng aneinanderschmiegen können, um so eine möglichst sichere Befruchtung der Eier zu erreichen. Auch bei der Tarnung ist einzeln jagenden Raubfischen der Gefühlssinn von Nutzen. Haben Sie schon einmal einen Hecht beobachtet, der sich unter einem Baumstamm oder zwischen im Wasser stehenden Wurzeln verbirgt? Er schmiegt sich meist eng an die Tarnung und verfolgt von hier aus seine Beute, aber auch Bewegungen in der

Blei, *Abramis brama* (Brasse, Brachsen, Breitling)

Engl.: bream, holl.: brassem, franz.: brême commune, russ.: leschtsch, schwed.: braxen, norw.: brasme, dän.: brasen.

Beschreibung: Die hochrückige Gestalt des Blei ist charakteristisch. Seine Bauchseite ist ebenfalls leicht gebogen. Seitlich stark abgeflacht. Kopf im Verhältnis zum Körper klein. Er wirkt irgendwie angesetzt. Maul klein, vorstülpbar, aber immer größer als das Auge (die ähnliche Güster hat ein größeres Auge). Körperfarbe blaugrau mit grünlichem, bronzefarbenem und bräunlichem Schein. Ältere Tiere wirken hochrückiger. Die Körperform schwankt je nach Gewässertyp und geographischer Lage. Flossen grau, oft mit leicht schmutzig-grünlichem Schein. – Größe: bis 75 cm und 6 kg Gewicht. Durchschnittlich aber nur 40 cm maximal und 3 kg schwer.

Vorkommen: Irland, Ostküste Englands, von der Kanalküste durch Beneluxländer die Rhone hinunter, nördlich der Alpen bis zum Schwarzen Meer und weiter nach Westasien. Nördlich bis Südfinnland, Südschweden, südöstliches Norwegen.

Lebensweise: Der Blei bewohnt vor allem langsam fließende und stehende Gewässer, die einen weichen Bodengrund haben oder Mulmauflage. Hält sich sowohl im Freiwasser als auch an Schilfgürteln in der Nähe des Bodengrundes auf. Nimmt seine Nahrung vornehmlich vom Boden. Dabei stülpt er das Maul vor und pustet in den Sand und stößt auch mit dem Maul nach, um die Futtertiere herauszuholen. Bleie erkennt man meist zuerst an den kleinen trichterförmigen Kratern im Bodengrund. Ernährt sich vorzugsweise von Insektenlarven, Kleinkrebsen, Schnecken, Würmern, aber auch von Aufwuchs.

Angel: Grundangel, Floß, Lauffloß. – Schnur: 0,25–0,35. – Haken: Größe 2–8. – Köder: Tauwürmer, Insektenlarven, Kartoffel, Brot, Getreide.

Fangzeit: Von März bis Oktober, am besten in den warmen Monaten Juli bis September. Der Fisch hat während der kalten Jahreszeit eine Ruheperiode, in der der Fang gleich Null ist.

Laichzeit: Je nach Gegend zwischen Ende April bis Juni. Männchen bekommt dann einen starken Laichausschlag in Form von Knötchen, vor allem am Kopf und oberen Vorderkörper.

Güster, *Blicca björkna* (Blicke, Halbbrachsen, Zobelpleinzen, Pliete)

Engl.: white bream, holl.: blei, kolblei, franz.: brême bordeliere, jugosl.: krupatica, russ.: gustera, schwed.: björkna, dän.: flire, norw.: flire

Beschreibung: Seitlich stark abgeflachter, hochrückiger Körper, der in seiner Form je nach Gegend und Alter variiert, ähnelt dem Blei. Kopf klein, Mund klein, aber das Auge ist größer als der Mund (Blei hat kleineres Auge). Silbern bis graugrün glänzend, Rücken schwärzlich bis bräunlich-blaugrün. Flossen am Körper rötlich bis schmutzigorange (beim Blei grau). – Größe: bis 35 cm.

Vorkommen: Ostengland, von Frankreich (Bretagne und etwas südlicher) über Kanalküste, Mittelfrankreich bis zum Ural nördlich der Alpen und des Balkans. Südfinnland, Südschweden, südöstliches Norwegen, Dänemark.

Lebensweise: Dieser Schwarmfisch hält sich vorwiegend in wärmeren Gewässertypen mit ruhiger Strömung auf oder in stehenden Gewässern. Liebt Pflanzenbestände, geht aber auch ins freie Wasser. Hält sich meist dicht über dem Boden auf.

Angel: Grundangel, Floß, Gleitschwimmer. – Schnur: 0,20 bis 0,25. – Haken: 2–8. – Köder: Kleinere Regen- und Tauwürmer, Insektenlarven, Kartoffeln, Brot, Getreide.

Fangzeit und Laichzeit: wie beim Blei, mit dem die Güster meist vergesellschaftet lebt.

Zobel, *Abramis sapa* (Pleinzen, Scheibpleinzen, Dornbrachsen, Steinbrachsen, Sape, Halbbrachsen)
Russ.: bjelogaska.

Beschreibung: Wenn man einen Zobel betrachtet, erkennt man sofort die typische Bleigestalt, in dessen Verwandtschaft der Fisch auch gehört. Dennoch unterscheidet man ihn recht gut an seinem langgestreckteren Körper und an der längeren Afterflosse. Der untere Schwanzflossenlappen ist deutlich viel länger als der obere. Der Rücken ist graugrün bis schwärzlichgrün oder grau gefärbt, die Flossen sind ziemlich durchsichtig schmutzigweiß. Von der ähnlich aussehenden Zope unterscheidet sich der Zobel durch seine deutlich gebogen verlaufende Rückenpartie hinter dem Kopf. – Größe: bis 30 cm und 0,5 kg Gewicht, wird jedoch meist nur etwa 20 cm lang.

Vorkommen: Von der Donau bis zum Ural. Besonders im Schwarzen Meer und im Kaspischen Meer und dessen Zuflüssen.

Lebensweise: Der Zobel gehört zu den Wanderfischen, die zur Laichzeit stromaufwärts ziehen. Es gibt aber auch Formen, die sich immer in bestimmten Gebieten aufhalten. In kleineren Gewässern findet man ihn selten, denn in der Regel ziehen die Tiere in Trupps oder größeren Schwärmen nur in tieferen Fließgewässern. Seine Nahrung besteht vor allem aus Würmern, Insektenlarven, Muscheln, Schnecken und bis zu einem gewissen Umfang auch aus pflanzlichen Stoffen. Zur Laichzeit bekommt das Männchen einen Laichausschlag.

Angel: Grundangel, mit und ohne Floß, Grundblei und Laufblei. – Schnur: 0,20–0,30. – Haken: Größe 4–10. – Köder: Regenwürmer, Tauwürmer, Blutwurm, Insektenlarven, Getreide, manchmal auch Kartoffeln.

Fangzeit: März–September. – Laichzeit: April–Mai. – Schonzeit: meist keine. – Mindestgröße: sehr unterschiedlich, etwa 15 cm. – Der Fang ist besser mit Netzen. Das Fleisch hat sehr viele Gräten, ist aber sehr fett. Besonders gern dörrt und räuchert man den Fisch.

Zope, *Abramis ballerus* (Pleinzen, Spitzpleinzen, Zoppe, Zuppe, Schwuppe, Näsling, Spitzer)
Russ.: ssinez, schwed.: fliran.

Beschreibung: Die Zope ähnelt sehr stark dem Zobel, doch erkennt man sie leicht an ihrer fast geraden Rückenlinie vom Kopf bis zur Rückenflosse. Die Afterflosse ist ebenfalls länger als beim Blei. Der Rücken ist graugrün gefärbt, oft auch schwärzlich. Um die Rückenflosse, Schwanzflosse und Afterflosse zieht sich ein dunklerer Saum. Sonst sind die Flossen ziemlich durchscheinend graugrün. Das Maul der Zope ist etwas nach oben gerichtet. Insgesamt gesehen sieht die Zope unscheinbar gefärbt aus. – Größe: bis 35 cm, meist um 20 cm.

Vorkommen: Die Zope hat ein geteiltes Verbreitungsgebiet. Sie bewohnt nämlich im Norden die Unterläufe und das Brackwasser der Nord- und Ostsee, kommt aber auch im Südschweden vor. Das zweite Besiedlungsgebiet geht vom Schwarzen Meer aus und reicht in Mitteleuropa bis zur mittleren Donau.

Lebensweise: Dieser Schwarmfisch hält sich meist in den freien Wasserzonen auf und geht nur selten in bewachsene Ufergebiete. Während des Winters ruht der Fisch in tieferen Wasserschichten und frißt nicht. Seine Nahrung besteht aus niederen Tieren, z. B. Insektenlarven, Kleinkrebsen und Anflugnahrung. Ganz allgemein gesehen, wissen wir leider nur wenig über die Lebensweise.

Angel: Grundangel mit Floß, nicht zu tief einstellen. – Schnur: 0,20–0,30. – Haken: Größe 4–10. – Köder: Insekten, Tauwürmer, Blutwurm, Insektenlarven.

Fangzeit: April–September. – Laichzeit: April–Mai. – Schonzeit: meist keine. – Mindestgröße: um 18 cm.

Umgebung, die ihm nicht ganz geheuer vorkommen. Dabei ist ein interessantes Farbspiel zu beobachten: Die Färbung des Hintergrundes wird auf jener Körperseite stärker nachgeahmt, die dem Hintergrund abgewendet ist.

Damit haben wir auch eine Erklärung, warum man bei vorsichtigem Vorgehen Forellen mit der Hand oder Hechte während der Laichzeit mit einer Schlinge fangen kann. Daß beide Methoden einem echten Sportangler ein Graus sind, steht auf einem anderen Blatt. Die Tiere sind Berührungen mit der Umwelt gewohnt und finden nichts dabei. Andere Fische hingegen lassen solche Vertraulichkeit nicht zu. Sie bewohnen meist die freien Wasserbezirke und flüchten bei Gefahr nicht in Unterstände, sondern in das freie Wasser.

Auch in unseren europäischen Gewässern gibt es Fische, die Laute erzeugen. Sie gehören meist in die große Fischordnung der Ostariophysi (entschuldigen Sie die lateinische Bezeichnung, aber ein vernünftiger deutscher Name ist bisher dafür noch nicht gefunden worden). Zu ihnen zählt der Fischwissenschaftler die Karpfenfische, die Schmerlen, die Welse und noch einige andere Gruppen, die aber bei uns nicht vorkommen. Sie können mit Hilfe ihrer Schwimmblase, also mit Luft, Geräusche erzeugen, die sich etwa wie das Piepsen einer Maus anhören oder auch wie das Knurren eines Hundes. Über den Sinn und Zweck dieser Töne wissen wir fast nichts. Bekannt ist lediglich, daß einige tropische Arten und ein paar Meeresfische solche Laute während der Laichzeit oder bei Kämpfen von sich geben. Da Fische gut hören können, ist es nicht verwunderlich, daß sie auch Töne erzeugen.

Laute erzeugen können die Fische auch mit ihren Schlundzähnen. Reiben sie diese aneinander, so entstehen krächzende, kratzende Laute, die man unter Umständen noch in einiger Entfernung hören kann. Selbst unser so behäbiger Karpfen ist nicht stumm, sondern kann sich durchaus bemerkbar machen.

Zu den interessantesten Erscheinungen bei den Fischen gehören die Färbungen, die meist von der Umgebung abhängen. Ganz allgemein kann man sagen, daß Schwarmfische mit friedlicher Natur auffällige Farben oder glänzende Körperpartien besitzen, während die Räuber Tarnfarben zeigen, um sich möglichst unsichtbar zu machen. Allerdings gibt es auch Raubfische mit auffälliger Färbung. Dazu gehört der Flußbarsch. Dieser jagt jedoch in der Regel nicht als Einzelgänger, sondern im Schwarm. Jagende Barsche treiben nicht selten die Verfolgten über den Wasserspiegel hinaus, so daß in einem bestimmten Umkreis Plötzen und Ukeleis jählings aus dem Wasser schnellen können und mit leichtem Klatschen und Aufblitzen wieder zurückfallen. Wer im Schwarm jagt und in wenigstens lockeren Verbänden zusammenlebt, muß sich wieder zusammenfinden, wenn der Schwarm auseinandergeraten ist. Dazu benutzen die Fische ihre Körperfarben. Sie bedeuten also Signale, die jeder Angehörige der Art versteht und kennt.

Nun könnte man der Meinung sein, daß die auffälligen Farben der Fische imstande sind, einen Feind anzulocken oder eine Beute zu vertreiben. Das ist jedoch nicht oder nur unter bestimmten Bedingungen der Fall. Auf dem Rücken sind die Fische dunkler gefärbt, an den Seiten heller und am Bauch am hellsten. Man nennt diese Erscheinung Gegenschattierung. Blickt man von oben in ein Gewässer, dann hebt sich der Rücken vom dunklen Bodengrund kaum ab. Dagegen entsprechen die helleren Seiten und der Bauch durch die Lichtreflexion von schräg unten in der Färbung etwa den Lichtreflexionen der Wasseroberfläche. Schaut man von unten gegen die Wasseroberfläche auf einen Fisch, so erscheint er als dunkler Schatten, der sich aber immer wieder mit den Wellenbewegungen vereint, so daß er nicht so leicht auszumachen ist, wie man annehmen möchte.

Einzeln jagende Raubfische tarnen sich oft sehr geschickt, indem sie sich der Umgebung noch stärker anpassen und auch ihr Verhalten danach ausrichten. Ein Hecht zum Beispiel oder auch ein Zander besitzt eine unregelmäßige dunklere Zeichnung auf einem variabel gefärbten Rücken. Je nach Untergrund und Umgebung verändert sich sein Aussehen. Er paßt sich an und hat so eine ausgezeichnete Möglichkeit, in seiner Umwelt zu verschwinden, sich sozusagen in Nichts aufzulösen. Das geht so weit, daß seine beiden Körperseiten unterschiedliche Farbabstufungen zeigen können. Die dem Wasser zugekehrte Seite, die vom Hintergrund ab liegt, ist immer dem Hintergrund angepaßt. Die zum Hintergrund zeigende Seite, also die dem Wasser abgewendete, ist heller. Wahre Meister der Anpassung sind die Plattfische. Schollen oder Flundern zum Beispiel können noch erstaunlichere Färbungsveränderungen durchlaufen. Man nennt sie nicht zu Unrecht die Chamäleons unter den Fischen.

Die Körperfarben der Fische sind oft auch ihre Vorzugsfarben. Das kann unter Umständen wichtig sein, wenn man Köder einsetzt. Barsche, die auf Weißfische mit ihren silbern blitzenden

Körpern Jagd machen, bevorzugen in den meisten Gewässern silberne Blinker oder Löffel, dagegen hat man bei Forellen oft mit Rottönen mehr Erfolg. Wenn ein Fisch im Laufe des Jahres einen Farb- oder Geschmackswechsel durchmacht, wie das etwa beim Döbel der Fall ist, dann sollte man sich nicht ärgern, wenn man einen roten Köder anbietet und der Fisch nicht beißt. Die Kirschenzeit ist längst vorbei, und nun sind grüne Köder, zum Beispiel Heuschrecken, viel geeigneter. Das ändert sich allerdings auch von Gewässer zu Gewässer.

Kurz sei noch auf eine farbenprächtige Erscheinung hingewiesen – das Hochzeitskleid vieler Fische. Zur Laichzeit tragen zahlreiche Arten ein schmuckes Kleid, das anzeigt: Wir sind jetzt in der Balz und Paarung. Ist ein Gewässer arm an Saiblingen, und man fängt die nun prächtigen Fische, dann sollte man sein Jagdfieber vergessen und den gehakten Fisch schnell wieder zurücksetzen, denn vielleicht haben Sie gerade mit diesem Fang ein Gelege zerstört, und der Nachwuchs für noch manchen erfolgreichen Angeltag ist vernichtet. In der Laichzeit soll man also grundsätzlich nur solche Arten erbeuten, deren Bestand den von anderen Arten bedrohn würde, wie das oft bei der Groppe oder der Quappe der Fall ist.

Interessant ist in diesem Zusammenhang, daß die Fische in Laichfärbung von ihren Artgenossen, aber zum Teil auch von anderen Arten respektiert werden, besonders dann, wenn es sich um brutpflegende Arten handelt, wie das die Forellen, die Stichlinge usw. sind. Diese Fische legen nur eine begrenzte Eizahl ab oder laichen in Gebieten, in denen die Ausfälle unter der Jungbrut gewaltig sind. Theoretisch genügt es für die Erhaltung der Art, wenn nur ein einziges Pärchen sich bis zur Geschlechtsreife durchschlägt. Aber uns Anglern genügt das natürlich nicht. Wir wollen ja die überzähligen Fische auf den Tisch des Hauses bringen. Damit freilich ist uns auch eine schwere Verantwortung auferlegt: die Hege der Fische in den Gewässern. Es gibt natürlich auch Schonzeiten, aber das allein genügt nicht. Wenn also sogar die Fische während der Laichzeit sich gegenseitig respektieren, sollten auch wir Menschen Rücksicht zeigen.

Der räuberische Hecht ist in seinen Bewegungen äußerst sparsam, vor allem, wenn er sich langsam stocksteif einem vermeintlichen Beutetier nähert; die Schwarmfische hingegen verhalten sich mit ihrer rastlosen, unruhigen Schwimmerei vergleichsweise sehr auffällig. Dennoch hat auch dieser Schwarmzusammenhalt einen biologischen Sinn. Für jedes einzelne Tier wird die Chance, einem Überfall zu entgehen, um so größer, je größer der Schwarm ist. Deshalb halten sie sich instinktiv zusammen. Wenn aber ein Angehöriger des Schwarmes krank ist, schert er aus dem Schwarmverband aus oder wird vertrieben. Ein krankes Tier benimmt sich »falsch«, bewegt sich also gegenüber seinen Artgenossen auffällig. Da außerdem oft die Körperkräfte schwinden und die Reaktionen nicht mehr so exakt ablaufen, wird der Räuber schnell aufmerksam. Er orientiert sich nach dem kranken Fisch und ergreift ihn, weil er eine verhältnismäßig leichte Beute ist.

Im Vernichten kranken Lebens liegt eine der biologischen Aufgaben von Raubfischen. Ich sage ausdrücklich »eine«!

Wenn wir einen Spinner oder Blinker durch ein Wasser führen, in dem Raubfische leben, dann »benimmt« sich der Köder natürlich völlig »falsch«. Beim seitlichen Vorbeiführen kann der Räuber kaum erkennen, um was es sich handelt, doch stellt das Aufblitzen des Köders in seinem Gedächtnis die Verbindung zur Beute her. Ist er sehr hungrig, dann schießt er nach und schnappt zu. Wohlgenährte und erfahrene Standfische bekommt man mit dieser Methode kaum an den Haken. Dann muß man mit lebenden Köderfischen arbeiten, deren ängstliche und völlig verkehrte Flossenbewegungen sich dem Seitenliniensystem des Raubfisches mitteilen.

Wie wichtig für einen Schwarmfisch der Gesichtssinn ist, geht daraus hervor, daß beispielsweise eine blinde Rotfeder sich nicht mehr an den Schwarm anschließt, ihn verliert und damit kaum noch Chancen hat, am Leben zu bleiben. Sie findet zwar noch Futter, ist auch zur Fortpflanzung noch fähig, aber über kurz oder lang wird sie doch die Beute eines Räubers.

Man glaube aber nun nicht etwa, daß der Hecht »intelligenter« sei als ein kleiner Schwarmfisch. Schwarmfische lernen schneller, weil sie sich gegenseitig nachahmen. Außerdem sind sie gegen Überraschungsangriffe recht gut geschützt, weil die Tiere des Schwarmes in verschiedene Richtungen sehen, wenn der Schwarm ausruht. Einige Exemplare stellen sich immer mit der Blickrichtung nach hinten auf, so daß dadurch der tote Winkel im Auge der Fische überbrückt wird. Man sieht das sehr gut an einem im klaren Wasser spielenden und ruhenden Schwarm.

Leider spielen die Sinnesorgane der Fische dann nur noch eine untergeordnete Rolle im täglichen Kampf um das Leben, wenn der Mensch eingreift. Das kann durch Veränderungen der Wasserläufe der Fall sein oder durch Gewässerverunreinigungen und ähnliches. Im Zuge von Flußregulierungen werden oft Stauwehre gebaut. Durch sie wird jedoch vielen Fischen die Möglichkeit genommen, in ihre stromauf liegenden Laichgebiete zu ziehen. Erst die sogenannten Fischtreppen leisten Abhilfe. Aber auch sie nutzen nichts, wenn durch industrielle Abwässer das Wasser so verdorben ist, daß die Fische sich scheuen, durch das verseuchte Wasser hindurchzuschwimmen, oder durch dieses sogar abgehalten werden, überhaupt zu wandern. Mitunter kommt es auch zu gewaltigen Fischsterben, weil Giftstoffe in das Wasser gelangen. Viel Wirksames dagegen tun können wir leider nicht. Was der Gesetzgeber vorsieht, ist nur ein Tropfen auf den heißen Stein.

So ist es auch zu erklären, daß viele vorzügliche Speisefische oder Sportfische in unseren Gewässern immer seltener werden oder gar ganz verschwinden. Als Beispiel sollen hier nur die Lampreten oder Neunaugen und die Lachse genannt sein. Als Junge fing ich die Neunaugen während ihres Aufstieges zu den Laichplätzen noch kübelweise. Heute ist es eine Ausnahme, wenn man den Zug dieses ausgezeichneten Speisefisches überhaupt antrifft. Neunaugen gehen meist schon auf ihrer Wanderung zugrunde, obwohl sie schwierige Hindernisse überwinden können, die für andere Arten unübersteigbar sind.

Der mitteleuropäische Lachs gehörte früher zu den gewaltigsten Kletterern und wanderte in alle Hauptströme ein, denen er bis in die bachartigen Forellenregionen folgte. Dort laichte er, und die Jungfische begaben sich auf ihre lange Wanderung zum Meer, wo sie heranwuchsen und dann bei Laichreife wieder ins Süßwasser einwanderten. Heute findet man in den oberen Gewässerbezirken der Gebirge kaum noch Lachse. Jungfische sind sehr empfindlich und werden schon auf ihrer Wanderung zum Meer größtenteils durch Industrieabwässer vernichtet. Während des Heranwachsens wird ein weiterer Teil die Beute anderer Raubfische, so daß nur ein verschwindend kleiner Bruchteil der ehemals großen Brut überhaupt zu seiner Wiege zurückkehren kann. So werden die Lachse immer weniger, und man kann an den fünf Fingern abzählen, wann der Lachs aus unseren mitteleuropäischen Strömen völlig verschwunden ist. Mögen uns wenigstens die Lachsgewässer erhalten bleiben, die es heute in Europa noch gibt, nämlich in Skandinavien, Schottland und den Pyrenäen!

Das Gerät

Die Angelruten

Ich weiß nicht, wie andere Angelfreunde zur Angelei gekommen sind. Bei mir war es so, daß ich eines Tages eine Weidenrute nahm, einen kleinen Haken, den mir jemand geschenkt hatte, mit einer Schnur daran festband, eine Fliege fing, und darauf Fliege und Haken in der Lubst, einem kleinen Lausitzer Flüßchen, versenkte. Sonderbarerweise hatte ich schneller einen Anbiß, als ich je gedacht hätte. Meine Beobachtung alter, ehrwürdiger Veteranen an den Ufern dieses Flüßchens ließen mich schon damals ahnen, daß es sich beim Angeln um einen schwierigen Sport handeln müsse, denn wir Knaben wurden stets von den scheinbar in sich versunkenen Gestalten weggejagt. Selbst wenn wir in respektvoller Entfernung auf einer überhöhten Böschung zwischen allerlei Gesträuch saßen und die Angler beobachteten, sahen wir doch nur, daß hin und wieder die Rute angehoben, der Haken mit einem neuen Köder aus einer neben dem Klappsitz stehenden Büchse versehen wurde, worauf Haken und Köder mit einem eleganten Schwung in den trüben Fluten verschwanden. Fänge waren ganz offensichtlich eine Seltenheit. Wenn einmal etwas am Haken zappelte, war das »Zeug« bestenfalls als Hühnerfutter zu verwenden. Dennoch wurde es langsam und bedächtig vom Haken gelöst und nur selten wieder mit einigen unverständlichen Worten in den Fluß zurückgeworfen. In der Regel verschwand der Fisch in einem Rucksack oder Zuber neben dem Klappsitz. Uns erschien damals ein Fang als eine Art besondere Auszeichnung.
Wie sah das Angelzeug dieser Angler aus? Ich entsinne mich noch gut, mit welchen Stangen oder besser Fahnenmasten sie in jenen Jahren anrückten. Waren die Ruten an ein Fahrrad gebunden, dann manövrierten die Herren vorsichtig über die Brücken, weil sie sonst die Spitzen nicht um die Ecken bekommen hätten. Bambus ist auch heute noch eine beliebte und gute Rute, aber die Ausmaße haben sich doch geändert. Meine erste Rute war ebenfalls aus Bambus, aber da ich der Meinung war, je länger, desto besser, brachte ich ebenfalls eine Fahnenstange mit nach Hause, die nirgends unterzubringen war und deshalb auf dem Hof stehen mußte. Abgesehen davon war sie unten so dick, daß meine kindlichen Hände sie beim besten Willen nicht umspannen konnten.

Rotfeder, Scardinius erythrophthalmus (Rotkarpfen, Rotflosser, Rötel)

Engl.: rudd, red-eye, holl.: rietvoorn, franz.: rotengle, gardon rouge, ital.: scardola, jugosl.: crvenperka, tschech.: perlin ostrobrichy, russ.: krasnoperka, schwed.: sarv, norw.: sörv, dän.: rudskalle.

B e s c h r e i b u n g : Die Körperform der Rotfeder variiert oft sehr stark mit dem Gewässertyp. Meist besitzt sie einen langgestreckten, recht hohen Körper, der seitlich stark abgeflacht ist. Der Rücken zeigt oft einen olivgrünen Ton, die Seiten einen gelblichen Schimmer und der Bauch eine rein weiße Färbung. Aber auch hier gibt es viele Variationen. Ihren Namen hat die Art von den manchmal prächtig roten Flossen erhalten. Oft verwechselt man den Fisch mit der Plötze. Man kann beide Arten aber leicht am Ansatz der Bauchflossen erkennen. Bei der Rotfeder stehen sie weit vor dem Beginn der Rückenflosse, bei der Plötze sind sie fast genau darunter eingelenkt. – Größe: bis 40 cm Länge und etwa 500 g Gewicht.

V o r k o m m e n : Von den Britischen Inseln und Westeuropa bis über den Ural hinaus. Sie fehlt in Schottland, Spanien und in den nördlichen Gebieten Skandinaviens, aber auch auf der Krim ist sie nicht zu finden.

L e b e n s w e i s e : Für die Rotfeder ist es wichtig, daß sie einen weichen Bodengrund und Pflanzenwuchs zur Verfügung hat. Der Schwarmfisch, dessen Gruppen oft sehr reich an Einzeltieren sind, ernährt sich vor allem von Pflanzenwuchs, nimmt aber auch die in ihm enthaltenen tierischen Nahrungsmittel auf. Oft sieht man die Fische in Pflanzenpolstern nahe der Wasseroberfläche fressen, wobei sie nicht selten schmatzende Geräusche hören lassen. In der Regel halten sie sich in der Uferregion auf, aber sie ziehen sich auch in tieferes Wasser zurück, vor allem während der kühlen Monate. Das Männchen bekommt während der Laichzeit einen griesigen Laichausschlag. Innerhalb der verschiedenen Gewässertypen kann auch die Färbung sehr stark wechseln.

A n g e l : Grundangel, mit und ohne Floß. – Schnur: 0,10–0,25. – Haken: Größe 8–14. – Köder: Insekten und deren Larven, Regenwürmer unterschiedlicher Art, aber nicht zu große. Getreide, Brot.

F a n g z e i t : Ganzjährig. – Laichzeit: April–Mai. – Schonzeit: keine. – Mindestgröße: um 15 cm.

Griechische Rotfeder, Scardinius graecus

B e s c h r e i b u n g : Die Griechische Rotfeder sieht weitaus langgestreckter aus als unsere einheimische Art. Meist liegen ihre Augen sehr hoch im Körper, weil die Stirnpartie eingebuchtet ist. In der Färbung ähnelt sie unseren einheimischen Tieren, doch sind die Farben meist etwas kräftiger, und vor allem die Flossen zeigen ein oft leuchtendes Rot. Die Rückenflosse ist noch weiter nach hinten verschoben. – Größe: bis 40 cm und 400 g Gewicht.

V o r k o m m e n : Der Fisch lebt nur in den südlichsten Gebieten Griechenlands.

L e b e n s w e i s e : Das Leben der Griechischen Rotfeder spielt sich ähnlich ab wie das unserer einheimischen Art, doch ist sie weniger bekannt.

A n g e l : Leichte Grundangel, mit und ohne Floß. – Schnur: 0,10–0,25. – Haken: Größe 8–14. – Köder: Insekten und deren Larven, kleine Regenwürmer, Brot, Getreide.

F a n g z e i t : Ganzjährig. – Laichzeit: Februar–April.

Rotfedern bewohnen nicht nur das Süßwasser, sondern gehen auch ins Brackwasser und erreichen hier oft größere Maße und Gewichte. Innerhalb des großen Verbreitungsgebietes bilden sich geographische Formen aus, die aber in ihrer Lebensweise alle der Stammform entsprechen. Vorzüglicher Köderfisch für die Spinnangel.

Plötze, *Rutilus rutilus* (Rotauge, Zicke, Ridde, Rotalter, Rotaschel, Rotoog, Schwal, Schmal)

Engl.: roach, holl.: blankvoorn, franz.: gardon blanc, vangeron, jugosl.: bodorka-crvenookica, tschech.: plotice obecna, russ.: plotva, schwed.: mört, norw.: mort, dän.: skalle.

Beschreibung: Im Körperbau variiert die Plötze oft sehr stark je nach Gewässertyp. In der Regel ist der Fisch recht langgestreckt, seitlich abgeflacht, und der Rücken wölbt sich deutlich. Man verwechselt das Rotauge gern mit der Rotfeder. Beide sind leicht an der Stellung der Bauchflossen zu unterscheiden. Bei der Plötze sind die Bauchflossen unter dem Beginn der Rückenflosse angesetzt, während bei der Rotfeder die Bauchflossen deutlich vor dem Rückenflossenbeginn stehen. Die Flossenfärbung ist oft irreführend, weil auch Plötzen herrlich rote Flossen haben können. Der Rücken ist graugrün gefärbt, die Seiten meist schmutzigsilbern, und der Bauch sieht weiß aus. Die Iris ist fast immer leuchtend rot. Daher auch der deutsche Name. — Größe: bis über 30 cm und 250 g Gewicht.

Vorkommen: Von den Britischen Inseln und Westeuropa bis nach Ostasien. Die Plötze fehlt in Schottland, Spanien, Italien, auf dem westlichen und südlichen Balkan und im westlichen Skandinavien.

Lebensweise: Plötzen besiedeln sowohl stehende als auch fließende Gewässer und gehen auch in Brackwasser und sogar in reines Meerwasser (Ostsee). Der Schwarmfisch zieht oft in großen Gruppen, hält sich gern in etwas tieferen Gewässerschichten und kommt erst während der Dämmerung und in der Nacht in die flachen Uferregionen. Man trifft den Fisch in manchen Gebieten sogar in der Forellenregion an, aber selten. Während der Laichzeit bekommt das Männchen einen Laichausschlag. Man kann das Laichen hören, denn die Tiere sind dann sehr geräuschvoll. Sie fressen alles, was sie bewältigen können, und nehmen gern Insektenlarven, daneben aber auch Kleinkrebse und Pflanzenkost.

Angel: Leichte Grundangel, mit und ohne Floß. — Schnur: 0,10–0,20. Haken: Größe 8–14. — Köder: Insekten und deren Larven, kleine Regenwürmer, Brot, Getreide.

Fangzeit: Ganzjährig. — Laichzeit: April bis Mai. — Schonzeit: keine. — Mindestgröße: um 15 cm.

Die Plötze bildet im gesamten Verbreitungsgebiet einige Unterarten aus, die in ihrem Aussehen und in ihrer Lebensweise der Stammform ähneln. Die größte Unterart ist *Rutilus rutilus heckeli*, die russisch taran heißt und 50 cm lang wird. Sie lebt im Brackwasser des Schwarzen Meeres und geht nur zum Laichen in den Flußunterlauf.

Südeuropäische Plötze, *Rutilus rubilio*

Ital.: triotto, jugosl.: bodorka-crvenookica.

Beschreibung: Dieser Fisch sieht in seiner äußeren Gestalt unserer einheimischen Plötze sehr ähnlich. Auch in der Färbung zeigen sich deutliche Übereinstimmungen, doch findet man nicht selten eine rauchgraue Längsbinde vom Kopf bis zur Schwanzflosse. Die wissenschaftlichen Artunterschiede sind für uns als Angler uninteressant und kaum zu erkennen. — Größe: bis rund 25 cm und 200 g Gewicht.

Vorkommen: Italien, Jugoslawien (vor allem Dalmatien) und Westgriechenland.

Lebensweise: Die Südeuropäische Plötze unterscheidet sich nicht in ihrer Lebensweise von der nordeuropäischen Art. Der stärkste Unterschied zwischen beiden Arten besteht eigentlich in der geringen Größe.

Angelausrüstung und Fang: Wie bei der mitteleuropäischen Plötze. Auch hier finden wir Unterarten.

Neben diesen Arten gibt es in Europa noch einige andere. So kommen auf der Iberischen Halbinsel allein vier Arten vor, von denen Rutilus macrolepidotus portugiesisch ruivaca heißt und Rutilus arcasi spanisch escalo.

Und ich weiß noch wie heute, daß der Verkäufer mir zu dieser Rute riet, weil ich »doch sicher auch Hechte und Karpfen fangen« wolle.

Ich wünsche Ihnen, daß Sie nie an solch einen geschäftstüchtigen Menschenfreund gelangen oder gelangt sind. Ob er Angst hatte, ich könnte Angler werden? Heute existieren diese Probleme für Sie kaum noch, wenn Sie Anfänger sind; in einem Fachgeschäft werden Sie sich todsicher nicht für die langen Grundangelruten, sondern für die geradezu zierlichen und eleganten Spinn- und Fliegenruten begeistern. Das sieht doch nach Angler und zünftigem Sportsfreund aus! Und doch, irren Sie sich bitte nicht!

Auch heute sind Bambusruten für Anfänger wie Fortgeschrittene durchaus noch aktuell. Es gibt Gelegenheiten genug, bei denen man mit den leichten und kurzen Ruten nicht so zielsicher werfen oder die lange Bambusrute aus anderen Gründen sehr gut verwenden kann.

Wir kennen gelben und schwarzen Bambus. Meist ist die dunkle Rute schlanker und dadurch auch etwas leichter. Man bezeichnet sie als Pfefferrohr. Noch leichter und besser in der Hand liegt Seerohr oder Spanischrohr. Leider ist es recht zerbrechlich; deswegen nimmt man als Spitze gern anderes Material, zum Beispiel Bambus oder eine gesplißte Spitze. Eine dritte Rutenart dieser Kategorie ist das Tonkinrohr, das aber ziemlich schwer sein kann.

Da man heute kaum noch eine lange Rute in einem Stück transportiert, wird sie unterteilt. Das geschieht mit Hilfe von Hülsen. Es gibt einfache Steckhülsen aus Messing und Lamellenhülsen, die weit empfindlicher sind. Durch sie wird die Rute transportabler, aber auch schwerer.

Zum besten Material, das uns zur Verfügung steht, gehören die gesplißten Ruten, die aus sechs gleichartig geschliffenen Teilen zusammengeleimt werden, deren einzelne Splisse Neigungswinkel von 60° haben. Wenn es sich um eine gute Rute handelt, hat man ein Stück für lange Zeit (natürlich nur bei richtiger Behandlung). Aber leider werden gerade in den letzten Jahren immer mehr billige gesplißte Ruten in den Handel gebracht, und die sind ihr Geld nicht wert. Wer angeln will, sollte sich die Grundausstattung lieber etwas mehr kosten lassen, denn es wird sich lohnen. Je billiger Sie einkaufen, desto mehr Ärger im falschen Augenblick haben Sie!

Zu den teuersten Ruten zählen die doppelt gesplißten Ruten, de-

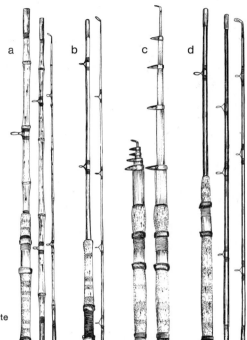

a) Bambus-Grundrute
b) Glasfiber-Fliegenrute
c) Teleskop-Rute
d) Gesplißte Holzrute

ren Kern ebenfalls aus Einzelteilen zusammengesetzt und ver-
leimt ist. Natürlich schlägt sich solche zusätzliche Feinarbeit auch
im Preis nieder.
Seit einigen Jahren treten die Glasfiberruten immer mehr in den
Vordergrund. Sie bestehen aus einem Glasfibermaterial, das zu
konischen Stäben vereinigt wird. Sie sind stark belastbar; auch die
modernen Hochsprungstäbe für den Stabhochsprung bestehen aus
diesem Material. Leider sind die Vollglasstäbe ziemlich schwer,
und deshalb nimmt man häufig die Hohlglasrute, die es auch als
Teleskoprute gibt; sie ist gar nicht so schlecht, wie man beim
ersten Ansehen glauben möchte. Aber davon wird noch die Rede
sein.
Bei der Auswahl der Ruten kommt es vor allem darauf an, wie
man angeln möchte, das heißt, ob man eine Grundangel braucht,

Zährte, *Vimba vimba* (Rußnase, Blaunase, Näsling, Rheinankel) Russ.: ssyrtj, schwed.: vimma.

B e s c h r e i b u n g : Der Fisch ist langgestreckt und seitlich stark abgeflacht. Sein Charakteristikum ist die Bildung der Oberlippe, die wie eine Nase vorspringt. Das Maul ist unterständig. Von den beiden ähnlichen Zobel und Zope unterscheidet sie sich durch diese Nase und durch die kürzere Afterflosse. Außerhalb der Laichzeit sieht der Rücken dunkelgrau bis bläulichgrau aus. Die paarigen Flossen und die Afterflosse sind leicht gelblich, an der Basis rötlicher. Aber die Flossen können auch schmutziggrot aussehen. Zur Laichzeit ist der Fisch eine der schönsten europäischen Arten, denn dann färbt sich der gesamte Oberkörper bis weit unter die Mittellinie schwarz, und die Bauchseite wird vom Kopf bis zur Schwanzwurzel rot. Auch die Flossenfarbe erscheint kräftiger. – Größe: bis 50 cm Länge und 1 kg Gewicht.

V o r k o m m e n : Unterelbegebiet, Ostseeküsten von Pommern bis Südfinnland und in Südschweden. Außerdem im Voralpengebiet. Küstengebiete des Schwarzen Meeres und der Ägäis.

L e b e n s w e i s e : Die Zährte hält sich meist in Schwärmen zusammen und bewohnt sowohl das Brackwasser als auch die Unterläufe der Flüsse, die dort einmünden. Manche Formen wandern zwischen Meer und Fluß hin und her. Andere Formen bleiben ständig im Süßwasser und kommen auch in Seen vor. Der Fisch ist in der Regel dicht über dem Bodengrund zu finden, den er nach Nahrung durchsucht. Im Winter hält er sich in tieferen Wasserschichten auf, doch zieht er im Sommer, oft mit Bleischwärmen vergesellschaftet, gern in die flacheren Ufergebiete. Seine Nahrung besteht aus bodenbewohnenden Insekten und deren Larven, Schnecken, Würmern und Kleinkrebsen.

A n g e l : Grundangel, mit und ohne Floß. – Schnur: 0,15–0,30. – Haken: Größe 2–8. – Köder: Insektenlarven, Regenwürmer aller Art, aber nicht zu große, Kartoffel, Käse, Schnecken, Muscheln, Bachflohkrebse.

F a n g z e i t : Ganzjährig. – Laichzeit: Mai–Juli. – Schonzeit: keine. – Mindestgröße: keine Vorschrift.

Ziege, *Pelecus cultratus* (Sichling, Messerfisch, Sichelfisch, Zicke, Dünnbauch)
Russ.: tschechonj, tschech.: ostrucha krivocara, schwed.: skärkniven.

B e s c h r e i b u n g : Man erkennt die Ziege sehr leicht an der scharfen Bauchkante, an dem geraden Rücken mit weit zurückliegender Rückenflosse und dem oberständigen Maul. Außerdem ist die Seitenlinie meist sehr deutlich in unregelmäßigen Wellenlinien vom Kopf bis auf die Schwanzwurzel ausgebildet. Die Brustflossen sind sehr groß. Der Rücken des Tieres ist graublau, die Seiten hellen auf, und die Bauchseite ist vor allem im vorderen Teil oft rötlichweiß. – Größe: bis 35 cm durchschnittlich, aber auch bis 60 cm und 2 kg Gewicht.

V o r k o m m e n : Ostseeküstengebiet von Pommern bis Südfinnland, Schwarzes Meer und Kaspisches Meer. Süß- und Seewasser.

L e b e n s w e i s e : Dieser Schwarmfisch besiedelt am Tage meist den Bodengrund, während er in der Dämmerung und im Verlauf der Nacht zur Wasseroberfläche steigt. Er unternimmt gern Wanderungen, die ihn recht große Strecken in den Stromgebieten aufwärts bringen. Seine Nahrung besteht vor allem aus Kleinkrebsen, Insekten und deren Larven, aber auch aus kleinen Fischen.

A n g e l : Grundangel, mit und ohne Floß. – Schnur: 0,15–0,30. – Haken: Größe 2–8. – Köder: Insektenlarven, Insekten, kleine Regenwürmer aller Art.

F a n g z e i t : Ganzjährig. – Laichzeit: Mai–Juni. – Schonzeit: keine.

Schleie, *Tinca tinca* (Schlei, Schleiforelle, Schuster, Schlüpfling) Engl.: tench, holl.: zeelt, franz.: tanche, ital.: tinca, jugosl.: linjak, tschech.: lin obecny, russ.: linj, schwed..: sutare, norw.: sudre, dän.: suder.

Beschreibung: Trotz des großen Verbreitungsgebietes sehen die Fische im großen und ganzen überall gleich aus. Natürlich gibt es je nach Gewässer besser oder schlechter ernährte Exemplare. Im allgemeinen ist der Fisch recht langgestreckt, besitzt eine wenig gewölbte Rückenseite, hat einen hohen Schwanzstiel und eine leicht gebogene Bauchseite. Trotz der Größe des Fisches wirkt das geschlossene Maul klein, und in den Mundwinkeln ist ein Bartelpaar vorhanden. Die Körperfarbe sieht auf dem Rücken und auf den Seiten oft prächtig glänzend und leuchtend goldgrün aus, und der Bauch kann eine schöne Goldfarbe haben. Meist ist die Flossenfärbung graubraun bis schwärzlich, aber es gibt auch Tiere mit rötlich getönten Flossen. Die Schleie gehört zu den schönsten einheimischen Fischen. In Zuchtanstalten bietet man manchmal Goldschleie an, deren Körperfarbe gelblichweiß aussieht. – Größe: bis 60 cm Länge und 7,5 kg Gewicht. Durchschnittlich nur bis 2 kg.

Vorkommen: Von den Britischen Inseln und Westeuropa bis nach Ostasien. In Europa fehlt sie lediglich in Schottland, im mittleren bis nördlichen Skandinavien und entlang der dalmatinischen Küste bis Südgriechenland.

Lebensweise: Die Schleie ist ein ausgesprochener Grundfisch, der sich während des Tages gern in Pflanzenpolstern oder in anderen Verstecken aufhält und erst in der Dämmerung munter wird. An trüben Tagen kommt sie auch am Tage ins freie Wasser. Sie ernährt sich vor allem von kleinen auf dem Gewässerboden lebenden Tieren, wie Insektenlarven und Schnecken, aber auch von Pflanzen. Im Winter hält sie eine Ruhezeit ein, während der sie keine Nahrung aufnimmt.

Angel: Grundangel, Floß. – Schnur: 0,20–0,35. – Haken: 2–12. – Köder: Regenwürmer aller Art, Insektenlarven, Schnecken, Muscheln, Krebs, Brot, Getreide.

Fangzeit: Von etwa März bis November. Im Winter kaum Fänge. – Laichzeit: Mai–Juli. – Schonzeit: keine. – Mindestgröße: um 20 cm.

Moderlieschen, *Leucaspius delineatus* (Zwerglaube, Modke, Sonnenfischchen, Mudchen, Malinchen) Holl.: vejle, tschech.: slunka obecna, russ.: werchowka, schwed.: groplöja.

Beschreibung: Dieser kleine Fisch spielt für den Angler nur eine recht untergeordnete Rolle, und wenn man ihn als Köderfisch einsetzt, nimmt man ihn oft als Ukelei. Man erkennt den stark silberglänzenden Schwarmfisch sofort an der Seitenlinie, die deutlich hinter dem Kopf nur wenige Schuppen durchbohrt. Die Flossen sind meist zart graugrün getönt oder fast durchsichtig. Das Maul des Moderlieschens ist ziemlich steil nach oben gerichtet. – Größe: bis 12 cm.

Vorkommen: Von Holland durch Mitteleuropa bis etwa zum Ural. In Dänemark und Südschweden vorhanden.

Lebensweise: Der kleine Fisch liebt besonders die strömungsstillen Buchten und Seitengewässer. Hier hält er sich gern zwischen Pflanzenwuchs auf und bleibt immer in der Nähe der Wasseroberfläche. Selbst in kleinen stehenden Gewässern ist er zu finden. Die Nahrung besteht vor allem aus kleinsten Wasserlebewesen, wie Wasserflöhe, aber auch aus Luftinsekten und aus Pflanzenteilen. Das Männchen bewacht die Eier, die meist in ringförmigen Schnüren rund um einen Pflanzenstengel abgelegt werden, und es stößt gegen den Stengel, damit die Eier sauerstoffreiches Wasser erhalten.

Fang: Am besten mit Senken. Da der Fisch recht widerstandsfähig ist, guter Köderfisch. Ganzjährig, keine Schonzeiten.

eine Fliegenrute oder eine Spinnrute. Nicht umsonst sind die Bambusruten auch heute noch für die Grundangelei im Gebrauch, weil sie lang sind. Dagegen soll eine Spinnrute und vor allem eine Fliegenrute leicht sein, wird sie doch durch die verschiedenen Zubehörteile noch um etliches schwerer. Die ganze Angelei macht keinen Spaß, wenn man nach einer halben Stunde einen Krampf im Arm bekommt und die Rute nicht mehr halten kann. Andererseits soll die Rute auch etwas aushalten und nicht wie ein Lämmerschwänzchen bei jedem Herzschlag in der Hand hüpfen.

Man geht am besten davon aus, mit welchem Wurfgewicht man arbeitet, also wie schwer Köder, Haken, Blei und Vorfach sind. Das hat nichts mit dem erhofften Erfolg des Angeltages zu tun, denn der Fisch kann ruhig ein paar Pfund schwer sein. Der Fachhändler kann einem das Wurfgewicht sagen, oder man ersieht es aus den Katalogen der Hersteller. Im Durchschnitt beträgt das Wurfgewicht bei der Grundangel etwa 35 g, bei der Spinnrute etwa 60 g, während die Ruten für die Meeresangelei ein weitaus höheres Wurfgewicht haben, nämlich etwa 150 g. Mit dem Wurfgewicht geht in der Regel das Rutengewicht Hand in Hand, so daß man aus diesen Angaben auf die Schwere der Rute schließen kann. Am leichtesten sind die Fliegenruten, denn mit ihnen werfen wir ja keine Gewichte, sondern außer der Schnur nur die leichte Fliege.

Kombinationsruten, die die Eigenschaften der Grund- und der Spinnrute in sich vereinigen, werden zwar immer wieder in neuen Formen angeboten, stellen aber meist nichts Halbes und nichts Ganzes dar. Man wechselt dann nur die Spitzen aus und erhält so die eine oder andere Rutenart. Besser ist es aber trotz alledem, sich zwei verschiedene Ruten zuzulegen, damit man für alle Fälle gerüstet ist.

Die Grundrute braucht nicht unbedingt Bambuslänge zu haben, denn heute setzt man für diesen Zweck oft sehr erfolgreich die normale Spinnrute aus Glasfiber ein. Allerdings sollte man dabei wissen, daß sehr scheue Fische eine längere Rute benötigen. Man kann dann den Köder besser dirigieren – das ist nämlich der Vorteil der langen Rute – und gerät aus der Blickrichtung der Fische. Für die Grundrute nimmt man durchschnittlich Längen von 3,20 Meter – 4,50 Meter. Solche Ruten sind natürlich je nach Material ziemlich schwer, denn auch das technische Gerät, wie zum Beispiel die Rolle, kommen noch hinzu. Deshalb haben die

Teleskopruten viele Freunde gefunden, denn erstens sind sie hohl und leicht, und zweitens bestehen sie aus Glasfiber, das sehr widerstandsfähig ist und doch handlich bleibt.

Wichtig an der Angelrute ist der Handgriff. Heute besteht er in der Regel aus einem Korkgriff, an dem der Rollenhalter angebracht ist. Dieser Rollenhalter ist in seiner Konstruktion meist einfach, genügt aber bis auf Ausnahmefälle allen Ansprüchen. Er sitzt gewöhnlich zwischen den Korkteilen, und da man die Rute so hält, daß man mit den Fingern der haltenden Hand den Rollenansatz umfaßt, kommt man wenig mit dem Korkgriff in Berührung. Trotzdem hat man beim beidhändigen Zufassen ein besseres Gefühl für die Rute.

Für die Spinnrute verwendet man heute in der Hauptsache zwei Materialien, nämlich gesplißtes Holz und Glasfiber. Aber auch hier zeigt sich der Trend, stärker die Glasfiberrute einzusetzen, zumal sie gegenüber den gesplißten Ruten den Vorteil hat, billig zu sein. Billige gesplißte Ruten in gleicher Preislage taugen meist nichts. In der Länge variieren die Spinnruten zwischen etwa 1,60 Meter und 2,10 Meter. Da Vollglasruten ziemlich schwer sind, kann man auf die leichteren Hohlglasruten umsteigen, wobei man beachten sollte, daß die Hohlglasrute in der Regel teurer und empfindlicher ist. Aber selbst für die Spinnangelei gibt es heute schon geeignete Teleskopruten.

Grundsätzlich unterscheidet man bei den Spinnruten zwei verschiedene Arten: die einhändige und die zweihändige Rute. Wie man unschwer erkennt, hängen diese Namen mit der Handlichkeit und mit dem Gewicht zusammen. Die einhändige Rute benutzt man für alle gängigen Fischarten, während man die zweihändige, die über 3 Meter lang ist, in der Regel für schwerere Raubfische verwendet, zum Beispiel den Hecht.

Die Fliegenruten sind die leichtesten, denn bei ihnen darf man nicht das Gewicht des zu fangenden Fisches als Grundlage nehmen, sondern muß davon ausgehen, daß man die Schnur in die Luft bekommt, damit man sie werfen kann. Dazu ist es aber notwendig, mehrere Leerwürfe auszuführen, damit genügend Schnur in der Luft ist, ehe man die Fliege dem gewünschten Ziel zuschießen läßt. Wer mit einer gewichtigen Rute solche Bewegungen ausführen muß, weiß sehr bald, ob die Rute zu schwer ist oder nicht. Selbst trainierte Sportangler bekommen bei zu schwerer Rute einen Muskelkater. Auch die Fliegenrute hat eine Durchschnittslänge von 2,30 Meter bis 2,80 Meter und wiegt zwischen

120 und 180 g. Wer aber für eine möglichst leichte und gute Fliegenrute viel Geld ausgegeben hat, sollte auch daran denken, daß er dann keine Rolle ansetzt, die viel schwerer ist als die Rute selbst. Aus diesem Grund gibt es besondere Fliegenrollen, die anderen Gewichtseinteilungen unterliegen als die normale Rolle.

Für die Meeresangelei, ganz gleich, ob es sich dabei um küstennahes Brandungsangeln oder um Hochseeangelei handelt, hat man besonders schwere Ruten zur Verfügung, mit denen man auch Haie oder in tropischen Gebieten Schwertfische sicher am Haken behalten kann. Solche schweren Ruten wird man sich nur dann zulegen, wenn man Gelegenheit hat, häufig auf Meeresfische zu angeln. Wer nur selten dazu kommt, wendet sich am besten an die Fischer des Ortes, mit denen er in See geht. Hier findet er eine bewährte Ausrüstung, die ihm leihweise zur Verfügung gestellt wird.

Zu den segensreichen Erfindungen auf dem Gebiet der Ruten gehören die schon mehrfach erwähnten Teleskopruten, denen man eigentlich nicht viel zutrauen möchte, wenn man sie zum erstenmal in einem Fachgeschäft sieht. Die Technik der Herstellung hat sich aber, nicht zuletzt dank der Glasfibermaterialien, so gebessert, daß es heute kein Risiko mehr bedeutet, sich eine Teleskoprute zuzulegen. Außerdem hat die Teleskoprute in der heutigen Zeit – und vermutlich bleibt das auch in Zukunft so – den großen Vorteil, daß man zumindest manche Fabrikate sogar in die Innentasche des Sonntagsanzugs stecken kann, ohne daß sie besonders auffällt. Außerdem kann man Teleskopruten selbst in Kleinwagen bequem unterbringen, ohne daß man die Familie ständig ermahnen muß, die Rute nicht zu berühren.

Für den Erwerb der Rute ist es wichtig, sich nicht vom Fabrikat oder von der scheinbaren Schönheit des Gerätes bestechen zu lassen. Wenn Ihnen die Rute schlecht in der Hand liegt oder wenn sie sich von Ihnen nicht dirigieren läßt, nutzt Ihnen auch der bekannteste Herstellername nichts. Deshalb ist es wichtig, vor der endgültigen Entscheidung alle möglichen Ruten in die Hand zu nehmen und möglichst vor der Ladentür auszuprobieren. Im Laden selbst kann man kaum erkennen, wie die Rute sich verhält, wenn man zum Überkopfwurf ansetzt, denn welches Geschäft hat schon so hohe Decken und große Räume! Wählen Sie unter den angebotenen Ruten bitte die aus, die Ihnen am besten zusagt. Sie werden oft die überraschende Feststellung machen, daß das keineswegs die teuerste zu sein braucht.

Im übrigen gilt für alle Ruten, daß ihre Lebensdauer von der Pflege abhängt. Man sollte keine Rute längere Zeit herumstehen lassen, sondern sie nach jedem Angeltag auseinandernehmen; vorsichtig trocknen und putzen. Wenn Sie nämlich die Hülsen zwischen den einzelnen Abschnitten der Rute verschmutzen lassen, werden Sie bald eine ärgerliche Feststellung machen: Sie können nämlich die Hülsen nicht mehr richtig ineinanderstecken und müssen Gewalt anwenden. Das aber führt wiederum dazu, daß die Hülsen beschädigt werden und die einzelnen Rutenteile nicht mehr zusammenhalten. Es kann dann passieren, daß man beim Überkopfwurf die einzelnen Rutenteile an der Schnur entlanggleiten sieht. Besondere Pflege benötigen Bambusruten und gesplißte, die weitaus empfindlicher sind als die aus Glasfiber hergestellten. Man muß bei ihnen darauf achten, daß wie bei einer guten Geige das Holz nicht beschädigt und der Lack nicht rissig wird. Es gibt viele Rezepte zur Behandlung solcher Schäden, aber ich möchte jedem empfehlen, sich in diesem Fall an einen Fachmann zu wenden. Wenn man selbst zu reparieren versucht, richtet man meist mehr Schaden an, als einem lieb ist. Ausdauernder und unempfindlicher sind die Glasfiberruten, vor allem die Vollglasruten. Sie möchte ich besonders dem Anfänger ans Herz legen; später kann er auf die anderen Materialien umsteigen, wenn er es dann noch will.

Bei der Rutenbehandlung ist es wichtig, daß man den Hülsen sein besonderes Augenmerk schenkt. Wenn man sie zu kräftig auf Steine oder harten Boden aufprallen läßt, hat man bald eine leichte Delle in der Hülse, und wie man dann die Einzelteile ineinanderschieben soll, wissen selbst Götter nicht. Pflegt man seine Hülsen nicht, dann verklemmen sie leicht, und man bekommt die Einzelteile nicht mehr auseinander. Deshalb sollte man die Hülsen nach jedem Angeltag säubern und mit Hirschhorntalg, trockener Seife oder Graphitpulver einschmieren. Derartig behandelte Hülsen gleiten gut, ohne sofort auseinanderzurutschen. Allerdings muß man die Schmiermittel maßvoll anwenden. Falls sich eine Hülse lockert, sollte man sie sofort wieder neu einkitten oder anbinden. Aus diesem Grund gehört zum Rüstzeug des Anglers auch kräftiges, selbstklebendes Band, mit dem man Hülsen, lockere Schnurringe und vieles andere befestigen kann. Trocknen Sie aber vorher die zu befestigenden Teile und lassen Sie das Wasser aus der Hülse fließen!

Die Schnur

Zu den wichtigsten Hilfsmitteln in der Angelei gehört die Schnur, die die Verbindung zwischen der Rute und dem Haken herstellt. Grundsätzlich eignet sich jede Schnur, aber es ist auf jeden Fall besser, nur Schnüre zu verwenden, die für die Angel entwickelt worden sind. Und da gibt es eine so reiche Auswahl, daß sie zum Alptraum werden kann, wenn man sich zum erstenmal eine Angelausstattung zulegen möchte. Wir finden Seidenschnüre, Perlonschnüre, Flugschnüre, Keulenschnüre usw. Außerdem überlegt man sich natürlich, daß die Schnur auch die Fische tragen soll, die man erbeutet. Sonderbarerweise neigen alle Anfänger dazu, ihre Fangergebnisse zu überschätzen, oder vielleicht denken sie auch an das deutsche Sprichwort von dem dümmsten Bauern, der die größten Kartoffeln hat (oft bewahrheitet sich diese Volksweisheit anfangs tatsächlich). Verführt werden Anfänger zu solchen Gedankengängen gern durch das nun einmal zum Angler gehörende, oft beschmunzelte sogenannte Anglerlatein von geradezu sagenhaften Fischen.

Aber wenn man schon Fische fangen will, muß natürlich die Schnur sehr stark sein. Also sucht man sich eine Stärke aus, die man für Haie oder zentnerschwere Welse benutzen kann. Daß kleinere Fische sich unverzüglich davonmachen, wenn eine solche Schnur mit lautem Platschen ins Wasser fällt, ist dem Anfänger nie klar. Je dünner die Schnur, desto weniger fällt sie im Wasser auf. Das fehlende Gewicht kann man ja durch Blei ausgleichen. Aber auch das ist nicht ganz richtig.

Die Angelschnur wird heute nur noch in seltenen Fällen in einer konstant bleibenden Länge an die Spitze der Rute gebunden. Meist verwendet schon der Anfänger eine Rolle, die am hinteren Ende der Rute angebracht ist. Von ihr läuft die Schnur entlang der Rute durch verschiedene Ringe bis zur Spitze. Beim Auswerfen wickelt sich also die Schnur von der Rolle ab und schleift in den Schnurringen. Besonders der Spitzenring reibt stark. Deshalb nützt sich die Schnur mit der Zeit ab. Wir sollten aus diesem Grund, von Sonderfällen abgesehen, nicht die dünnste Schnur nehmen, sondern eine, die bei guter Tragfähigkeit so dünn wie eben möglich ist. Für die normale Ausrüstung empfiehlt sich eine Schnur von 0,20 bis 0,30 mm Stärke, die zwischen 2,5 und 4 kg tragen kann. An diese Schnur kann man auch gut Vorfächer anhängen, die sich für die Fliege eignen.

Heute verwendet man fast immer Perlon- oder Nylonschnüre, die recht haltbar sind. Bei einfädigen oder monofilen Schnüren ist zu bedenken, daß sie etwas steifer sind und leichter an Knickstellen brechen. Dafür aber nutzen sie sich nicht so leicht ab. Außerdem ist die Wartung dieser Schnüre einfach, denn man muß sie nach dem Gebrauch nicht trocknen – eine Erleichterung, die in unserer gehetzten Zeit von vielen erfreut wahrgenommen wird, selbst wenn kleinere Mängel dafür in Kauf genommen werden müssen.

Die gleiche Schnur eignet sich auch für schwere Fischarten und für die schwere Grundangel; allerdings nimmt man sie dann in den Stärken von 0,35 bis 0,40 mm mit einer Tragkraft von 6 bis 10 kg. Die unterschiedlichen Traggewichte ergeben sich auch daraus, daß die Qualität der Schnüre sehr unterschiedlich sein kann. Bei gleichem Durchmesser kann die Tragfähigkeit oft um 2 kg oder mehr variieren. Man findet die genauen Angaben der Hersteller auf den Verpackungen der Schnüre. Wer sich mehrere Schnüre zulegt, tut von Anfang an gut daran, sich die Angaben zu notieren, damit Verwechslungen möglichst nicht vorkommen. Man darf die von den Herstellern angegebenen Gewichte getrost ein wenig überziehen, denn diese geben die Tragfähigkeit vorsichtshalber stets etwas niedriger an.

Legen Sie bitte lieber einige Mark mehr für die Schnur an und wählen Sie dafür eine gute Schnur. Billige Ramschware bringt Ihnen in der Zukunft – und meistens im falschen Augenblick – mehr Ärger, als Sie ahnen. Markenware bleibt Markenware! Es wird zwar immer wieder darauf hingewiesen, daß man die Schnüre schon beim Einkauf darauf überprüfen soll, ob die Angaben über die Schnurdurchmesser in der ganzen Länge stimmen, aber das läßt sich praktisch kaum durchführen. Billige Sonderangebote unbekannter Hersteller betrachte man mit gelindem Mißtrauen. Die Schnur soll ja den gehakten Fisch an Land bringen, und wenn sie nicht den Erfordernissen entspricht, werden Sie an der Angelei wenig Freude haben.

Leider haben die einfädigen oder monofilen Schnüre einen ernsthaften Nachteil – die Knoten. Versuchen Sie einmal, zwei Enden mit einem gewöhnlichen Schifferknoten oder Weberknoten zusammenzuknüpfen. Es gelingt Ihnen. Aber wenn Sie nun an den Enden ziehen, geht Ihr schöner Knoten sofort wieder auf. Monofile Schnüre rutschen sehr stark. Deshalb muß man sie mit besonderen Knoten miteinander verknüpfen, die Sie im Kapitel über

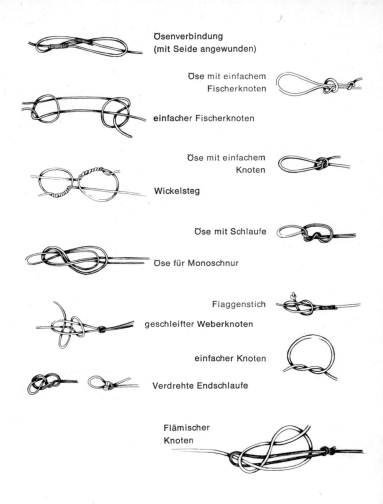

Ösenverbindung
(mit Seide angewunden)

Öse mit einfachem
Fischerknoten

einfacher Fischerknoten

Öse mit einfachem
Knoten

Wickelsteg

Öse mit Schlaufe

Öse für Monoschnur

Flaggenstich

geschleifter Weberknoten

einfacher Knoten

Verdrehte Endschlaufe

Flämischer
Knoten

die Knoten kennenlernen. Irgend jemand hat einmal gesagt, daß eine Schnur so viel taugt wie ihre Knoten. Das ist unbedingt richtig. Bei den Monofilamenten kommen aber noch die Knicke dazu, die die Haltbarkeit der Schnur herabsetzen. Lernen Sie die Ihnen am besten zusagenden Knoten so lange, bis Sie sie im Schlaf machen können! Außerdem knüpfen Sie nie zwei Schnüre zusammen, die sich in ihrer Dicke um mehr als $5/100$ mm unterscheiden!

Wenn Sie es nicht glauben, knüpfen Sie stark differierende Schnüre einmal zusammen, und betrachten Sie nach dem Festziehen der Knoten die starken Biegestellen im Knoten mit Hilfe einer Lupe. Sie werden leicht erkennen, wie stark die Knickungen sind!

Beim Verknoten von einfädigen Perlon- oder Nylonschnüren sollten die zu verknüpfenden Enden gut durchfeuchtet sein, dann sind sie geschmeidiger und knicken nicht so leicht. Außerdem ziehe man die Knoten nicht mit roher Gewalt zusammen, denn es ist besser, wenn eine leichte Spannung zum Abfangen des auftretenden Zuges vorhanden bleibt. Monofile Schnüre sind sowieso stark dehnungsfähig. Befischt man nun ein Gewässer mit scharfkantigem Gestein, so muß man aufpassen, daß man die Schnur nicht zu stark über Kanten schleifen läßt oder bei Hängern zu stark zieht: Die Schnur dehnt sich und wird von der Kante leichter beschädigt.

Monofile Schnüre eignen sich für die Grundangel und für die Spinnfischerei. Wenn man sie zur Flugangel verwenden will, ist ein weiterer Punkt zu beachten. Beim Flugangeln arbeitet man ohne Blei, so daß eine zu leichte Schnur nicht genügend fliegt. Deshalb sind Schnüre entwickelt worden, die ein höheres Eigengewicht haben, um diesem Nachteil entgegenzuwirken. Das höhere Gewicht wird dadurch erreicht, daß die Schnüre nicht mehr von vorn bis hinten den gleichen Durchmesser aufweisen, sondern ungleichmäßig stark sind.

Die Torpedo- oder Keulenschnur beginnt dünn, hat dann eine Verdickung und geht schließlich in die normal dicke Laufschnur über. Sie hat den Vorteil, daß man mit verhältnismäßig wenigen Leerwürfen in die Luft genügend Schnur abgezogen hat. Leider schlägt sie mit der Verdickung recht laut auf dem Wasser auf, so daß man am besten ein Vorfach aus dünnerem Material anknüpft. Damit kann man mit einiger Übung die Fliege leicht aufsetzen. Am besten eignet sich die Keulen- oder Torpedoschnur für große Gewässer, bei denen man bis zum vorgesehenen Fangplatz eine beträchtliche Strecke überwinden muß.

Die doppelt verjüngten Schnüre laufen nach beiden Enden hin spitz zu. Man verwendet sie gern an Gewässern, die nicht besonders groß sind, denn hier reicht ihr Gewicht zum Fliegen aus. Man verwendet bei der Typisierung eine Buchstabenserie, die aus Amerika übernommen worden ist. Dabei bedeuten die Buchstaben folgende Schnurdurchmesser: I = 0,55 mm, H = 0,65 mm,

G = 0,75 mm, F = 0,90 mm, E = 1 mm, D = 1,15 mm, C = 1,30 mm, B = 1,40 mm, A = 1,50 mm. Wenn Sie also eine doppelt verjüngte Flugschnur oder Fliegenschnur als HDH bezeichnet sehen, dann bedeutet das: an der Spitze 0,65 mm dick, in der Mitte 1,15 mm dick und am oberen Teil wieder 0,65 mm dick.

Zylindrisch verlaufende Flugschnüre benutzt man in der Regel für die nasse Fliege und für große Fliegen. Wenn man bei diesen Schnüren die Bezeichnung »Klasse E« findet, dann bedeutet das, daß die Schnur 1 mm dick ist.

Einen breiten Raum in der Literatur und in den fachlichen Gesprächen nimmt immer wieder die Farbe der Schnüre ein. Dieser Punkt wird von Anglern oft mit großer Leidenschaft diskutiert. Aber es ist ein Streit um des Kaisers Bart. Fische sehen zwar Farben, aber sie kümmern sich in der Regel nicht darum, ob die Schnur nun grün, rot oder braun ist. Man muß sich einmal die Situation unter Wasser vorstellen. Die Schnur sieht der Fisch von unten, wenn sie auf dem Wasser liegt. Ist das Wasser turbulent, dann gibt es an der Wasseroberfläche derart viele Reflexionen mit hellen und dunklen Partien, daß der Schatten einer Schnur kaum noch auffällt. Dagegen wird behauptet, daß unter Wasser eine grüne Schnur besser geeignet sei, wenn Wasserpflanzen in der Nähe sind. Braun kommt bei dunklen Gewässern in Frage und Hell bei hellen. Aber wie die Schnur auch immer gefärbt sein mag – sie wirkt unter Wasser gegen die helle Oberfläche stets dunkel, und wenn sie noch so hell ist. Ich habe einmal einen Versuch mit glänzendem Draht gemacht, der ausgesprochen spiegelte und blitzte, ähnlich den Lichtreflexionen an der Wasseroberfläche. Und siehe da, die Fische nuppelten genauso am Köder wie bei einer dunkleren Schnur. Was sie offensichtlich ärgerte, war die Härte und Steifheit des Materials und damit auch der vermeintlichen Beute. Fische der Wasseroberfläche zeigen ja in der Regel einen sehr hellen unteren Körperabschnitt, während der obere oft stark dunkel abgesetzt ist.

Der Farbe ist wohl nur in Ausnahmefällen ein schlechtes Fangergebnis zuzuschreiben. Wichtiger ist die Farbe der Schnur für uns Angler selbst. Wir müssen, besonders bei der Fliegenangelei, den Köder deutlich verfolgen können. Dazu ist jedoch eine Schnur nötig, die man auch sieht. Das wiederum hängt von der Oberflächenbeschaffenheit der Gewässer, der Wasserfarbe und den Schattenpartien der Ufer ab. Deshalb wählen Sie Ihre Schnüre stets den zu befischenden Gewässern entsprechend aus. Wenn Ihnen nach einer Stunde die Augen schmerzen, weil Sie angestrengt starren müssen, um überhaupt noch ein Stück Schnur zu finden, dann haben Sie die falsche Schnurfarbe. Für spätere Fangtage ersparen Sie sich neuen Ärger, wenn Sie sich in Ihr Notizbuch eintragen, welche Schnur hier am besten zu verwenden ist. Solche kleinen Angaben machen sich mehr bezahlt als teures Material! Mißerfolge oder auch Erfolge hängen zum größten Teil von Kleinigkeiten ab, die man leicht vergißt. Eine kurze Notiz frischt das Gedächtnis rasch auf.

Seidenschnüre, aber auch Perlon- oder Nylonschnüre für die Flugangel müssen nach jedem Angeltag gepflegt werden. Das ist ziemlich zeitraubend, hat aber den großen Nutzen, daß dieses im Anschaffungspreis nicht eben billige Material lange hält. Man muß die Schnur von der Rolle abwickeln und auf einem Trockengestell aufwinden, das man sich leicht aus ein paar Zapfen selbst basteln kann. Der Ort sollte trocken und kühl sein und nicht in der prallen Sonne liegen, denn vor allem die aus Kunststoffen hergestellten Schnüre vertragen keine starke Sonnenbestrahlung. Seidenschnüre sollte man auch dann zu trocknen versuchen, wenn man zwischen einzelnen Angelabschnitten innerhalb eines Tages kleinere Pausen einlegt. Dazu genügt es oft schon, die Schnur so durch die Luft zu ziehen, wie dies beim Werfen geschieht.

Vorfächer

Als Vorfach bezeichnet man das Verbindungsstück zwischen Haken und Angelschnur. Man kann natürlich den Haken ohne weiteres an die Schnur selbst anbinden, doch hat das Vorfach stets Vorteile. Man denke bloß einmal daran, welche Arbeit es machen würde, verschiedene Schnüre mit den Haken mitzuführen und auf der Rute zu befestigen, wenn sich herausstellt, daß die gerade auf der Rute angebrachte Schnur sich im spezifischen Fall nicht eignet. Mit Hilfe eines Vorfachs lassen sich in gewissen Grenzen alle möglichen Kombinationen von Haken und Schnüren bewerkstelligen. Außerdem gehen einem bei einem Haken nicht längere oder kürzere Teile der teuren Schnur verloren, wenn man abreißen muß, sondern in der Regel nur die Vorfächer.

Man kann für Vorfächer grundsätzlich das gleiche Material verwenden wie für die Schnur selbst. Besonders eignen sich verjüngte

Perlonschnüre, wenn man mit feinen Haken und mit der Fliege arbeitet. Dagegen sind für starke Räuber Vorfächer aus Stahldraht besser geeignet, weil sie durch die Zähne der Fische nicht durchgescheuert werden. Heute gibt es im Fachhandel eine stattliche Auswahl. Man braucht keine Angst zu haben, daß die Stahldraht-Vorfächer zu steif sind, denn sie werden aus feinsten Stahlfäden schnurähnlich geflochten, so daß sie weich und beweglich bleiben.

Manche Stahldraht-Vorfächer werden noch mit einem Perlonüberzug versehen, der die Knickfestigkeit erhöht. Selbst wenn man diese Schnüre knotet, hat man kaum Ärger. Man sollte aber immer darauf achten, daß man die Metallvorfächer nicht direkt mit der Schnur verknotet. Vielmehr bringt man am unteren Ende der Schnur einen Karabiner an, in den man die Stahldraht-Vorfächer einhängt. Zur Regel sollte man sich auch folgendes machen: Da die Schnur wegen der ständigen Beanspruchung durch die Schnurringe an der Rute mit der Zeit abgenutzt wird, nimmt man gern eine stärkere Schnur, die der Belastung länger widersteht. Als Vorfach verwendet man hingegen dünneres Material, das dem Haken, dem Fisch und der Umgebung angepaßt ist. Die Länge der Vorfächer liegt im allgemeinen zwischen 30 und 50 cm, man kann aber auch längere Vorfächer verwenden. Vorfächer kann man selbst herstellen, aber auch auf die im Fachgeschäft erhältlichen zurückgreifen, selbst wenn sie etwas teurer kommen.

Welche Vorfachstärke ist richtig? Auch dafür gibt es eine Faustregel. Man sollte nie die Schnurstärke um mehr als $5/100$ mm unterschreiten. Verjüngte Vorfächer sind gut, denn dann ist die Millimeterzahl an der Spitze geringer. Ist die Schnur nicht verjüngt, dann knüpfen wir mehrere kürzere Stücke von immer geringerem Durchmesser aneinander und erreichen schließlich den gleichen Effekt. Meist wird man als Schnur eine Stärke von 0,20 bis 0,30 mm verwenden. An diese knüpft man also ein Vorfach von 0,15 bis 0,25 mm Stärke. Reicht das nicht aus, knüpft man an dieses Stück ein noch dünneres, das aber zum vorhergehenden ebenfalls im richtigen Millimeter-Verhältnis stehen muß. Die Verbindungsstücke von der Schnur zur feinsten Spitze können kurz sein, etwa 15 bis 20 cm. Dagegen nimmt man dann für den feinsten Spitzenteil wieder ein Stück von 30 bis 50 cm Länge.

Schwieriger wird die Angelegenheit, wenn man plötzlich merkt, daß man eigentlich einen schweren Spinner benötigt. Dann reicht die Tragkraft der dünnen Vorfächer oft nicht aus. In einem sol-

chen Fall verwendet man ein Vorfach, das dicker ist als die
Schnur. Außerdem vermeiden wir dadurch, daß die eigentliche
Schnur zu sehr abgenutzt wird. Aber diese dickeren Stücke dür-
fen nicht zu kurz sein. Man verwende eine Länge, die der andert-
halbfachen Rutenlänge entspricht.
Zur Verknüpfung von Schnur und Vorfach eignet sich gut der
Faßknoten.

Schnurlaufringe

An meiner ersten Rute befestigte ich die Angelschnur an der
Rutenspitze hinter dem ersten Bambusknoten, damit sie nicht ab-
rutschen konnte. Man kann das noch heute so machen und tut es
auch, wenn man schnell aus Stecken, Schnur und Haken eine
kleine Köderangel herstellen will. Aber bei dieser Methode ist
man in der Länge der Schnur beschränkt. Es ist Unsinn, an eine
drei Meter lange Rute eine zehn Meter lange Schnur zu knüpfen;
man weiß gar nicht, wie man sie ohne Verfitzungen ins Wasser
bekommen soll.
Eine andere Methode ist die Haspel, die am unteren Ende der
Rute angebracht ist und auf die man die überzählige Schnur auf-
wickelt. Das ist mühsam und zeitraubend. Hat man einen Fisch
am Haken, der so kämpft, daß man ihn mit Schnurzugaben und
Aufhaspeln ermüden muß, um ihn sicher aufs Trockene bringen
zu können, dann ist diese Methode viel zu umständlich. Dennoch
ist die Haspel immer noch besser als eine miserable Rolle, die
bereits beim ersten Benutzen streikt, sich nicht mehr bewegt oder
nur noch Schnursalat von sich gibt.
Mit dieser Haspel – wie mit jeder Rolle – fängt aber ein anderes
Problem an: Wie bringe ich die Schnur so zur Spitze der Rute,
daß sie glatt läuft und nicht schon von der Haspel ins Wasser
fällt? Dies geschieht mit Hilfe der Schnurlaufringe, kurz Schnurringe genannt. Es sind Metallösen mit Verlängerungsfüßen, die
man mit Perlon, Seide oder auch selbstklebenden Bändern auf der
Rute anwickelt. Durch die Schnurleitringe führen wir die Schnur
an der Rute entlang zur Spitze und verwenden an der Spitze den
sogenannten Spitzenring, der gewissermaßen ein ösiges Ende der
Rute darstellt. Über die Anzahl der zu verwendenden Ringe gibt
es eine Faustregel: Lange Ruten bekommen mehr Ringe als kurze,
und biegsame Ruten mehr als steife. An der Rolle sind die Ringe

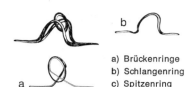

a) Brückenringe
b) Schlangenring
c) Spitzenring

befestigt, die den größten Durchmesser haben, an der Spitze die mit dem kleinsten. Stets muß die Schnur leicht und ohne zu haken durch die Ringe laufen. Das ist besonders wichtig beim Angeln mit der Fliege, denn wir haben hier in der Regel keine Bleibeschwerung, die uns die Schnur von der Rolle zieht. Da außerdem die Fliegenschnüre im Preis wesentlich höher liegen als normale Schnur, sollte man stets darauf achten, daß es beim Schnurablauf nicht zu unnötigen Reibungen kommt, die nur die Schnur beschädigen würden.

Nach dem Aussehen unterscheidet man zwei Haupttypen der Schnurlaufringe: die Schlangenringe und die Brückenringe. Für die Flugangel hat sich der Schlangenring sehr gut bewährt. Seine freie Öffnung in der Schlange sollte so groß wie nur möglich sein, damit die Schnur wirklich davonschießen kann. Bitte achten Sie beim Einkauf darauf, daß die Ringe wirklich aus rostfreiem Stahl hergestellt und gut verarbeitet sind, damit keine scharfen Rillen oder Kanten Ihren Schnüren zusetzen. Verchromte Ringe sehen zwar sehr gut aus, aber man muß sie sorgfältig pflegen und darf sie auf keinen Fall länger auf der Rute lassen, wenn sie, wie das bei billigen Artikeln mitunter der Fall ist, unter dem Chrom zu rosten anfangen. Man erkennt das daran, daß die Chromauflage sich vom Kern abhebt. Der Brückenring kann entweder aus einem einzigen Drahtstück gebogen oder aus mehreren zusammengesetzt sein. Er hat sich besonders bei der Grundangel bewährt. Ihren Namen haben diese Ringe nach ihrem Aussehen erhalten, denn sie tragen zwischen zwei Schenkeln, die an beiden Enden zusammenlaufen und an der Rute befestigt werden, während die mittleren, dünnen Teile V-förmig hochgebogen sind, einen Ring, der beide Schenkel brückenartig miteinander verbindet.

Da die Schnur an der Rolle und an der Spitze, also dort, wo sie ihre Laufrichtung ändert, am stärksten auf den Ring oder die Schlange einwirkt, kommt es bei schlecht verarbeitetem Ringmaterial besonders hier leicht zu Rillen und scharfkantigen Abschleifungen im Ring. Aber selbst der beste Ring ist auf die Dauer nicht gegen Einkerbungen gefeit. Deshalb verwendet man gerade für den Spitzenring, aber auch für den Leitring Achateinlagen innerhalb des Ringes. Die Ringe dazwischen sind aus üblichem Material, denn hier ist die Schnurbelastung nicht so hoch. Sie übertragen ja nur beim Drill den Schnurzug auf die Rute, damit sie gleichmäßig gebogen wird.

Wenn man durchgehende Schnüre ohne jeden Knoten verwendet, sind die leichten Schlangenringe kaum zu schlagen. Hat man aber geknüpfte Schnüre, wenn möglich noch von unterschiedlicher Stärke, auf der Rolle, dann sollte man Schlangenringe meiden oder viel Geduld haben. Sind sie nämlich so angebracht, daß hochstehende Windungsteile des Fußes oder eigentlich auf der Rute festgebundene und verdeckte Teile abheben, dann bleiben die Schnüre mit ihren Knoten gern unter solchen verborgenen Klemmern hängen oder sitzen sogar völlig fest.

Wer seine Ringe selbst an der Rute anbringt, sollte darauf achten, daß man bei gerade gehaltener Rute durch alle Ringe sehen können muß. Schlecht ist es, wenn die Ringe um die Rute eine Spirale bilden. Darauf ist natürlich auch beim Zusammensetzen von mehrgliedrigen Ruten zu achten.

Angelhaken

Man kann mit einer einfachen Weiden- oder Haselnußrute, einem Stück Bindfaden und einem Flaschenkorken auf Fische jagen, aber ohne Haken geht es nicht. Selbst eine umgebogene Stecknadel – o herrliche Kinderzeit! – leistet nur mit sehr viel Glück die richtige Hilfe bei leichtem »Fischunkraut«. Somit ergibt es sich, daß der Angelhaken, an dem sich der Wurm krümmen soll, das wichtigste Utensil unserer Angel ist. Wer bisher noch nichts mit der Angelei zu tun gehabt hat und in ein Fachgeschäft geht, um sich mit dem Notwendigsten auszurüsten, wird baß erstaunt sein, in welcher fein säuberlich geordneten Fülle Angelhaken in den verschiedenartigsten Ausführungen angeboten werden. Wahrlich: Wer die Wahl hat, hat die Qual.

Grundsätzlich muß man sich von vornherein darüber im klaren sein, welche Fische man fangen will. Danach richten sich Größe, Form und Ausführung des Hakens. Man kann einen Hecht schlecht mit einem kleinen, dünnen Häkchen fangen, das gerade

Nase, *Chondrostoma nasus* (Näsling, Schwarzbauch, Makrele, Quermaul, Elze, Kräuterling, Schwallfisch, Mundfisch)

Holl.: sneep, franz.: aloge, alonge, tschech.: ostroretka stehovava, russ.: podust.

Beschreibung: Der langgestreckte und seitlich leicht abgeflachte Fisch ist am einfachsten an seiner Kopfform zu erkennen. Über dem unterständigen Maul steht die »Nase« wie ein Rammbock vor. Auf dem Rücken hat der Fisch einen dunkel olivbläulichen Ton, der auf den Körperseiten aufhellt und oft in einem schönen Blau erglänzt. Vom weißen Bauch stechen die rötlichen paarigen Flossen und die Afterflosse ab. Die Rückenflosse und die Schwanzflosse sind meist grünlich schwarz, oft mit einem rötlichen Ton. – Größe: bis 50 cm und 1,5 kg Gewicht.

Vorkommen: Von der Kanalküste durch Frankreich im Rhône-Gebiet und westlich bis nach Asien nördlich der Alpen. Bereits im nördlichen Deutschland fehlt der Fisch, wie auch auf dem südlichen Balkan.

Lebensweise: Die Nase ist ein ausgesprochener Schwarmfisch, den man nur selten in einzelnen Exemplaren antrifft. Sein bevorzugtes Aufenthaltsgebiet ist die Äschen- und Barbenregion. Gern steht er hier an einmündenden Bächen oder unter Stauwehren im schneller fließenden Wasser. Seine Nahrung besteht in der Hauptsache aus Pflanzen, aber er nimmt auch Insektenlarven und niedere Krebse. Zur Laichzeit zieht die Nase meist in den Oberlauf der Zuflusse und hier gern in die flacheren Seitenbäche. In Seen hält sich der Fisch fast immer in der Umgebung der einmündenden sauerstoffreicheren Fließgewässer auf.

Angel: Grundangel, Floß und Lauffloß. – Schnur: 0,20–0,30. – Haken: Größe 8–14. – Köder: Kleine Tauwürmer, Algen (nicht überall zugelassen), Insektenlarven, Kartoffel.

Fangzeit: Ganzjährig. – Laichzeit: März–Mai. – Schonzeit: keine. – Mindestgröße: etwa 20 cm.

Lau, *Chondrostoma genei*

Franz.: seuffe, souffie, ital.: lasca.

Beschreibung: Der langgestreckte Fisch erinnert an die Nase, jedoch ist seine Schnauze deutlich kürzer. Etwas über der Seitenmitte zieht ein manchmal recht undeutliches schwärzliches Längsband vom Kopf bis zur Schwanzflosse. Der Rücken ist schwärzlich olivgrün, und die Flossen sehen insgesamt weniger farbig aus als die der Nase. Größe: bis 30 cm und 1 kg Gewicht.

Vorkommen: In Deutschland im Inn und Rhein. In Frankreich im Stromgebiet der Rhône. In Italien im Gebiet der Etsch und des Po.

Lebensweise: Obwohl der Lau ein geselliger Fisch ist, sind seine Schwarmbildungen nicht so ausgeprägt wie die der Nase. Mit seinem unterständigen Maul ernährt sich der Fisch vor allem von Bodentieren, wie z. B. Insektenlarven, Krebsen und Würmern, aber auch von Pflanzenkost, wenn auch nicht so stark wie die Nase.

Angel: Grundangel, mit Lauffloß und Floß. – Schnur: 0,20 bis 0,30. – Haken: Größe 8–14. – Köder: Insektenlarven, Würmer, Blutwurm, Algen, Kartoffel.

Fangzeit: Ganzjährig. – Laichzeit: Februar–Mai. – Mindestgröße: 15 cm.

Aus der Gruppe der Näslinge (*Chondrostoma*) kommen in Europa eine ganze Reihe Arten vor, die oft nur in kleinen Gebieten zu finden sind. Man erkennt sie alle an der stumpfen Nase, dem unterständigen halbrunden Maul und an den scharfen Maulkanten, mit deren Hilfe sie Steine oder Bodengrund von Pflanzenwuchs befreien. In Spanien und Portugal kommt *Chondrostoma polylepis* vor, in Oberitalien die Savetta, *Chondrostoma soetta*, in Dalmatien *Chondrostoma kneri*. Die Durchschnittslänge all dieser Arten liegt bei 20 cm, der Fang ist ähnlich wie bei der Nase, und die Fische sind ebenfalls Schwarmbewohner der Äschen- und Barbenregion.

Barbe, *Barbus barbus* (Barm, Flußbarbe, Barbel)

Engl.: barbel, holl.: barbeel, franz.: barbeau, jugosl.: mrena, tschech.: parma ricni, russ.: usatsh, dän.: flodbarbe.

Beschreibung: Die Barbe ist der Leitfisch der Barbenregion, doch kommt sie auch in anderen Regionen vor, wenn das Wasser sauber und sauerstoffreich ist. Der Fisch ist durch seine flache Bauchseite und die vier Barteln um das Maul charakterisiert. In der Färbung variieren die Fische etwas, doch sehen sie meist auf dem Rücken braungrün aus, während die Seiten aufhellen und oft einen ausgesprochen schönen Goldton besitzen. Mitunter kommen sogar ziemlich helle und goldfarbene Tiere vor. Die paarigen Flossen und die Afterflosse haben meist einen schmutzig rötlichen Ton, während die Rückenflosse und die Schwanzflosse graugrün erscheinen. – Größe: bis 90 cm und 8 kg Gewicht. Meist nur bis etwa 50 cm und 4 kg Gewicht.

Vorkommen: Von Südostengland über das nördliche und mittlere Frankreich nördlich der Alpen durch Mitteleuropa bis zum Schwarzen Meer.

Lebensweise: Die Barbe ist ein ausgesprochener Bodenbewohner, der sich im freien Wasser nur schlecht hält. Gern versteckt sie sich in allen möglichen Unterständen, Kolken und hinter Steinen. Dabei halten sich die Tiere oft in kleineren Trupps zusammen. Mit dem Kopf stehen sie gegen die Strömung. Während des Tages ist die Barbe recht ruhig, aber in der Dämmerung wird sie aktiv. Zur Nahrungssuche verläßt sie ihre Verstecke und unternimmt sogar kleine Wanderungen. Ihre Nahrung besteht vor allem aus bodenbewohnenden Tieren, wie Würmern, Schnecken, Muscheln, Insekten und deren Larven, aber auch aus kleineren Fischen und Pflanzen. Barben halten eine Winterruhe, zu der sie sich oft dichtgedrängt in Unterständen zusammenfinden. Dann ist die Nahrungsaufnahme gleich Null. In unseren Breiten wandern die Barben zur Laichzeit stromauf.

Angel: Grundangel, mit und ohne Floß, Grundblei und Laufblei. – Schnur 0,25–0,35. – Haken: Größe 1–6, Drillinge 6–10. – Köder: Regenwürmer, am besten als Zopf, kleine Köderfische, z. B. Groppen, Käse, Teig mit Pflanzen.

Fangzeit: März–November. – Laichzeit: Mai–Juli. – Schonzeit: je nach Gegend von 1. Mai bis 1. Juli. Achtung! Der Laich ist giftig! – Mindestgröße: um 30 cm.

Südbarbe, *Barbus plebejus*

Ital.: barbo, jugosl.: mrena.

Beschreibung: Im großen und ganzen sieht die Südbarbe unserer einheimischen Flußbarbe sehr ähnlich, doch besitzt sie fast immer eine deutliche dunkle Punktierung über den gesamten Körper und in den Flossen. Der Körperbau ist etwas gedrungener als der der Barbe, und besonders der Vorderkörper ist im Verhältnis zum Restkörper kräftiger und nicht so langgestreckt. – Größe: bis 40 cm.

Vorkommen: Ganz Italien und nördliches Jugoslawien.

Lebensweise: In der Lebensweise unterscheidet sich dieser Fisch nicht von der nördlichen Form. Auch dieser gern in Trupps zusammenstehende Fisch hält sich am Boden auf und braucht saubere und sauerstoffreiche fließende Gewässer. Ähnlich wie die anderen Barben wird die Südbarbe oft in Laichgebieten anderer Fische schädlich. Wie alle Barben bekommt der Fisch zur Laichzeit einen kräftigen Laichausschlag in Form von helleren Knötchen. Zu dieser Zeit fange man die Tiere mit Vorsicht, denn ihr Laich ist giftig. Durchfall und Erbrechen sind die Folgen.

Angel: Grundangel, mit und ohne Floß, Grundblei und Laufblei. – Schnur: 0,25–0,35, Vorfach. – Haken: Größe 3–6, Drillinge. – Köder: Regenwürmer, als Zopf gern genommen, Käse, kleine Köderfische.

Fangzeit: Februar bis November, in manchen Gebieten auch ganzjährig. – Laichzeit: April–Juli. Der Laich ist giftig!

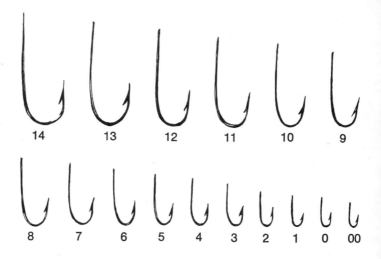

14   13   12   11   10   9

8   7   6   5   4   3   2   1   0   00

Hakengrößen

für einen Köderfisch ausreicht. Gerade der Anfänger aber neigt immer dazu, zu kleine Haken zu wählen. Auch die Stärke des Materials, aus dem der Haken hergestellt ist, spielt eine nicht unbeträchtliche Rolle, aber darüber später mehr.

Beim Hakenkauf achte man darauf, daß man keine billige Dutzendware nimmt, denn sie ist das Geld nicht wert. Lieber ein paar Pfennige mehr anlegen und gute Haken nehmen! Grundsätzlich darf der Haken nicht zu weich oder zu spröde sein. Hat man nämlich einen zu weichen Haken, dann biegt er sich auf, sobald ein etwas schwererer Fisch daranhängt und vielleicht auch noch kämpft. Bei Hackern oder Hängern, mit denen man vor allem in trüben, kaum durchsichtigen Gewässern immer rechnen muß, biegt er sich ebenfalls auf, was an sich kein Fehler ist, wenn man auf diese Weise die Schnur freibekommt. Ist der Haken aber zu spröde, dann bricht er leicht. Fachhändler sehen es natürlich nicht gern, wenn man im Laden die Haken aufzubiegen oder zu zerbrechen versucht. Das aber ist eigentlich die einzige Möglichkeit, schon beim Kauf die Qualität eines Hakens zu prüfen.

Neben der Qualität des Materials ist die Spitze wichtig. Sie soll stets sehr scharf sein, und für die Schärfe muß man etwas tun, besonders dann, wenn man den Haken öfter benutzt hat oder wenn er einmal hängengeblieben ist. Man verwendet dazu eine kleine Feile, die in der Tasche Platz hat, oder auch einen Abziehstein. Beide erhält man überall im Fachhandel. Falls man einen Angelausflug plant, sollte man am Abend zuvor sich seine Haken ansehen und prüfen, ob die Spitzen wirklich scharf sind.

Übrigens kann es selbst dem Vorsichtigsten einmal passieren, daß der Haken ins eigene Fleisch eindringt. Der Widerhaken ist dann natürlich lästig. Die einfachste Methode zum Entfernen des Hakens ist die, daß man den Haken weiter ins Fleisch und auf der anderen Seite wieder herausschiebt. Dann kneift man mit einer Zange die Spitze unterhalb des Widerhakens ab und zieht den Hakenrest heraus. Das tut zwar weh, aber ein Angler sollte nicht allzu wehleidig sein, und es ist besser, ein wenig Schmerzen zu erleiden, als wegen eines unvorsichtigerweise ins eigene Fleisch eingedrungenen Hakens einen schönen Angeltag frühzeitig zu beenden. Eigentlich sollte man sich in regelmäßigen Abständen gegen Wundstarrkrampf impfen lassen. Das ist besonders dann zweckmäßig, wenn man sich mit Barschen abgibt, deren Rückenflosse alles andere als weich ist. Selbst Karpfen haben Hartstrahlen, die einem bei unvorsichtigem Hantieren (und dazu kommt es leicht, wenn man den Burschen endlich anlandet) ins Fleisch dringen und mitunter nicht geringe Wunden reißen. Der erfahrene Angler mag darüber lächeln, doch der Anfänger und der noch weniger Geübte erleben manchmal böse Überraschungen.

Es gibt auch Haken ohne Widerhaken, die bartlosen Haken. Sie sind in der Regel leicht aus dem Fisch zu entfernen, doch haben sie den Nachteil, daß ein lebhafter und stark kämpfender Fisch bei seinen Fluchtversuchen seinerseits sich den Haken unter Umständen abstreift, wenn man nicht aufpaßt. Bei diesen bartlosen Haken ist die Spitze in sich ausgebogen, so daß sie eine Art Widerlager bildet.

Auch die Hakenform ist unterschiedlich. Für welche man sich entscheidet, hängt nicht zuletzt vom Verwendungszweck ab. Als Wurmhaken sind wohl die Rundbogenhaken die besten. Zu den Haken mit runden Bögen gehören auch die Limerickhaken. Eckig geformte Haken finden wir bei den Pennellhaken und den Eckbogenhaken.

Der Hakenschenkel ist ebenfalls alles andere als einheitlich. Er kann länger oder kürzer sein, und auch sein oberes Ende, der Kopf, ist unterschiedlich geformt. Beim ersten Hinsehen scheint die Öse die beste Möglichkeit zu bieten, den Haken an der Schnur

Hundsbarbe, *Barbus meridionalis,* unten (Semling)
Franz.: barbeau truite, ital.: barbo meridionale, tschech.: parma stredomorska vychodni.

B e s c h r e i b u n g : Die Hundsbarbe oder der Semling gleicht in ihrer äußeren Gestalt unserer Flußbarbe, ist jedoch etwas gedrungener gebaut. In der Regel findet man den deutlichsten Unterschied zwischen beiden Arten in der Körperzeichnung. Die Hundsbarbe hat nämlich auf dem Rücken große, unregelmäßig geformte dunkle Flecken, die sich bis zur Körpermitte ziehen können. Oft bilden sie regelrechte Bänder. Auch die Rücken- und Schwanzflosse besitzen dunkle Flecken. Brust-, Bauch- und Afterflossen sind gelblichrot bis schmutzig ziegelrot, während die Rücken- und die Schwanzflosse schwärzlichgrün aussehen. – Größe: bis 40 cm und 1 kg Gewicht.

V o r k o m m e n : Die Hundsbarbe hat ein weites Verbreitungsgebiet und bildet innerhalb ihres Vorkommens eine Reihe Unterarten, von denen der Semling, *Barbus meridionalis petenyi,* besonders im Gebiet der Donau, der Weichsel, der Oder und des Dnjestr vorkommt. Man findet den Fisch auf der Iberischen Halbinsel, in Südfrankreich, Oberitalien, auf dem südlichen Balkan und in den angegebenen Flußgebieten.

L e b e n s w e i s e : Wie alle Barben hält sich auch die Hundsbarbe mit ihren Unterarten auf dem Boden von schneller fließenden, klaren und sauerstoffreichen Gewässern auf. Sie zieht kiesigen und sandigen Boden vor. Gern steht sie zwischen Steinen und in Unterständen. Meist trifft man sie nicht einzeln an, sondern in kleinen Trupps. Besonders zur Winterszeit zieht sie sich in tiefere Gewässerbezirke zurück und hält oft dichtgedrängt in Trupps eine Winterruhe. Während dieser Zeit ist der Fangerfolg gering.

A n g e l : Grundangel, mit und ohne Floß, Grundblei und Laufblei. – Schnur: 0,20–0,30, Vorfach. – Haken: Größe 3–8, kleine Drillinge. – Köder: Regenwürmer, kleine Köderfische, Fischstücke, Käse, Teig mit Pflanzen.

F a n g z e i t : etwa März bis November. – Laichzeit: Je nach Gegend zwischen Februar und Juli. Achtung! Der Laich ist giftig. – Schonzeit: je nach Gegend von 1. Mai bis 1. Juli. – Mindestgröße: um 20 cm.

Bitterling, *Rhodeus sericeus amarus* (Bitterfisch, Wittfisch, Schneiderkarpfen, Bauernkärpflein, Blecke, Pille, Plättken, Weberle)
Franz.: bouviere, pelletet, holl.: bittervoorn, tschech.: horavka duhova zapadni, russ.: gortschak.

B e s c h r e i b u n g : Auf den ersten Blick ähnelt der Bitterling einem jungen Weißfisch. Man erkennt ihn aber an seinem bläulichen Längsband, das sich etwa von der Körpermitte bis zur Schwanzflosse erstreckt. In der Laichzeit sind die Männchen sofort an der prächtigen Färbung zu erkennen, denn dann ist die Bauchseite rötlich, und der Rücken sieht blaugrün glänzend aus. – Größe: bis 9 cm.

V o r k o m m e n : Von der französischen Kanalküste bis zum Kaspischen Meer nördlich der Alpen. In England und in Skandinavien fehlt der Fisch.

L e b e n s w e i s e : Man findet den Bitterling nur dort, wo es Malermuscheln gibt. Diese brauchen sie für ihre eigentümliche Fortpflanzung, denn das Weibchen legt mit einer Legeröhre die Eier in die Muschel hinein. Hier entwickeln sich die Eier, und erst die geschlüpften Jungfische verlassen ihren Wirt. Es sind Schwarmfische, die sich gern in Uferzonen aufhalten. Sie ernähren sich von kleinen Würmern, niederen Krebsen und Insekten und deren Larven.

F a n g : Mit Senken und Netzen. – Verwendung: Gute Köderfische.

Übrigens revanchieren sich die Muscheln gewissermaßen auf ihre Weise für ihre Ammentätigkeit. Die jungen Larven der Muschel schwärmen im Wasser und siedeln sich auch auf der Haut der Fische an, wobei sie kleine Wucherungen verursachen.

Wels, _Silurus glanis_ (Waller, Weller, Schaden, Scharn, Wälinen)
Tschech.: sumec velky, jugosl.: som, russ.: ssom, holl.: meerval.

Beschreibung: Der Wels gehört zu den markantesten Fischarten unserer Gewässer und hat einen legendären Ruf, weil kapitale Stücke sogar großes Wassergeflügel ins Wasser ziehen. Der langgestreckte Fisch ist selbst als Jungtier sofort an der kleinen Rückenflosse, der langgestreckten Afterflosse und an den beiden sehr langen Barteln vor den Augen zu erkennen. Zwei weitere aber viel kürzere Bartelpaare stehen am Unterkiefer. Seine Färbung ist nicht selten ganz schwarz, wobei nur die Bauchseite weiß aussieht. Meist ist der Fisch aber unregelmäßig marmoriert, und dieses Färbungsmuster tritt vor allem auf den Körperseiten und auf dem Schwanzstiel auf. Die Augen sind sehr klein. In den Flossen zeigt sich eine schwärzlichgrüne Färbung. – Größe: bis 3 m und 150 kg Gewicht, durchschnittlich aber nur bis 1 m und etwa 10 kg.

Vorkommen: Vom westlichen Holland nördlich der Alpen bis nach Asien. In Skandinavien nur im südlichen Schweden.

Lebensweise: Obwohl der Fisch ein großes Verbreitungsgebiet hat, und nicht selten ist, findet man ihn nicht häufig, denn er ist ein ausgesprochener Einzelgänger, der sich tagsüber in Verstecken auf dem Bodengrund aufhält. Es gibt keinen Gewässertyp, in dem er nicht leben kann. Dennoch zieht er große Seen und langsamer fließende Gewässer vor. Am ehesten trifft man ihn über weichem Bodengrund an. In der Dämmerung und nachts wird er aktiv und geht auf Nahrungssuche. Dabei zieht er auch bis in ganz flache Uferregionen. Der Wels gehört zu den gewaltigsten Räubern unserer Gewässer, denn er ernährt sich mit fortschreitendem Alter fast ausschließlich von Fischen. Aber auch Frösche und kleinere Wasservögel gehören schon bald zu seinem Speisezettel. Während der kalten Monate zieht er sich in tiefere Gewässerbezirke zurück und hält eine Winterruhe. Während dieser Zeit sind Fangerfolge gering. An der Rute ist unser Wels meist ein großer Kämpfer, der mit seinen oft gewaltigen Körperkräften Material und Muskeln strapaziert. Vor allem versucht er Zuflüchten zu erreichen und scheuert dabei leicht die Schnur durch. Er springt auch!

Angel: Grundangel, mit und ohne Floß, Grundblei und Laufblei, Spinnangel. – Schnur: 0,35–0,80. – Haken: Größe 2/0–2, Drillinge, Spinner. – Köder: Lebende und tote Fische, Wurmzöpfe, Frösche, Geflügeldarm und Innereien, Muscheln ohne Schale, Spinner.

Fangzeit: Ganzjährig, doch während der kalten Jahreszeit gering. Am besten von Juli–Oktober. – Laichzeit: Mai–Juni. – Schonzeit: keine. – Mindestgröße: keine.

Zwergwels, _Ictalurus nebulosus_ (Katzenwels, Katzenfisch)
Tschech.: sumecek americky.

Beschreibung: Auf den ersten Blick ähnelt der Zwergwels unserem Flußwels, aber er hat keine langgestreckte Afterflosse und besitzt eine Fettflosse. Die Barteln sind sehr viel kürzer. Meist ist die Färbung ein Braunschwarz, das an den Seiten metallisch grünlich glänzt. – Größe: bis etwa 40 cm und 2 kg Gewicht.

Vorkommen: Die Heimat des Zwergwels ist Nordamerika. Er wurde in Europa an verschiedenen Stellen ausgesetzt, z. B. in Mitteleuropa, Ukraine. Er ist nirgends besonders häufig.

Lebensweise: Unser Zwergwels ist ein Bodenfisch, der erst in der Dämmerung und in der Nacht aktiv wird. Seine Nahrung besteht vor allem aus Insektenlarven, Weichtieren, kleinen Fröschen, Kaulquappen und aus kleinen Fischen.

Angel: Grundangel, mit und ohne Floß, Grundblei und Laufblei. – Schnur: 0,20–0,35. – Haken: 2–6, kleine Drillinge. – Köder: lebende und tote Fische, Würmer.

Fangzeit: Juni–Oktober. – Laichzeit: März–Mai. – Schonzeit: keine.

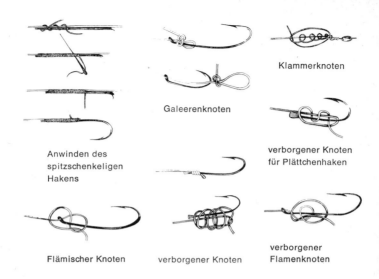

Klammerknoten

Galeerenknoten

Anwinden des
spitzschenkeligen
Hakens

verborgener Knoten
für Plättchenhaken

Flämischer Knoten

verborgener Knoten

verborgener
Flamenknoten

oder am Vorfach zu befestigen. Dann aber kommen Bedenken, ob das nicht allzu anfängerhaft aussieht. Lassen Sie sich nicht von solchen Überlegungen leiten! Wichtig ist nur, daß der Haken für Ihren Zweck richtig ist.

Haken mit einem Plättchen als oberem Abschluß oder mit Spitzschenkeln sind für Anfänger schwerer an der Schnur zu befestigen, aber man lernt es bald. Gehört man einem Angelverein an, dann kann man sich an den Vereinsabenden leicht in die Geheimnisse der verschiedenen Knoten einführen lassen. Es ist noch immer einfacher, das Knüpfen eines Knotens in der Praxis und mit den Augen zu lernen, als es nach Abbildungen oder theoretischen Unterweisungen zu versuchen. Trotzdem habe ich hier die gebräuchlichsten Bindungen und Knoten für die verschiedenen Hakenformen aufgezeichnet und hoffe, daß der Anfänger damit klarkommt.

Drillinge oder Doppelhaken sind nicht dazu da, um doppelt oder dreimal soviel Fische zu fangen, sondern um starke Fische, vornehmlich Räuber (z. B. Hechte), sicher zu fangen. Auch hier gibt es Ösenhaken und spitzschenkelige Haken. Sehr schnell läßt sich

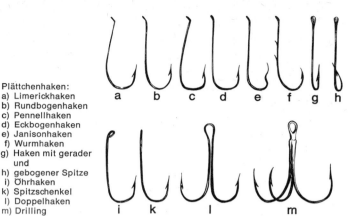

Plättchenhaken:
a) Limerickhaken
b) Rundbogenhaken
c) Pennellhaken
d) Eckbogenhaken
e) Janisonhaken
f) Wurmhaken
g) Haken mit gerader
   und
h) gebogener Spitze
i) Öhrhaken
k) Spitzschenkel
l) Doppelhaken
m) Drilling

der Haken mit offenem Schenkel montieren, denn man hängt ihn einfach in den Blinker oder die Trollangel ein.

Wie groß man die Haken für die einzelnen Fischarten wählen muß, entnehme man den Angaben bei den Fischbeschreibungen. Man sollte sich aber stets eine Regel vor Augen halten: Wenn in einem Gebiet überhaupt keine Fänge gelingen, dann versuche man es mit kleineren Haken. Tut man das, muß man freilich wissen, daß sich größere Tiere leichter von solchen Haken befreien können. Also muß wiederum der Anhieb stärker sein. Das alles nutzt aber nichts, wenn der Haken zu weich oder zu spröde ist und aufbiegt oder zerbricht oder wenn die Hakenspitze nicht scharf genug ist und deshalb nicht in die kräftigen Lippen- oder Maulpartien des Fisches eindringen kann. Kleinigkeiten verderben einem dann leicht den gesamten Erfolg.

Zur ständigen Ausrüstung gehören Haken mehrerer Größen. Alle Haken sollte man immer wieder, vor allem nach guten Fangtagen, durchsehen und für den nächsten Tag vorbereiten. Es gibt mehrere Möglichkeiten, die Haken trocken aufzubewahren: kleine Schächtelchen, Filzbänder oder auch Kork. Hier sticht man die Haken vorsichtig ein. Noch gewissenhafter muß man sein, wenn man die Haken gleich an die Vorfächer montiert und samt diesen transportiert. Es darf keinen Schnursalat geben. Man kann ihn zwar entfitzen, aber erstens kostet das Zeit, was sehr ärgerlich sein kann, wenn man gerade einmal schnell arbeiten muß, und zweitens kommt es gern zu Knicken der Vorfächer, besonders wenn sie – wie heute meistens – aus Draht oder Perlon bestehen. Darüber mehr im Abschnitt »Vorfächer«.

Was die Farbe der Haken betrifft, sei lediglich darauf hingewiesen, daß dunkle Haken am besten in dunklen Ködern wirken, während die hellen Haken in helle Köder gehören.

Spinner, Blinker, Wobbler

Zu den farbenprächtigsten, bizarrsten Gebilden, die einem Fisch als Beute vor die Nase gehalten werden können – und er fällt auch noch darauf 'rein –, gehören die vielfältigen Spinner, Löffel, Wobbler, Blinker, Turbler. Was man sich hier alles ausgedacht hat, ist nur im Warenkatalog eines großen Versandhauses abzubilden oder zu beschreiben. Natürlich funktionieren alle Kunstköder nach den gleichen Prinzipien, aber der Formenreichtum dieser blitzenden Geräte ist wahrhaft sinnverwirrend. Der Fülle des Angebots steht ein Anfänger meist völlig hilflos gegenüber.

Nun könnte man glauben, daß jede Form ihren Fisch findet, aber dem ist leider nicht so. Die Erfahrungen, die man im Laufe eines Anglerlebens mit den verschiedensten Formen macht, sind mindestens so vielfältig wie die Geräte selbst. Dennoch gibt es für die Spinner eine Faustregel, die mit der Wasserfarbe zusammenhängt. Bei trübem Wasser wähle man einen hellen, glänzenden Köder, der silbern oder auch messingfarben sein kann, denn Schwarmfische, die fast ausschließlich die Nahrung vieler Raubfische bilden, zeichnen sich immer durch leuchtende Körperseiten aus, die bei einfallendem Licht selbst geringer Intensität noch aufblitzen. Wie das aussieht, kann man beobachten, wenn man einen Stein zwischen einen Fischschwarm wirft und ihn dadurch augenblicklich auseinanderstieben läßt. Bald darauf blitzen dann die Körperseiten der Fische wieder auf, und der Schwarm findet durch diese Signale rasch wieder zusammen.

So muß man sich die Wirkung der Blinker vorstellen. In trübem Wasser täuschen sie natürlich stärker und machen manchen bis dahin verborgen stehenden Räuber aufmerksam und neugierig. Neben Blinkern in stilisierter Fischgestalt gibt es auch solche, die in sich verbogen oder gewunden sind und dadurch im Wasser eine taumelnde Bewegung vollführen. In der Regel tragen die Blinker am Hinterende einen Drilling oder auch mehrere, die mit einer Öse oder mit Wirbeln am Blinker befestigt sind.

Da im klaren Wasser die Verhältnisse etwas anders liegen, kann man mit glänzenden Blinkern dort Mißerfolge haben. Für diesen Fall eignen sich oft die dunklen, stumpfer bemalten Blinker besser. Fast jede gängige und bewährte Form gibt es sowohl hell als auch dunkel. Allerdings wundert man sich vielleicht manchmal, wieso ein fast schwarzer Mausblinker mit roten Augen und rot umwickeltem Drilling am Schwanz einen Hecht hinter seinem Baumstamm hervorlocken kann. Und doch ist es so.

Die zweite Gruppe der Kunstköder ist die der Spinner. Bei ihnen ist die Formenvielfalt größer als bei den Blinkern, doch bleibt sie stets dem Grundprinzip treu, ein fliehendes Fischchen vorzutäuschen. Meist hinten, aber auch vorn haben diese Geräte Flossen oder Propeller, die den Spinner in Bewegung setzen, damit er um die eigene Längsachse rotiert. Spinner können aber auch nur einzelne Teile rotieren, während andere ziemlich starr laufen.

Zu den Spinnern gehören die Löffelspinner, die so gebaut sind, daß vor dem Haken ein kleiner löffelförmiger Teil rotiert oder flattert. Dieser Löffel besteht bei verschiedenen Fabrikaten aus den unterschiedlichsten Materialien, so aus Metall oder Perlmutt; es gibt sie außer in Weiß und Silber auch schön bunt. Daß der Glaube Berge versetzen kann, bewahrheitet sich besonders bei den Löffelspinnern: Jeder Angler schwört auf sein Gerät und ist meist baß erstaunt, wenn ein fremder Sportsfreund mit ganz anders aussehenden Löffeln plötzlich genauso gute Fänge aus dem Wasser holt. Zu Anfang kauft man Spinner gern mit den Augen in der Meinung, daß auch dem Fisch zusagen müsse, was einem selbst gefällt. Ein guter Fachhändler, der nicht nur seine Ware absetzen will, sondern den Käufer auch berät, kann uns manchen wertvollen Hinweis geben. Denken Sie aber bitte nicht sofort, wenn der von ihm empfohlene Köder nichts einbringt, daß er seine Geheimnisse für sich behalten habe. Teilen Sie ihm Ihre Erfahrungen mit. Das nutzt Ihnen und anderen.

Man verwendet die Löffelspinner am vorteilhaftesten in stehenden Gewässern und in Gewässern mit nur geringer Strömung.

Zu den merkwürdigsten, beim ersten Anblick überraschendsten Kunstködern gehören die bei uns aus Nordamerika eingeführten Wobbler. Sie bestehen aus Holz oder Kunststoff und sind so leicht, daß sie auf der Wasseroberfläche schwimmen. Außerdem drehen sie sich nicht wie die Blinker oder Löffel um ihre eigene Achse. Deshalb kommt man bei ihnen ohne Wirbel aus; man hängt sie gleich im Vorfach ein. Die Gründe, die für die Verwendung der Wobbler angeführt werden, sind zum Teil recht spaßig. Mit den Wobblern sollen nämlich Raubfischen der Beutefisch naturechter vorgetäuscht werden, weil der Bauch immer nach unten zeigt. Warum beißen aber die Fische dann überhaupt auf Löffel oder Blinker, wenn sie Wert darauf legen, so hereingelegt zu werden, daß es wenigstens nach Natur aussieht? Kurz und gut, die Wobbler sind nicht schlechter als die anderen Kunstköder auch und bringen in manchen Gewässern ausgezeichnete Erfolge. Wer Wert darauf legt, daß der Köder nicht an der Oberfläche, sondern in bestimmten Tiefen treibt, kann ebenfalls Wobbler benutzen, vor allem solche, die schon mit Blei beschwert sind oder mit Blei beschwert werden können.

Meist besitzen die Wobbler zwei Drillinge, einen am hinteren Ende und einen am Wobblerkopf. Besonders beim Hechtangeln ist das wichtig, denn der Hecht nimmt seine Beute gern vom Kopf her, und dann sollte er dort mit einem guten Haken festgehalten werden können. Manche Wobbler haben auch drei Drillinge. Außerdem können sie aus einem Stück gearbeitet sein oder aus zweien, die durch ein Gelenk miteinander verbunden sind. In ihrer Färbung sind sie stärker stilisierten Fischvorbildern angepaßt. Wie sich bei verhaltensbiologischen Versuchen ergeben hat, muß ein Köder nicht unbedingt genau dem Vorbild nachgeahmt sein, sondern braucht lediglich ganz roh einer imaginären Fischform zu ähneln, wobei dem Aussehen des Kopfes die größte Bedeutung zukommt.

Auf eine Eigenschaft der Fische sei hier mit besonderem Nachdruck hingewiesen: Sie können lernen, und sie lernen mitunter schnell. Es gibt aber auch Exemplare, die nichts lernen. Menschen sind darin nicht anders. Wenn man nun einen künstlichen Köder besitzt, den man in einem Gewässer immer wieder einsetzt und dabei die Anhiebe »versaut«, das heißt, mit dem Köder so schlecht umgeht, daß der Fisch entkommt, dann geschieht es nicht selten, daß man den Köder wechseln muß, weil sich die gelehrigen Exemplare nicht mehr in die Nähe des Hakens bequemen. Das hört sich für manchen sicher wie Anglerlatein an. Aber wohl jeder hat nach einigen Jahren irgendwo einen alten Standfisch kennengelernt, der so vorsichtig geworden ist, daß er nicht oder nur schwer zu überlisten ist. Fische lernen, und wer am besten lernt und das Gelernte behält, hat die größte Chance, im Kampf ums Leben als Sieger hervorzugehen. Aber selbst die vorsichtigsten alten Knaben vergessen mitunter schnell, nämlich dann, wenn sie

Hunger haben oder hochzeitliche Gefühle bekommen. Sonderbarerweise verbindet man Vorsicht bei Fischen immer mit alten und gewaltigen Tieren. Das ist keineswegs richtig, doch bekommt man die großen Fische eher zu sehen und beachtet sie auch mehr als einen kleineren, der es vielleicht an Schlauheit und Raffinesse durchaus mit einem alten Standfisch aufnehmen kann.

Mit dem Hunger bei Fischen ist es übrigens auch so eine Sache. Sie haben nicht zu allen Jahreszeiten das gleiche Nahrungsangebot, und es gibt in den meisten Gewässern Zeiten, in denen die Tiere hungern, daß ihnen die Schwarte kracht! Dann haben wir die besten Möglichkeiten, auch mit den unwahrscheinlichsten Ködern an Fische heranzukommen, von denen wir vorher nur geträumt haben. Wer einmal in tropischen Gebieten geangelt hat, kennt das vielleicht noch besser.

Jedenfalls ist es durchaus ratsam, in vielbefischten Gewässern hin und wieder einen anderen Kunstköder einzusetzen. Er kann gerade der sein, auf den die Fische hereinfallen, weil sie ihn noch nicht kennen.

Eine andere Form der Kunstköder sind die Pilker, die man beim Meeresangeln für den Fang von Makrelen und Dorschen benutzt. Sie werden genau umgekehrt montiert: Die Öse tragen sie am Schwanzteil und den Haken am Kopf. Ihr Gewicht ist sehr viel größer als das der normalen Blinker oder Löffel, damit sie auch ohne besondere Bleibeschwerung zum Boden ziehen. Man ordnet sie in die Gruppe der Köder ein, die man beim Senken und Heben der Angel benutzt,

Im Süßwasser verwendet man zu diesem Zweck andere Modelle, die aber in ihrer Bauweise weitgehend mit den Meeresgeräten übereinstimmen. Beliebt, aber nicht überall zugelassen, ist der Kosak, der die deutlichste Fischform überhaupt besitzt. Hierher gehört auch der Bodensee-Zocker oder, wie er von Anglern meist genannt wird, der Jucker. Er sieht auf den ersten Blick wie ein Pilker aus.

In der letzten Zeit hat der Turbler immer mehr Freunde gefunden, vielleicht nur deshalb, weil er ziemlich von den üblichen Kunstködern abweicht. Das Prinzip des Turbler beruht darauf, daß er die Form eines Fisches mit weit aufgerissenem Maul zeigt. Innen ist er hohl, seitlich am Körper besitzt er Öffnungen, durch die das beim Spinnen eindringende Wasser wieder austreten kann. Ob das tatsächlich ein großer Vorteil ist, mag die Zukunft ergeben. Noch liegen zu unterschiedliche Bewertungen vor.

Quappe, *Lota lota* (Rutte, Aalquappe, Aalrutte, Trüsche, Quappaal, Rufolken, Ruppe, Drische, Quakaal)

Engl.: burbot, holl.: kwabaal, franz.: lote commune, barbotte, ital.: bottatrice, jugosl.: manic, tschech.: mnik sednovousy, russ.: natim, schwed., norw.: lake, dän.: ferskvandskvappe.

B e s c h r e i b u n g : Wer die Quappe zum erstenmal sieht, hält sie eher für einen Wels als für einen Dorschfisch, und doch ist dieses Tier der einzige im Süßwasser lebende Dorsch Europas. Der Körper ist langgestreckt und sieht bis etwa zum Beginn der Afterflosse drehrund aus, nach hinten zu ist er dann seitlich abgeflacht. Der Kopf ist groß, das Maul wirkt geradezu gefährlich, weil es sehr breit ist. Am Unterkiefer besitzt die Quappe einen langen Bartfaden, an der Nase zwei kurze. Das Auge ist klein. Zwei Rückenflossen sind vorhanden, von denen die erste nur kurz ist, während die zweite sich etwa von der Körpermitte bis zur Schwanzflosse zieht. Die Afterflosse hat fast die gleiche Länge wie die zweite Rückenflosse. Die Schwanzflosse ist abgerundet. Von den weichen Schuppen merkt man nicht viel. In der Färbung sind die Quappen sehr variabel, denn ihr Aussehen richtet sich nach der Umgebung, in der sie vorkommen. In der Regel sieht der Rücken bräunlichgrau bis schmutzig schwarzgrün aus, die Seiten hellen etwas auf, und der Bauch vor der Afterflosse ist weiß gefärbt. Dazu kommt eine unregelmäßige Fleckenzeichnung, die sich manchmal zu unregelmäßigen Querbinden vereinigt, zwischen denen hellere Zonen liegen. Ähnlich gefärbt sind die Flossen, doch tauchen hier bei manchen Exemplaren orangerote bis ziegelrote Flecken auf. – Größe: bis 1 m und 30 kg Gewicht, durchschnittlich aber nur bis etwa 50 cm und 3 kg Gewicht.

V o r k o m m e n : Unsere Quappe hat ein sehr weites Verbreitungsgebiet von Nordamerika über Europa bis nach Ostasien. In Europa fehlt sie nur im nördlichen England, Irland, Südwestfrankreich, auf der Iberischen Halbinsel, in Mittel- und Süditalien, auf dem westlichen und südlichen Balkan und im westlichen und nördlichen Norwegen.

L e b e n s w e i s e : Die Quappe gehört zu den gewaltigsten Räubern unserer heimischen Gewässer. Sie hält sich vorzugsweise in langsamer fließenden Gewässern auf, die sauberes kühleres Wasser führen. Man trifft sie aber auch im Brackwasser an. In der Regel liegt der Fisch tagsüber zwischen Steinen oder in Höhlen verborgen. In der Dämmerung und während der Nacht wird er aktiv und geht auf Nahrungssuche. Jungfische nehmen Würmer, Insektenlarven, Weichtiere und niedere Krebse, aber die größeren Exemplare ernähren sich in der Hauptsache von Fischen. Daneben richten sie großen Schaden unter den Brutfischen und unter dem Laich an. Das wird besonders kraß in Forellengewässern. Im Gegensatz zu den meisten unserer Fische frißt die Quappe am stärksten während der kühleren Monate. Steigen die Temperaturen, geht auch der Appetit zurück. In warmen Gebieten frißt die Quappe im Sommer überhaupt nicht. Oft unternehmen die Quappen längere Wanderungen, aber die alten Tiere beziehen meist eine Höhle in ihrem Gewässer und gründen ein Revier.

A n g e l : Grundangel, mit und ohne Floß, Bodenblei und Laufblei. – Schnur: 0,30–0,50, Vorfach, möglichst Metall. – Haken: Größe 1–4, Drillinge. – Köder: Würmer, Wurmzöpfe, Köderfische (Groppen), Frösche.

F a n g z e i t : Je nach Gegend ganzjährig oder nur in der kälteren Jahreszeit. – Laichzeit: November–März. – Schonzeit: keine. – Mindestgröße: keine. – Die Quappe ist trotz ihres Aussehens ein ausgezeichneter und schmackhafter Speisefisch ohne Gräten. Da dieser Fisch fast sein ganzes Leben in den Höhlen und Unterständen verbringt, die er nur in der Dämmerung zur Nahrungssuche verläßt, versucht er am Haken, sofort wieder schützende Zufluchten aufzusuchen. Gelingt dies, sind starke Exemplare schwer zu fangen.

76

Groppe, *Cottus gobio* (Koppe, Mühlkoppe, Breitschädel, Kaulkopf, Dickkopf, Küling, Dolm, Pabst, Tulzbull)
Engl.: bullhead, miller's thumb, holl.: revierdonderpad, franz.: chabot, ital.: scazzone, magnarone, tschech.: vranka obecna, russ.: bytschok, podkamenschtschik, schwed.: simp, norw.: steinsmette, dän.: ferskvandsulk.

Beschreibung: Die Groppe gehört trotz ihres großen Verbreitungsgebietes zu den weniger bekannten Fischen. Der Kopf und Vorderkörper sind deutlich verbreitert, und hinter der Rückenflosse wird der Körper ziemlich schnell schmal. Auf dem Rücken ist der Fisch variabel gefärbt, je nach Bodengrund der Gewässer. Meist sieht er schmutzig braungrau aus mit unregelmäßigen dunkleren und helleren Marmorierungen. Die Bauchseite ist weiß. Die Rückenflosse ist unterteilt. Am Kopf stehen einige kräftige Stacheln. Auffällig sind die großen Brustflossen. Den Fischen fehlt eine Schwimmblase. – Größe: bis 18 cm.

Vorkommen: Von England und der Atlantikküste quer durch Europa bis nach Asien hinein. In manchen Gebieten kommt noch die Sibirische Groppe dazu, so daß zwei Arten vorhanden sind. Der Fisch fehlt nur in Irland, Schottland, Spanien, Portugal, Süditalien und auf dem Balkan, im westlichen Norwegen.

Lebensweise: Man findet die Groppe am ehesten in flachen, schnell fließenden und sauerstoffreichen kühleren Gewässern der Forellenregion. Aber sie hält sich auch gern in Tieflandgewässern an Mühlenwehren und anderen Stauanlagen auf. Hier liegt sie auf dem Boden zwischen Steinen oder in kleinen Höhlen, die oft nur aus flach liegenden Steinen bestehen. In der Dämmerung wird sie aktiv und geht auf Nahrungssuche, die aus Insektenlarven (Steinfliegen), Würmern, aber auch aus kleinen Fischen und Fischeiern besteht. Dadurch wird sie in manchen Gebieten schädlich. Am Tage stöbert man sie am besten auf, indem man im Bachbett die Steine umdreht. Dann huscht sie etwas schwerfällig im Zickzack zu einem neuen Versteck.

Angel: Leichteste Grundangel mit Laufblei, am besten mit Keschern. – Schnur: 0,20. – Haken: Größe 10–14. – Köder: Würmer, Blutwurm, Insektenlarven.

Fangzeit: Ganzjährig. – Laichzeit: Februar–Mai. Schonzeit: keine. – Vorzüglicher Köderfisch für alle Salmoniden.

Elritze, *Phoxinus phoxinus* (Pfrille, Spierling, Zankerl, Haberfischl, Ellerling, Grümpel, Rümpchen, Hunderttausendfischl, Maipiere)
Engl.: minnow, holl.: elrits, franz.: vairon, ital.: sanguinerola, tschech.: strevia obecna, russ. goljan, schwed.: kvidd, norw.: örekyte, dän.: elritse.

Beschreibung: Der Körper ist langgestreckt und torpedoförmig. Die Grundfärbung ist gelblichbraun mit dunkelbraunem Rücken und unregelmäßiger, grober Fleckenzeichnung. Besonders in der Körpermitte zieht sich vom Kopf bis zur Schwanzflosse eine mehr oder weniger deutliche Längsbinde, die in Punkte aufgelöst sein kann. Zur Laichzeit bekommt das Männchen einen rötlichen Bauch und einen Laichausschlag am Kopf. – Größe: bis 12 cm.

Vorkommen: Von Großbritannien und Westeuropa bis nach Ostasien. Der Fisch fehlt nur auf der Iberischen Halbinsel (mit Ausnahme des Nordens), in Schottland, in Westnorwegen, Italien und auf dem südlichen Balkan.

Lebensweise: Die Elritze ist ein Begleitfisch der Forellenregion, und hier trifft man sie stellenweise sehr zahlreich an. Sie hält sich fast immer im Schwarm in freien Gewässerbezirken. Aber auch andere Gewässerregionen und Seen sucht sie auf, wenn sie sauerstoffreich sind. Sie ernährt sich vor allem von Kleintieren.

Fang: Am besten mit Netzen als Köderfische. Sie sind aber nur in manchen Gebieten für den Forellenfang geeignet.

Wirbel und Karabiner

Eine der erfreulichsten Erfindungen für die Angelei sind die Wirbel. Sie ersparen öftere Geldausgaben für Schnur, sind dafür aber auch nicht eben billig. Besonders bei Grundangel, Spinn- und Schleppangel sind die Wirbel dazu da, den Köder sich drehen zu lassen, ohne die Schnur zu verdrehen. Daß solches trotzdem vorkommen kann, liegt meist an uns, besonders wenn wir nicht für die richtige Pflege sorgen. Verrostete und oxydierte Wirbel drehen sich kaum noch und sollten weggeworfen werden. Nach jedem Angeln muß man also die Wirbel trocknen und notfalls einfetten. Sie ersparen einem dann viel Ärger.

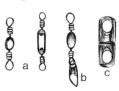

a) Tönnchenwirbel
b) Tönnchenwirbel mit Karabiner
c) Meer-Wirbel

Gebräuchlich sind zwei Grundtypen: der Tonnenwirbel und der Nadelwirbel, von denen der zuletzt genannte der unauffälligere ist. Beide können mit Ösen am oberen und unteren Ende bezogen werden, aber auch mit einem Einhänger oder mit zweien. Bewährt haben sich außerdem Wirbel mit Sicherheitseinhängern in asymmetrischer Form.

Je nach Geschmack, vor allem aber nach der Art des Angelns knüpft man die Wirbel an das Schnurende und hängt in sie das Vorfach ein oder benutzt unmittelbar danach den Spinnköder, die Wobbler, Blinker, Turbler oder auch den lebenden Köderfisch. Da trotz des scheinbar ruhigen Verhaltens der Wirbel die Schnur reichlich strapaziert wird, sollte man immer wieder, nicht nur alle Jubeljahre, sondern sogar zwischen den einzelnen Fangversuchen, die Festigkeit der Knoten und der eingeknüpften Schnur überprüfen.

Schnell kann einem sonst der untere Rest der Angel abreißen und verschwindet in den Fluten. Nach Hackern und Hängern ist das Überprüfen wohl selbstverständlich.

Sicherheitseinhänger oder Karabiner eignen sich für schnelle Montagen und gehören ebenfalls zum Rüstzeug.

Die Schwimmer

Wenn ein Laie gefragt wird, was er, wenn er beim Angeln zusieht, am meisten beachtet, dann kommt todsicher die Antwort: die Pose. Das ist durchaus erklärlich, denn an der Pose, auch Schwimmer oder Floß genannt, sieht man, ob ein Fisch beißt oder nicht. Jedes Verschwinden unter der Oberfläche wird mit atemloser Spannung verfolgt, und auch der erfahrene Angler kann sich der Faszination nicht entziehen, die von der tippenden, zuckenden oder gar verschwindenden Pose ausgeht. Mit Hilfe der Pose hält man die Endschnur in einer bestimmten Höhe und kann erkennen, ob sich ein Fisch am Köder verlustiert.

Die Pose kann aus verschiedenen Materialien hergestellt sein. Am bekanntesten sind wohl die Korkschwimmer, die meistens eine mehr oder weniger ausgeprägte Tropfenform haben. In der Mitte weisen sie eine Durchbohrung auf, durch die entweder ein Federkiel oder ein Kunststoffstäbchen gesteckt ist. Im unteren Teil bleibt der Schwimmer naturfarben, oben wird er auffällig bemalt, damit man ihn auch deutlich sieht. Andere Materialien sind Celluloid, Federkiele oder Balsaholz. Man kann sich die Kork- und Federkielflöße selbst herstellen. Die käuflichen sind aber meist schöner und besser ausgewogen.

Wichtig für alle Schwimmer ist, daß sie der jeweiligen Methode angepaßt sind. Das bedeutet, daß Schnur, Haken und Blei zur Beschwerung mit dem Schwimmer eine Einheit bilden. Ist nämlich das Floß zu leicht, dann verschwindet es bei der geringsten Unregelmäßigkeit unter dem Wasserspiegel, und man setzt den Anhieb viel zu zeitig. Andererseits kann einem ein zu schweres Floß kaum etwas anzeigen, und man setzt den Anhieb viel zu spät, zieht einen leeren Haken aus dem trüben Naß und ärgert sich.

Zu dieser Einheit gehört auch die Überlegung, in welcher Tiefe man den Haken hängen hat und wie der Köder beschaffen sein muß. Jeder kann sich selbst ausrechnen, daß eine lange Schnur unterhalb des Schwimmers mit kräftigem Haken und Bleibeschwerung oder mit gewichtigem Köder schwerer ist als ein kurzes Schnurteil im Flachwasser. Dieses Gewicht muß der Schwimmer aber tragen, und zwar möglichst gleichmäßig und ruhig. Es kann sonst leicht vorkommen, daß langsam beißende Fische am Köder herumspielen und erst einmal die Schmackhaftigkeit prüfen, und dann führt jede Berührung des Fischmaules am Köder zu einem recht lebhaften Aufundabtanzen der Pose, wobei natür-

Hecht, *Esox lucius* (Wasserwolf, Hengste, Schnock)
Engl.: pike, holl.: snoek, franz.: vandoise, brochet, ital.: luccio, jugosl.: stuka, tschech.: stika obecna, russ.: stshuka, schwed.: gädda, norw.: gjedde, dän.: gedde.

Beschreibung: Die langgestreckte, fast drehrunde, seitlich etwas abgeflachte Gestalt des Hechtes ist allgemein bekannt. Wie bei allen Oberflächenfischen sitzen Rücken- und Afterflosse weit nach hinten gerückt. Je nach Alter ist der Kopf stärker oder geringer mit einem Entenschnabel versehen. Dieser starke Raubfisch besitzt kräftige Zähne, mit denen er auch größere Beute leicht festhält. Die sogenannten Grashechte sind junge, meist einjährige Tiere aus verkrauteten Ufergebieten. – Größe: Weibchen bis 1,5 m und 35 kg Gewicht, Männchen bis 1 m und 8 kg Gewicht.

Vorkommen: Von den Britischen Inseln und der Atlantikküste bis nach Ostasien. Fehlt in Europa nur auf dem südlichen Balkan, in Süditalien und auf der südlichen Iberischen Halbinsel.

Lebensweise: Der Hecht ist ein Raubfisch, der sich vor allem in der Nähe der Wasseroberfläche gern getarnt aufstellt und hier auf seine Beute lauert. Dabei zieht er strömungsstille Gewässerabschnitte vor, besiedelt aber im ganzen Gebiet alle Gewässerformen bis zur Barbenregion. In der Jugend ernährt er sich von Kleinkrebsen, geht mit dem Heranwachsen zu kleinen Fischen und Fröschen über und nimmt als erwachsenes Tier alles, was er bewältigen kann. Hechte lernen oft sehr gut und schnell! Alte Standhechte zu überlisten, gehört zu den schönsten und aufregendsten Erlebnissen des Sportanglers, weil man nicht nur Geduld und genaue Kenntnis der Gewohnheiten des Tieres haben, sondern auch die Köder immer wieder variieren muß.

Angel: Grundangel, Spinnangel, Schleppangel, Floß. – Schnur: 0,35–0,50. – Haken: Größe 3/0–13, Drilling. – Köder: lebende ... tote ...

Fangzeit: Ganzjährig. – Laichzeit: Februar–Mai. – Schonzeit: unterschiedlich, meist Mitte Februar bis Mitte April. – Mindestgröße: ca. 35 cm.

Rapfen, *Aspius aspius* (Schied, Mülpe, Rappe, Zalat)
Franz.: able, jugosl.: bucov, tschech.: bolen dravy, russ.: sherespjor, schwed. und norw.: asp.

Beschreibung: Der Rapfen ist der größte räuberische Karpfenfisch, und seine Gestalt ist diesem Leben angepaßt. Langgestreckt, ziemlich große Schuppen und kräftig gebaut. Der verhältnismäßig kleine Kopf besitzt eine große Maulspalte. Rücken- und Schwanzflosse sind dunkel schmutzigfarben, Brust-, Bauch- und Afterflosse zeigen rötliche Töne. Der Rücken ist olivgraublau, die Seiten werden heller, der Bauch ist weiß. – Größe: bis 1 m und 9 kg Gewicht, durchschnittlich nur bis 60 cm und 2–3 kg schwer.

Vorkommen: Etwa von der Elbe aus nach Osten. Bulgarien, Rumänien, Ostseeraum. In Norwegen nur Südosten. Fehlt in Dänemark.

Lebensweise: Der Rapfen besiedelt alle Gewässertypen bis zur Forellenregion, zieht aber ruhigfließende und wärmere Gewässer vor. In der Jugend Schwarmfisch, später Einzelgänger, der gern hinter Stauwehren steht. Ernährt sich von Fischen, Fröschen und nimmt auch kleine Säugetiere.

Angel: Grundangel, Spinnangel, Fliegenrute. – Schnur: 0,30 bis 0,50. – Haken: Größe: 1–5. – Köder: Regenwürmer, kleine Fische, Spinner, Blinker, Kunstfliege. In manchen Stadtgebieten geht der Rapfen auch an Teigwaren oder andere Nahrung, die durch die Gewässerverschmutzung angetrieben wird und eigentlich nicht zu seinem Speisezettel gehört.

Fangzeit: Ganzjährig, am besten von Juli bis Januar, in kalten Gewässern im Winter nicht. – Laichzeit: April–Mai, Männchen mit Laichausschlag. – Schonzeit: keine.

Flußbarsch, *Perca fluviatilis* (Barsch, Barschling, Bürschling, Rerling, Schratz)

Engl.: perch, holl.: baars, franz.: perche, ital.: pesce persico, persico reale, perca, jugosl.: grgec, tschech.: okoun ricni, russ.: okunj, schwed.: abborre, norw.: abbor, dän.: aborre.

Beschreibung: Unser Flußbarsch gehört zu den farbigsten einheimischen Fischen, denn bei ihm fallen sofort die oft leuchtend roten Bauch-, After- und Schwanzflossen auf. Außerdem variiert die Grundfarbe des Körpers zwischen einem stumpfen Braun und einem glänzenden grüngoldenen Ton. Über den Rücken ziehen sich mehrere unregelmäßig geformte Sattelflecken, die bis über die Körpermitte hinabreichen. Der Barsch hat zwei Rückenflossen, von denen die erste kräftige Stachelstrahlen besitzt, während die zweite weich ist. Am hinteren Teil der ersten Rückenflosse liegt ein schwarzer Fleck. Die Rückenflossen sind meist graugrün gefärbt. Auch der Kiemendeckel ist nach hinten mit einem scharfen Dorn bewehrt, deshalb sollte man ihn vom Fisch immer vorsichtig hantieren, wenn man ihn vom Haken löst. – Größe: bis 40 cm und 3,5 kg Gewicht, durchschnittlich aber bis etwa 25 cm und 250 g Gewicht.

Vorkommen: Von England und der französischen Atlantikküste durch die Alpen und Mitteleuropa bis nach Ostasien. Er fehlt nur in Schottland, im westlichen Norwegen, auf der Iberischen Halbinsel, Italien und auf dem westlichen und südlichen Balkan.

Lebensweise: Der Barsch ist ein Schwarmräuber, der seine Beute gern im freien Wasser in Rudeln jagt. Man erkennt das leicht am unregelmäßigen Springen der verfolgten Fische. Vor allem findet man ihn in klaren Gewässern, stehend oder fließend, vor Schilfgürteln. Je älter die Tiere werden, desto mehr werden sie zu Einzelgängern. Seine Nahrung besteht aus allem, was er bewältigen kann, und wenn er zahlreich auftritt, kann er zu einem Schädling an der Fischbrut anderer Arten werden. Manchmal wandern die Barsche, besonders vor der Laichzeit.

Angel: Grundangel, mit und ohne Floß, Spinnangel, Tunkangel. – Schnur: 0,25–0,30, Vorfach. – Haken: Größe 1–8, Drillinge Spinner. – Köder: Der Fisch nimmt fast alles an. Regenwürmer aller Art, Wurmzopf, Geflügeldarm, lebende Fische, große Insektenlarven, kleine Spinner.

Fangzeit: Ganzjährig, am besten zwischen Juli und November. März und Juni. – Schonzeit: keine. – Mindestgröße: etwa 13 cm.

Kaulbarsch, *Acerina cernua* (Rotzbarsch, Pfaffenlaus, Kugelbarsch, Schroll, Tork)

Engl.: pope, ruffe, holl.: pos, franz.: gremille, tschech.: sezdik obecny, russ.: jorsh, schwed.: gers, norw. und dän.: hork. (Der Kaulbarsch hat in seinem Vorkommensgebiet viele bodenständige Namen.)

Beschreibung: Der olivbraune Fisch ist eindeutig als Barsch zu erkennen. Seine vordere Rückenflosse ist stachelig. Die Färbung variiert in ihrer Fleckenzeichnung etwas. Auffällig sind der große Kopf und das gewaltige Maul. – Größe: bis zu 25 cm und 400 g Gewicht, meistens um 15 cm.

Vorkommen: Von England und der französischen Kanalküste durch Mitteleuropa nördlich der Alpen bis nach Asien. Er fehlt auf der Iberischen Halbinsel, in Italien, auf dem Balkan, in Westnorwegen und in Schottland und Irland.

Lebensweise: Man findet den Fisch in Flüssen, in Seen und im Brackwasser. Meist steht er in ruhigen Zonen. Der Schwarmfisch gehört zu den meistgehaßten Barschen unserer Gewässer, weil er oft an den Haken geht, wenn man ganz anderer Beute nachstellte. Er frißt alles, was er bewältigen kann. Seine Fangmethode braucht man nicht zu erläutern, er kommt von ganz allein und ist in vielen Gewässern der Fisch, der in kleinsten Exemplaren an die größten Haken geht.

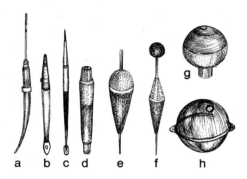

a) Gleitpose
   für Stippangel
b) für Grundangel
c) Stachelschweinspose
d) Gleitpose für Hecht
e) Korkschwimmer
f) Korkgleitfloß
g) Kugelfloß
h) Wasserkugel

lich der Köder mithüpft. Vorsichtige und mißtrauische Burschen wittern dann schnell Unheil und werden noch vorsichtiger. Das passiert einem besonders leicht bei der Karpfenangelei. Andererseits kann ein unruhiges, wenn auch nicht hektisches Tanzen erwünscht sein: dann nämlich, wenn man lebhafte Fische neugierig machen möchte.

Am beliebtesten bleiben aber nach wie vor die Schwimmer, die ruhig auf der Wasseroberfläche liegen und den Wellengang oder kleinere Wasserunruhen mitmachen, wenn das gesamte Zeug für eine bestimmte Fischart oder Gruppe ausgewogen ist.

Es gibt Posen, die man fest in einer bestimmten Höhe an der Schnur anbringt, und es gibt die Gleitflöße, die sich auf einem festzulegenden Abschnitt der Schnur verschieben. Das Gleitfloß benutzt man vor allem dann, wenn die Schnur zwischen Köder und Floß so lang sein muß, daß man größere Tiefen erreicht, wenn also die Schnur länger als die Rute ist.

Bei manchen Gleitflößen liegt die Schnurführung außerhalb des Zentrums; sie wird neben dem Schwimmkörper durch zwei Ösen bewirkt. Die untere, dem Haken zugekehrte Öse ist klein, die obere groß. Das hat seinen guten Grund: Man will ja nicht die Schnur in ihrer gesamten auf der Rolle liegenden Länge ins Wasser absinken lassen, sondern nur einen bestimmten Teil. Dazu muß man das Gleitfloß so stoppen, daß es nach dieser vorher zu bestimmenden Länge festsitzt und keine Schnur mehr folgen läßt. Man erreicht das mit einem Stopper. Im Fachhandel gibt es die sogenannten »Achter« aus Metall, die sich gut für geflochtene Seidenschnüre eignen, aber Schwierigkeiten machen, wenn man sie an Kunststoffschnüren befestigt. Hier sind die selbstgebundenen Stopper aus dem gleichen Material wie die Schnur besser. Man nimmt dazu einen etwas dünneren Perlonschnurteil von etwa 10 bis 30 cm Länge. Die Länge richtet sich vor allem danach, wie groß der Knoten werden muß, damit der Schwimmer von der oberen Öse gefangen wird. Durch die obere Öse darf der Knoten nicht durchrutschen. Da der Stoppknoten bei langer Endschnur auch durch die Schnurringe an der Rute gehen muß, darf man hier nicht des Guten zuviel tun, sondern muß die Gleitschnelligkeit und -fähigkeit besonders im Spitzenring prüfen. Wie man den Knoten bindet, entnehme man der Abbildung.

Hat man den Knoten auf einer bestimmten Höhe angebracht, dann zieht man ihn kräftig zusammen, damit er beim Auftreffen der Floßösen nicht verrutscht. Das hat bei veränderten Verhältnissen in der Wassertiefe zur Folge, daß wir den Knoten verschieben müssen. Mancher wird sich nun denken, nichts sei leichter als das, und mit Gewalt gehe es auch. Bedenken Sie dabei aber, wie Ihr Schnurmaterial darauf reagiert. Es wird nämlich gedehnt oder sonstwie beschädigt, vor allem bei öfterem Verschieben. Erinnern Sie sich bitte an das Möbelrücken zu Hause. Auch da will man den Fußboden nicht zerkratzen. Wir schieben in einem solchen Fall Kartoffelscheiben oder dergleichen unter zum besseren Gleiten. Ähnlich hier. Wenn Sie kein Fett zur Hand haben (auch frisches Fett aus einem gefangenen Fisch tut es), dann feuchten Sie wenigstens die Schnur beidseits des Knotens an, damit Sie diesen bewegen können, ohne größeren Schaden anzurichten.

Ein Gleitfloß hat zudem den Vorteil, daß es beim Werfen der Schnur deren Gewicht an der Spitze vergrößert, weil das Floß zunächst über dem Vorfach oder dem Köder liegt. Erst beim Eintauchen rutscht die Schnur infolge des Ködergewichtes oder wegen der Beschwerung durch die Ösen bis zum Stopper.

Wo bringt man nun den Knoten an? Logischerweise an der Stelle, die als freigegebene Schnurlänge in Frage kommt. Vor allem müssen wir uns aber erst einmal am Gewässer vergewissern, wie tief man gehen darf. Dazu lotet man die Tiefe aus. Man kann dies mit der Angel machen, kann aber auch ein besonderes Lot benutzen, an dessen unterem Ende ein Bleigewicht hängt. Bitte, nehmen Sie nicht die größte ausgelotete Tiefe, wenn Sie die Angel über eine größere Strecke führen müssen und nicht den Köder an einer bestimmten, genau begrenzten Stelle festlegen. Sie erleben sonst sehr leicht Hänger. Mittelwerte sind besser. Am besten aber ist es, wenn man sich die Stellen markiert, die für Hänger gut

sind, und sie meidet. Ich nehme zur Markierung gern Natur-
kork, den ich zerbreche. Man erhält ihn in Blumengeschäften, die
die Rinde zur Dekoration verwenden. Ein dünner Perlonfaden
von 0,08 mm Durchmesser ist daran gebunden und am anderen
Ende mit Blei beschwert. Selbst wenn der gehakte Fisch auf seiner Flucht die Schnur der Rute mit der Markierungsschnur
kreuzt, gibt es kaum Schwierigkeiten.

Man kann in gewissen Grenzen natürlich auch die Fische dorthin locken, wo man nicht mit unliebsamen Hängern zu rechnen
braucht, seien es nun Wasserpflanzen, Holzteile oder Steine.
Dazu füttert man die Fische an und gewöhnt sie langsam, aber
sicher an einen bestimmten Platz. Das hat freilich nur bei bestimmten Fischen und in bestimmten Gewässern einen Zweck.

Da man heute fast ausschließlich mit kurzen Ruten angelt, wird
das Gleitfloß vielseitig angewendet. Wer es sich neu zulegt, muß
aufpassen, daß die Ösen des Floßes nicht größer sind als die
Schnurringe. Sonst ist nämlich der Knoten so groß, daß er auf
keinen Fall durch den Spitzenring gleitet! Sogar selbstleuchtende
Schwimmer sind im Handel, die für die Nachtangelei gute
Dienste leisten.

Seit einigen Jahren gibt es die kugelförmigen, glasklaren Schwimmer, deren Gewicht und damit Eintauchtiefe man mit Hilfe von
Wasser verändern kann. Sie besitzen eine verschließbare Öffnung. Leider ist der Kugelschwimmer oder das Buldo, wie er nach
dem deutschen Lautklang der französischen Bezeichnung boule

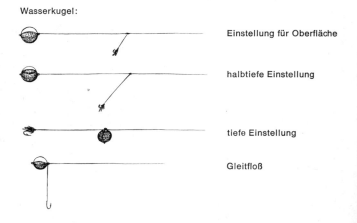

Wasserkugel:

Einstellung für Oberfläche

halbtiefe Einstellung

tiefe Einstellung

Gleitfloß

d'eau genannt wird, in manchen Gebieten bei der Flugangel nicht zugelassen. Das Buldo ist vielseitig einsetzbar und eignet sich vorzüglich für flache, klare und helle Gewässer bei der Jagd auf leicht zu vergrämende Fische. Man setzt es sowohl als Floß ein wie als Endglied mit einem Abstand von etwa 75 cm bis 1,25 m vom ersten Haken entfernt, und auch als Zwischenglied, wenn man mit Naturködern angelt. Ein Buldo sollte bei jedem Angelfreund zur Ausrüstung gehören.

Die größten Schwimmer benutzt man in der Meeresangelei. Hier können sie gut 50 cm lang sein. Das ist auch notwendig, denn man hat zwischen Schwimmer und Haken viel Schnur, oft 20 Meter und mehr. Der Schwimmer soll so eingestellt werden, daß er nur mit seinem »Signalmast« aus dem Wasser sieht. Allerdings verwendet man beim Angeln auf kleinere Meeresfische, vor allem in den Küstengebieten des Mittelmeeres, in denen der Seegang nicht so kräftig und hoch ist wie an der Nordsee oder am Atlantik, auch kleinere Schwimmer, die etwa dem Hechtfloß entsprechen. Wenn man für eine zünftige Fischsuppe auf Brassen und andere kleinere Arten, wie Meerjunker, aus ist, genügen oft schon die üblichen Schwimmer. Da man aber vom Ufer oder von Molen, Kaimauern oder Felsen aus den Haken oft über eine größere Entfernung werfen muß, eignet sich hier ebenfalls das Gleitfloß, das getrost schwerer sein kann, denn man beschwert es etwas mehr mit Blei, und es schwimmt im Meerwasser besser, weil Salzwasser besser trägt.

Unter den Gleitschwimmern oder Laufflößen bieten sich auch zwei Konstruktionen an, von denen eine im Prinzip seit einigen Jahren bekannt ist, die andere aber etwas ganz Neues darstellt. Diese Pose hat keine Ösen mehr, sondern einen zentralen Kanal, der in Schlangenlinien durch den Schwimmerkörper hindurchzieht. Zieht man nun die Schnur durch den Schwimmer, dann rutscht er leicht, bis er keinen Auftrieb mehr hat, und gibt dann nur wenig oder gar keine Schnur mehr ab. Kommt nun ein Fisch an den Haken, dann zieht er den Schwimmer dadurch herab, daß er die Schnur anzieht und die Schnur innerhalb des Schwimmerkanals strafft. Jetzt sitzt der Schwimmer fest und taucht unter.

Bei der anderen Konstruktion ist der »Signalmast« beweglich angebracht und trägt an seinem oberen Ende eine Schwimmkugel. Im oberen Drittel des eigentlichen Schwimmerkörpers ist eine Öse befestigt, durch die man die Schnur führt. Der unterste Teil des langgestreckten Schwimmers hat einen etwa 1 cm langen Schlitz, und die untere Schwimmeröffnung ist mit einem Messingring eingefaßt. Die Schnur läuft durch den Schlitz und dann durch die Öse zum Haken. Der bewegliche Signalmast ist unten mit einer Messinghülse beschwert. Wirft man nun die Angel aus, dann rutscht der Schwimmer nicht nach oben, sondern bleibt am Vorfach. Taucht er ins Wasser, erhält der Signalmast durch den Kugelschwimmer Auftrieb und gibt die Schnur frei. Sie sinkt zum Boden. Dann hat der Schwimmkörper die Oberfläche erreicht, und der beschwerte untere Teil des Mastes stößt auf die Schnur. Sie wird festgehalten und läuft nicht weiter. Erst beim Aufnehmen des Köders taucht der Schwimmkörper weg und läßt die Schnur frei. Mit dieser Pose ist ein Ausloten der Wassertiefe nicht mehr notwendig, denn der Schwimmer richtet sich selbst auf jede Höhe ein.

Einen einfachen und sehr wirkungsvollen Stopper kann man sich leicht aus Ventilgummi herstellen. Entweder spaltet man ihn und schiebt ihn dann um die Angelschnur, oder man steckt die Schnur durch den noch heilen Ventilgummi. Selbstverständlich muß man den Gummi an der Schnur befestigten, denn seine Öffnung ist zu weit. Dazu verwendet man Perlonschnur. Man bindet sie um den Gummi und zieht so diesen an der Angelschnur fest. Verwenden Sie bitte nicht zu lange Gummistücke; ein halber Zentimeter reicht. Der Stopper läßt sich mühelos verschieben.

Eine weitere, oft geübte Methode besteht darin, einfach einen kräftigen Wollfaden zu nehmen, den man ein paarmal um die Angelschnur windet und verknüpft. Bei dicker Schafwolle reichen meist eine oder zwei Windungen. Sowohl der Ventilgummi als auch die Wolle lassen sich ohne weiteres auf der Schnur verschieben. Man muß nur aufpassen, daß sie nicht allzu leicht verrutschen, denn manchmal schlägt man zu scharf an, wenn der zu schwere Köder im Wasser verschwindet. Übung macht auch hier den Meister.

Das Blei

Wenn man den Haken rasch im Wasser verschwinden lassen will, dann stößt das bei leichten Ködern gern auf Schwierigkeiten. Man geht ihnen aus dem Weg, indem man an das Vorfach oder an die Schnur Gewichte hängt, die sowohl Schnur als auch Vorfach samt Köder in die Tiefe ziehen. Am besten eignet sich dazu Blei, denn es ist weich und kann mit den Fingern oder mit einem Taschenmesser zusammen- oder aufgebogen werden. Natürlich wandert man nicht mit einigen Bleiklumpen in der Tasche herum, sondern nimmt die vorgefertigten Bleisenker, die im Fachhandel erhältlich sind.

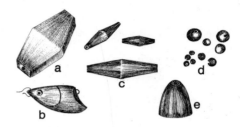

a) Grundblei
b) Fischkopfblei
c) Bleioliven
d) Bleikugeln, Bleischrot
e) Bleikappe

Am gebräuchlichsten sind die kleinen gespaltenen Bleischrotkugeln, die sich ohne weiteres am Vorfach oder an der Schnur anbringen lassen, denn man braucht sie nur mit ihrem Schlitz auf die Schnur zu schieben und dann festzuklemmen. Die kleinen Kugeln von wechselndem Durchmesser lassen sich mit den Fingern zusammendrücken. Notfalls verwendet man eine Flachzange. Leider drückt man in der Eile oft etwas zu stark und klemmt so die Perlonschnur zu fest. Das ergibt auf die Dauer Beschädigungen. Hier muß man tatsächlich mit Gefühl arbeiten.

Sehr gut eignen sich Bleidrähte und Bleioliven, die mit einer Rille versehen sind und am Ende gewundene Fortsätze haben. Selbst bei kaltem Wetter, wenn die Finger ein wenig steif sind, kann man die Schnur entlang der Rillen um die Olive legen, oben und unten durch die Spiralen winden und hat so eine festsitzende Beschwerung.

Auch das Entfernen des Bleis macht hierbei keine besonderen Schwierigkeiten. Die Gewichte von Bleisenkern und Floß müssen aufeinander abgestimmt sein, damit der Schwimmer nicht unter der Wasseroberfläche verschwindet, wenn zuviel Blei angebracht ist oder flach an der Oberfläche treibt, anstatt senkrecht zu stehen, weil zu wenig Blei angebracht wurde.

Hat man es mit einem Gewässer zu tun, in dem trotz beträchtlicher Tiefen eine starke Strömung herrscht, dann muß man, soll die Angel festgelegt werden, größere Bleimengen anbringen. Das gilt auch und besonders für die Paternosterangel, bei der der unterste Schnurteil mit einem schweren Bodenblei versehen wird. Außerdem soll ja nicht jeder beliebige Kleinfisch nach dem Aufnehmen des Köders geschwind in einem Uferloch verschwinden können, aus dem man ihn nur mühselig oder gar nicht mehr herausbekommt.

Als Bodenbleie nimmt man in der Regel Bleie von zwei verschiedenen Formen, deren Anwendung vom Bodengrund des Gewässers abhängt. Runde, kugelförmige Bodenbleie bringt man an, wenn der Gewässerboden steinig ist. Diese kantenlosen Beschwerungen verhaken sich nicht so leicht an Steinvorsprüngen. Rautenförmige, zweiseitig abgeflachte Bleie sind dann von Vorteil, wenn der Grund feinkiesig oder sandig ist. Sie legen sich besser auf und halten die Schnur in der gewünschten Stellung. Bei diesen großen Senkern sollte man die Schnur nach dem Durchziehen durch die Bleiröhre am Ende mit einem Karabiner oder einem Einhänger versehen, die natürlich größer sein müssen als die Bleiöffnung, damit sie nicht durchrutschen. Erst in den Einhänger oder den Karabiner wird dann das Vorfach eingehängt.

Für die Spinn- und Schleppangel eignen sich besonders exzentrische Bleie mit Wirbeln. Durch die Wirbel verdreht sich nämlich die Schnur so leicht, weil am anderen Ende das Vorfach mit dem Haken sitzt und sich um den Wirbelkörper dreht.

Die schwersten Bleie finden wir in der Meeresangelei; sie wiegen nicht selten ein volles Kilogramm. Außerdem zeichnet sich das Meeresblei noch dadurch aus, daß seitlich des tonnenförmigen Körpers eine Fahne angebracht ist, um die Beschwerung in der Strömung immer in einer bestimmten Richtung zu halten, damit möglichst keine Schnurverdrehungen vorkommen. Hier wird das Blei ebenfalls am Schnurende in einen Karabiner eingehängt.

Es gibt ferner Bleioliven, die in ihrer inneren Durchbohrung einen konisch verlaufenden Kunststoffkeil in Röhrenform mit seitlichem Schlitz besitzen. Auch die Olive trägt diesen Schlitz. Man legt die Schnur einfach in die Schlitze ein, verdreht die Olive und setzt durch sanften Druck den konischen Kunststoffteil fest. Dann läuft die Olive an der Schnur entlang. Man achte aber darauf, daß man die Olive wirklich fest verdreht, man hat sonst sehr bald kein Blei mehr an der Schnur. Durch das Auswerfen der Schnur schlägt die Olive nämlich immer an die Schwimmer oder an Bleischrot, so daß sich die konischen Stäbe lockern.

Gut geeignet sind in jedem Fall Bleidraht und Bleiblech, die man kaufen kann. Aus diesem Material läßt sich ohne Schwierigkeiten schnell eine Beschwerung herstellen, die den jeweiligen Zwecken angepaßt ist.

Die Rollen

Wer zu den älteren Angelfreunden gehört, wird sich sicher noch leicht schmunzelnd manchen unschönen Wortes erinnern, das ihm über die Lippen kam, wenn er nicht mehr genügend Schnur hatte, um einen kräftig kämpfenden Fisch zu drillen. Die Schnur war an der Rutenspitze angeknüpft, und mehr war eben nicht vorhanden. Auch die Haspel am unteren Stockende diente ja eigentlich nur dazu, die Schnur zu transportieren. Für einen aktiven Kampf war die Methode des Abwickelns viel zu langsam, und zum Schluß, wenn man den Fisch nach hartem Ringen doch an Land hatte, gab es sozusagen als Beruhigungsübung zum Nachtisch Schnursalat.

Heute haben wir solche mühevollen Geduldsspiele nicht mehr nötig, denn der technische Fortschritt hat uns die Rollen beschert. Der Erfinder ist nicht hoch genug zu preisen. Heute gehört die Rolle zur Ausrüstung wie die Matratze zum Bett. Je nach den Gegebenheiten können wir viel oder wenig Schnur mitführen, können sogar bei bestimmten Fabrikaten in Sekundenschnelle die Trommel mitsamt der Schnur auswechseln und sind dann für neue Fischarten gerüstet. Der Anfänger schielt heute beim Einkauf einer zünftigen Angelausrüstung viel stärker nach dem Regal mit den blitzenden, eleganten Rollen als nach den Ruten. Allerdings ist er auch eher bereit, dem Fachhändler zu glauben, welche Rolle sich für seine Zwecke eignet, als das bei Blinkern, Ruten oder anderen Sachen der Fall ist.

Angesichts des Angebots kann man sich genau die Rolle aussuchen, die dem eigenen Geldbeutel angepaßt ist. Allerdings muß man sich über eines immer im klaren sein: Manche billige Rolle hat oft ihre Mucken und ist nicht einmal den niedrigen Preis wert. Kaufen Sie keinesfalls nach dem Auge, denn viel blitzendes Chrom hat meist den Nachteil, daß Sie wohl dem Fisch eine Augenfreude bieten, aber sich später, wenn sich die blanken Teile bei unsachgemäßer Pflege entblättern, krank ärgern dürfen. Je stumpfer die technischen Apparaturen, desto besser für uns.

Brünierte Rollen sehen zwar nicht so elegant aus, fallen aber auch den Fischen nicht so auf und sind besser zu pflegen.

Heute sind Rollen in drei Grundtypen im Handel; sie alle haben ihre Vorteile und unterscheiden sich oft nur dadurch, daß sie in den verschiedensten Teilen der Welt häufiger oder seltener gebraucht werden.

Die Grundrolle, wie der einfachste Typ genannt wird, besteht entweder aus einer Trommel oder aus Stäben, die zwischen Scheiben angebracht sind. An der Rolle sind Halterungen für Griffe zum Aufrollen der Schnur oder zum Befestigen auf der Rute angebracht. Der bekannteste Grundrollentyp ist die Nottingham-Rolle. Man verwendet sie vornehmlich für die Grund- und Spinnangelei. Viele Rollen besitzen eine Bremse, die den Ablauf der Schnur reguliert und diese nicht so schnell freigibt, wie es der Fisch am Haken gern möchte. Solche Bremsen sind verstellbar. Für den Angler selbst ist noch ein akustisches Signal in Form einer Knarre angebracht, die einen Ton von sich gibt, ähnlich dem, der entsteht, wenn man ein Stück steifes Material gegen die Speichen eines sich drehenden Fahrrades hält. Bei manchen Fabrikaten sind die Knarren abstellbar, aber ich habe bisher noch keinen Angelfreund getroffen, der das gemacht hätte, denn die tönende Knarre ist doch der schönste Beweis, daß man die Beute noch immer am Haken hat.

Sehr ähnlich im Aussehen sind die Multiplikator-Rollen, aber unter diesem Namen findet man die Rollen nur in der Literatur. Der Angler nennt sie einfach und kurz Multirollen. Sie haben eine vierfache Übersetzung, das heißt, wenn der Trommelumfang 15 cm beträgt, dann holt man mit jeder Kurbeldrehung 60 cm Schnur ein.

In Mitteleuropa benutzt man die Multirollen fast gar nicht, und man muß im Binnenland schon in ein sehr gut sortiertes größeres Geschäft geraten, wenn man sie überhaupt sehen will. Anders ist das in Amerika, England und Skandinavien. Aber auch in den deutschen Küstenstädten bekommt man sie, denn sie wird bei uns gern zur Meeresangelei benutzt. Hier dreht sich ebenfalls die Trommel oder Haspel und nimmt so die Schnur mit. Zur Erleichterung des Aufwickelns ist meist ein Schnurfänger oder Schnurleiter vorhanden. Das Bremsen dieser Rollen, die noch immer Schnur ablaufen lassen, wenn der Köder längst im Wasser verschwunden ist, wird zu Anfang einfach durch den Daumen bewerkstelligt, dann kommt die Achsbremse oder die Kurbel hinzu.

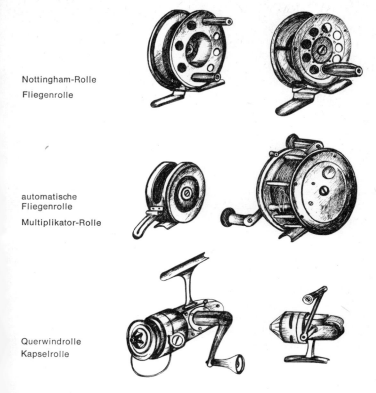

Nottingham-Rolle
Fliegenrolle

automatische
Fliegenrolle
Multiplikator-Rolle

Querwindrolle
Kapselrolle

Man kann mit ihr den Köder zwar nicht besonders fein ins Wasser bringen, kommt aber nach einiger Praxis doch zu guten Ergebnissen.

Multirollen sind in der Regel sehr strapazierfähig und leicht zu pflegen. Sie eignen sich deswegen besonders für den Meeresangler, denn das Salzwasser hinterläßt leider auch bei dem besten Material seine Spuren. Gern verwendet man sie zur Lachsfischerei, weil sie schnell den gehakten Fisch anziehen und für Landungsgeräte erreichbar machen. Außerdem nimmt die Multirolle viel mehr Schnur auf die Rolle, so daß man nicht gleich zu zittern braucht, wenn der Fisch über längere Strecken flüchtet. Das ist besonders für die Meeresfischerei wichtig.

Bei uns werden heute für die Grund- und Spinnangelei fast ausschließlich die Stationärrollen verwendet. Sie haben mit ihrer vorzüglich durchdachten Technik viele Freunde gewonnen, und das in kurzer Zeit. Ihren Namen hat die Rolle daher, daß sich bei ihr die Haspel oder Spule nicht dreht, sondern stationär ist, das heißt, sie steht fest. Kurbelt man dann, sorgt ein Schnurfänger dafür, daß die Schnur auf die Spule gelegt wird, und zwar meist in Kreuzwicklungen. Das Angebot an solchen Stationärrollen ist heute bereits sehr groß. Es gibt viele verschiedene Fabrikate und auch ihre Ausführung ist so mannigfaltig, daß es einem Anfänger, aber auch dem Fortgeschrittenen mitunter schwerfällt, sich für das richtige Modell zu entscheiden. Grundsätzlich wähle man besonders zu Anfang ein gutes Fabrikat aus, denn nichts kann einem die Angelei mehr verleiden, als eine Rolle, die wegen jedem kleinsten Umstand sich nicht von der Stelle rührt oder in unregelmäßigen Hackern die Schnur aufnimmt. Zum Schluß kommt dann noch das Gefitze der Schnur dazu.

Für welches Fabrikat man sich entscheidet, hängt nicht zuletzt davon ab, zu welchem Zweck man die Rolle braucht. An leichte Ruten sollte man keine schweren Rollen geben. Den Fischen, die unter Umständen in langen Fluchten kämpfen, setzt man am besten mit einer kräftigeren und größeren Rolle zu, da sie mehr Schnur aufnimmt. Worauf man aber immer achten muß, ist, daß die Stationärrolle eine Rücklaufsicherung oder Rücklaufbremse besitzt, denn sonst dreht sich das Getriebe rückwärts, sobald man die Kurbel freigibt.

Neuerdings kommen immer mehr die Kapselrollen in Gebrauch, bei denen man äußerlich von der Schnurrolle nichts mehr sieht. Im Mittelpunkt der Hülle, die über die Rolle geschoben wird, liegt eine Öffnung, aus der die Schnur austritt. Auch bei ihr liegt die Rolle still; der Schnurfänger, der für das Rückholen der Schnur sorgt, ist bandförmig breit gebaut mit einem kleinen Stift als Fänger, der innerhalb der Deckhülle ziemlich dicht unter der inneren Hülse läuft. Neben der Rückspulkurbel ist eine sternförmige Bremse angebracht. Bei anderen Fabrikaten arbeitet man mit einem Fingerhebel.

Diese Rollen sind sehr schnell für den Gebrauch fertig, denn man löst die Schnur sozusagen mit einem Knopfdruck. Sobald man die Kurbel bewegt, stoppt man auch den Schnurablauf, so daß man, ähnlich wie bei der Stationärrolle üblicher Bauweise, mit einiger Übung den Köder weich auf das Wasser setzen kann.

Ein weiterer Rollentyp ist die Flugrolle. Sie arbeitet ähnlich wie die Nottingham-Rolle, ist aber viel leichter und kleiner. Achten Sie beim Einkauf der nicht billigen Flugrollen darauf, daß die Schnurführung einwandfrei ist. Am besten sollte sie mit einer Achateinlage versehen sein, denn die teuren Flugschnüre werden leicht beschädigt. Billiges Zeug hat wenig Wert! Es gibt hier auch den automatischen Typ, der die Schnur durch eine Feder wieder auf die Rolle holt, wenn man den Auslösehebel drückt. Automatische Rollen sind etwas schwerer, aber in den neueren Fabrikaten durchaus nicht zu schwer. Auch hier sind die teueren Fabrikate meist die besseren.

Gerät, das sonst noch zum Angler gehört

Wenn man durch einen Fang den heimischen Herd mit einem köstlichen Mahl bereichern will, so braucht man neben Rute, Schnur und Haken noch eine Anzahl anderer Geräte, die zwar zunächst nicht ins Auge fallen, aber recht wichtig sind (wie wichtig, merkt man, wenn man sie zu Hause vergessen hat).

Sie haben zum Beispiel einen schönen schweren Karpfen an der Leine. Da kann es sich nur allzu leicht als ein Problem erweisen, den Fisch aus dem Wasser zu bekommen. Schon im Wasser machte der Fisch Schwierigkeiten, aber sein Gewicht wird noch viel größer, wenn er aus dem Wasser gehoben wird. Dann reißt manche Schnur, vor allem, wenn sie für den gefangenen Fisch im Wasser gerade noch ausreichte, aber beim Herausheben sich als zu schwach erweist. Wir benutzen dann in der Regel einen Kescher, den es in den Fachgeschäften in vielerlei Ausführungen gibt. Da man selten mit großem Gepäck reisen möchte, wird man sich einen zusammenlegbaren Kescher kaufen. Wählen Sie den Durchmesser nicht zu klein, denn einen kleinen Fisch kann man zwar in einem großen Netz aus dem Wasser heben, aber versuchen Sie es einmal mit einem großen Fisch und einem zu kleinen Kescher! Schwierigkeiten mit dem Kescher bekommt man in der Regel dann, wenn man mit mehreren Haken arbeitet oder wenn von Zwillings- oder Drillingshaken freie Spitzen neben dem Fischmaul in die Luft spießen und sich im Kescher verfangen. Unter solchen Umständen empfiehlt sich ein Gaff. Das ist ein metallener Stab, an dessen unterem Ende die Spitze hakenförmig umgebogen ist. Mit ihm kann man mühelos auch die größten Fische anlanden,

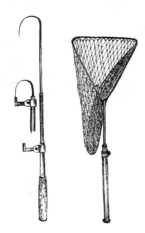

Landegaff   Landekescher

Setzkescher   Köderfischkessel

Haltenetz

weil sie im eingeschlagenen Gaff festsitzen. Achten Sie aber bitte immer darauf, daß die ziemlich scharfe Spitze gesichert ist und nicht bei einer hastigen oder unvorsichtigen Bewegung – und wer ist schon vorsichtig beim Anlanden eines kapitalen Fisches! – in irgendwelche edlen Körperteile fährt! Gaffs gibt es mit Teleskopstiel, so daß sie zusammengelegt nicht viel Platz beanspruchen.

Hat man den Fisch endlich an Land, dann erhebt sich die Frage: Wohin mit ihm? Geht man nicht gleich nach Hause, muß man die Beute so unterbringen, daß sie frisch bleibt. Am besten ist es also, sie lebend zu hältern. Dazu benutzt man Gefäße aus Metall, die durchlöchert sind, oder aber Netzkonstruktionen, die man allgemein als Setzkescher bezeichnet, wenn auch die verschiedenen Arten eigene Namen führen. Metallbehälter sind sperrig, können aber, wenn man sie für einen festen Angelplatz verwendet, auf dem Weg dorthin den größten Teil des Gerätes aufnehmen. Dennoch ist es besser, Netze zu benutzen, denn sie lassen sich zusammenlegen und leichter transportieren. Solche netzartigen Setzkescher gibt es aus Schnüren und aus Draht. Wichtig ist eigentlich nur die Größe. Man wähle ein möglichst großes Netz, in dem der gefangene Fisch noch schwimmen kann. Karpfen und Schleien halten viel aus, aber andere Arten sterben rasch, wenn sie zu dicht gepackt sind. Fische, die auch in der Freiheit sich gern in Unterstände zurückziehen und dadurch beengte Verhältnisse kennen, vertragen kleine Setzkescher besser als Arten, die sich im freien Wasser aufhalten und bei Gefahr im freien Wasser bleiben. Damit Schwimmraum im Kescher bleibt, legt man einen Stein hinein, der die Bodenfläche nach unten zieht. Den oberen Teil bindet man auf dem Land fest an!

Geht man auf Raubfische aus und braucht dazu lebende Köderfische, dann bewährt sich der Metallbehälter besser, denn in ihm kann man die Fische transportieren. Es gibt besondere Fischkannen, die man sogar mit einer Durchlüftungspumpe versehen kann. Solche Pumpen haben Batterieantrieb.

Nicht immer ist es ganz einfach, den gefangenen Fisch vom Haken zu bekommen. Die Finger sind klamm, der Haken sitzt zu tief, oder man hat sonstige Unannehmlichkeiten. In diesem Fall preist man sich glücklich, wenn man einen Hakenlöser zur Hand hat. Übrigens gehört es zu den wichtigsten Fragen bei der Sportanglerprüfung, was man immer mitführen müsse. Antwort: die Hakenlöser! Wer keinen hat, kann sich zur Not mit einem Zweig behelfen. Eine möglichst dünne Weiden- oder Haselrute wird so zugeschnitten, daß vorn eine kleine Astgabel übrigbleibt. Damit kann man ordentlich arbeiten, wenn der Haken zu tief sitzt. Keine trockenen Äste nehmen!

Hakenlöser

Löseschere

Maulsperrer

Zander, *Lucioperca lucioperca* (Schill, Hechtbarsch, Sandbarsch, Fogosch, Schindel, Sandel, Amaul)

Engl.: pike-perch, holl.: snoekbaars, franz.: sandre, jugosl.: smudj, tschech.: candat obecny, russ.: sudak, schwed.: gös, norw.: gjörs, dän.: sandart.

B e s c h r e i b u n g : Der langgestreckte Körper des Zander ist seitlich wenig abgeflacht, so daß er einen ziemlich runden Eindruck macht. Der Kopf wirkt klein, aber die Maulspalte ist tief und mit starken und kräftigen Zähnen besetzt. Zwei Rückenflossen sind vorhanden, deren erste sehr stachelig ist. Die Färbung des Fisches richtet sich nach den Gewässern und nach der Umgebung, in der er sich aufhält. Als Grundfärbung erscheint ein dunkles Schmutzigbraun, über dem ein grünlicher, manchmal leicht violetter Schimmer liegt. Auf den graubraunen Flossen findet man oft kräftige, dunkle, unregelmäßige Flecken. Über den Rücken ziehen sich unregelmäßige Sattelflecken, die in dunklen Gewässern oft sehr stark in Erscheinung treten. Man sieht dem Fisch seine räuberische Lebensweise deutlich an. – Größe: etwa 1,20 m und bis 15 kg Gewicht, durchschnittlich aber nur 50 cm.

V o r k o m m e n : Von Holland nördlich der Alpen bis nach Asien hinein. Er fehlt in Großbritannien, Westeuropa, Südeuropa und im westlichen und nördlichen Skandinavien.

L e b e n s w e i s e : Innerhalb seines Vorkommensgebietes trifft man den Zander in allen möglichen Gewässertypen an, aber er lebt hier doch vereinzelter. Wichtig ist für ihn die Sauberkeit des Gewässers, denn er benötigt Sauerstoff, der auch in tieferen Zonen noch vorhanden sein muß. Jüngere Exemplare schwimmen gern im Schwarm, während ältere zu Einzelgängern werden, die sich ein Revier gründen. Pflanzenbestände und ausgewachsene Kolke besiedelt er mit Vorliebe. Er frißt alles, was er bewältigen kann, vor allem kleine Fische, aber er ist für sein Anschleichen bekannt und hat manchen Angler wegen seiner »Sturheit« geärgert. Andererseits gibt es aber auch ausgesprochen freßgierige Exemplare, die an der Angel einen scharfen und ausdauernden Kampf liefern und viel Geduld im Anlanden erfordern.

A n g e l : Grundangel, mit und ohne Floß, Spinnangel, Schleppangel. – Schnur: 0,25–0,40, Vorfach, möglichst aus Metall. – Haken: Größe 1–5, Drillinge 1/0–6. – Köder: Lebende Köderfische, Wurmzöpfe, Spinner, Blinker, Turbler. Vorsichtig vorsetzen, denn der Zander nimmt oft nur sehr zögernd an.

F a n g z e i t : Ganzjährig, am besten zwischen Juli und November. – Laichzeit: April–Mai. – Schonzeit: in manchen Gegenden keine, sonst zwischen 1. April und 31. Mai. – Mindestgröße: um 35 cm.

Streber, *Aspro streber* (Spindelfisch, Streukatze, Zagel, Zint, Pfeifer)

Tschech.: drsek mensi.

B e s c h r e i b u n g : Zu den kleinsten Barschen unserer Gewässer gehört der Streber, der ein ausgesprochener Bodenbewohner ist. Meist sieht er olivbraun aus mit einem deutlichen gelblichen Ton und mit mehreren breiten Querbinden, die nahezu um den ganzen Körper ziehen. Zwei Rückenflossen sind vorhanden, und der Schwanzstiel ist sehr dünn. – Größe: bis 22 cm, meist nur ungefähr 15 cm.

V o r k o m m e n : Donaugebiet und Wardar (hier eigene Unterart).

L e b e n s w e i s e : Der Streber verbirgt sich tagsüber gern zwischen Steinen und in Unterständen und geht erst während der Dämmerung auf Nahrungssuche. Er ernährt sich vor allem von bodenbewohnenden Kleintieren, kann aber auch Fischbrut gefährlich werden. Seine Schwimmweise ähnelt der der Groppen und Schmerlen, deswegen verkennt man den Fisch oft. – Fang: Nur Beifang, als Köderfisch für Welse möglich.

F a n g z e i t : Ganzjährig. – Laichzeit: März–April.

Schrätzer, *Acerina schraetser* (Schratz, Staire, Schrasen)

B e s c h r e i b u n g : Der Schrätzer ähnelt in seiner Gestalt einem schlanken Kaulbarsch, dessen nächster Verwandter er auch ist. Man erkennt den Fisch aber sofort an seiner Zeichnung. Über den hell olivbräunlichen Körper ziehen sich zwei bis vier schwarzbraune dünne Längsstreifen, deren mittlere sich auf der Schwanzwurzel vereinigen. Nur eine Rückenflosse, deren vorderer Teil scharfe Stacheln besitzt. Die Längsstreifen können in Flecken aufgelöst sein. Kiemendeckel mit Dornen, über der Brustflosse ein starker Stachel. Oft erscheint der Körper in einem kräftigen Zitronengelb. – Größe: bis 30 cm und 250 g Gewicht.

V o r k o m m e n : Bewohnt nur die stehenden und fließenden Gewässer des Donaugebietes.

L e b e n s w e i s e : Der Fisch vereinigt sich oft zu kleinen Schwärmen, besiedelt aber besonders gern die tieferen Gewässerbezirke, in denen der Bodengrund aus Sand oder Kies besteht. In manchen Gebieten häufig und Brotfisch, in anderen selten. Seine Nahrung besteht vor allem aus Kleinkrebsen, Insektenlarven und Würmern, doch wird er auch der Fischbrut gefährlich.

A n g e l : Grundangel, Floß, Spinnangel. – Schnur: 0,20–0,35, Vorfach. – Haken: Größe 3–8, Spinner. – Köder: Lebende und tote Fische, Würmer, Blinker, Spinner, Löffel.

F a n g z e i t : Ganzjährig. – Laichzeit: April–Mai. – Schonzeit: keine.

Strömer, *Leuciscus souffia* (Laube, Riesling, Riemling, Grieslaugel, Friedfisch, Ischerle, Ziger)
Franz.: seufe, soufie, ital.: strigione, tschech.: jelec rucejnik dunajsky

B e s c h r e i b u n g : Der Körper ist langgestreckt und seitlich nur wenig abgeflacht. Das Maul ist unterständig. Die Rückenfärbung besteht aus einem grauen Stahlblau, entlang der Kör-

permitte verläuft eine schwärzlichblaue breite Längsbinde vom Kopf bis zur Schwanzflosse. Darüber liegt besonders zur Laichzeit ein violetter Schimmer. – Größe: bis 25 cm.

V o r k o m m e n : Der Fisch kommt in drei Unterarten vor, nämlich im Rhône- und Vargebiet, in Nord- und Mittelitalien und im oberen Donau- und Rheingebiet.

L e b e n s w e i s e : Der Strömer hält sich vor allem in rascher fließenden Gewässern auf, die zur Aschenregion gehören. Der Schwarmfisch besiedelt gern tiefere Zonen mit kiesigem Bodengrund. In Seen findet man ihn nur selten, und dann hält er sich meist an den Mündungen von Bächen auf.

A n g e l : Grundangel mit Floß. – Schnur: 0,20–0,35. – Haken: Größe 8–14. – Köder: Kleinere Regenwürmer, Blutwurm, Insektenlarven und Insekten, Teig, Getreide.

F a n g z e i t : Ganzjährig. – Laichzeit: März–Mai. – Schonzeit: meist keine. – Mindestgröße: 15 cm.

Schlammpeitzger, *Misgurnus fossilis* (Pißgurre, Moorgrundel, Schlammbeißer, Wetterfisch)
Holl.: grote modderkruiper, franz.: loche d'etang, russ.: wjun.

B e s c h r e i b u n g : Der langgestreckte, aalartige Fisch ist sofort an seiner dunkelbraunen und gelblichbraunen Längsstreifung zu erkennen und an seinen Barteln. Die Schuppen fallen nicht auf. – Größe: bis 30 cm.

V o r k o m m e n : Von der Kanalküste bis nach Asien nördlich der Alpen.

L e b e n s w e i s e : Dieser Bodenfisch hält sich vor allem im stehenden, flachen und warmen Gewässern auf. Da er eine Darmatmung besitzt, kommt er bei Sauerstoffmangel zur Wasseroberfläche. Ist ein Gewitter im Anzug, wird er unruhig und schnappt häufiger Luft. Während des Tages bleibt er meist verborgen, in der Dämmerung aktiv.

F a n g : Mit Netzen, guter Köderfisch, ausgezeichneter Speisefisch.

Besser ist es freilich, wenn man einen Hakenlöser aus Metall besitzt. Es gibt verschiedene Fabrikate und Bauarten, aber ich ziehe den einfachen Hakenlöser vor, der nicht mit anderen Geräten kombiniert ist. Andererseits hat auch die sogenannte Löseschere ihre Vorteile, denn neben dem Hakenlöser haben hier noch eine Schere und eine Schrotzange ihren Platz.

Unangenehm wird das Lösen eines zu tief sitzenden Hakens vor allem bei Hechten, denn die Bezahnung ist bei diesen Fischen so angeordnet, daß die Spitzen nach hinten zeigen. Wer noch keine Erfahrungen hat, wird sich wundern, wenn ihm der erste Hecht am Haken sitzt. Das Maul bleibt nicht offen, und man braucht im kräftigen Gaumendach des Hechtes schon einige Kraft, um den Haken herauszubekommen. Mit beiden Händen arbeitet es sich leichter und schneller. Deshalb setzt man dem Fisch eine Maulsperre ein. Es gibt solche aus Metall im Fachhandel, aber man kann sie sich auch als Notbehelf an Ort und Stelle aus einer Astgabel zurechtschneiden. Dazu verwendet man ein verhältnismäßig kräftiges Holz, damit die natürliche Spannkraft des Fischmaules die Gabel nicht zusammendrückt.

Wir haben immer wieder gehört, daß man manches kleine Hilfsmittel selbst herstellen kann. Zu diesem Zweck braucht man ein Messer. Wählen Sie bitte kein kleines Taschenmesser, dessen Klingen oder Halterung so schwach ist, daß sie sich bei starker Belastung verbiegt, sondern ein stabiles Messer, mit dem man auch die Beute töten kann, ohne das Tier zu quälen. Am besten eignen sich Messer mit feststehender Klinge, deren Stahl rostfrei sein soll.

Wichtig ist ferner eine Zange, mit der man die Haken durchkneifen kann. Sie bewährt sich nicht nur dann, wenn der Haken im eigenen Fleisch sitzt und wegen der Widerhaken nicht mehr heraus will, sondern auch bei Fischen, die den Haken so unglücklich geschluckt haben, daß man ihn nur unter großen Schwierigkeiten entfernen kann. Dann ist es jedenfalls besser, den Haken durchzutreiben, unter Umständen mit Hilfe der langschnäbeligen Zange, und die Spitze mitsamt dem Widerhaken abzukneifen. Haken kosten nur wenige Pfennige!

Zu den unentbehrlichsten Hilfsmitteln des Anglers gehören schließlich die Aufbewahrungsbehälter für das mitgeführte Gerät. Man trägt ja die Sachen nicht in der Hosen- oder Jackentasche. Rucksäcke haben den großen Vorteil, daß man in ihnen viel unterbringt; ihren Nachteil erkennt man jedoch, wenn man etwas sucht, weil die Gerätschaften kunterbunt durcheinander liegen. Hier kann man sich mit Schachteln in verschiedenen Farben helfen. Wer an einer festen Stelle angelt, kann seine Utensilien ja auspacken und griffbereit und übersichtlich hinlegen. Schwieriger wird es, wenn man etwa einen Forellenbach abfischen will, also nicht an einem Ort bleibt. Auch hier zeigt sich in der Beschränkung der Meister. Die sogenannten Fischertaschen, die man sich mit einem Riemen umhängt, nehmen zwar allerlei auf, aber Sie können kein ganzes Arsenal mitführen. Wenn Sie sich eine Fischertasche zulegen, dann achten Sie darauf, daß die Ösen aus starkem Metall bestehen, denn in sie kann man dann einige Geräte, wie zum Beispiel das Gaff oder den Kescher, mit einem Karabiner einhaken und mittragen. Je mehr Einzelfächer in Rucksäcken oder Fischertaschen sind, desto besser ist ein solcher Behälter für uns geeignet. Leider wachsen die Gerätschaften, die man für das Angeln als notwendig erachtet, mit der Zeit an. Erst später merkt man dann, was alles man unnütz mitführt.

Anglertasche

Gerätekasten

Fischkorb

Eine gute Hilfe sind die Hakentaschen, in denen man die Haken mit und ohne Vorfächer nach Sorten in kleinsten Unterabteilungen unterbringen kann. Sie nehmen nicht viel Platz weg und bieten die benötigten Haken ordentlich sortiert zur Auswahl an, wenn man schnell wechseln möchte.

Zum Betäuben der Beute vor dem Töten werden regelrechte Totschläger angeboten, die oft ein ziemliches Gewicht haben und bei Wanderungen meiner Ansicht nach unnötiger Ballast sind. Zum Betäuben der Fische eignet sich ebenso gut ein kräftiges Holz, das man sich am Gewässer leicht selbst suchen kann. Ist der Messer-

Forellenbarsch, *Micropterus salmoides*

Beschreibung: Der langgestreckte und kräftig gebaute Körper ist auf dem Rücken schmutzig dunkelgrün gefärbt. Nach den Seiten zu hellt diese Färbung auf, und es kommt ein deutlicher Silberglanz hinzu. Vom Kopf bis zur Schwanzflosse zieht sich ein aus unregelmäßigen Flecken zusammengesetztes dunkles Zickzackband. Der Bauch sieht weiß aus. Am Kopf findet man meist zwei schwarze Binden, die vom Auge zum unteren Kiemendeckel reichen. Die Rückenflosse ist zweiteilig, wovon der erste Teil sehr starke Stacheln besitzt. Mit zunehmendem Alter werden die Tiere schmutzig grünlichgrau. – Größe: bis 60 cm und bis 3 kg Gewicht.

Vorkommen: Ursprünglich stammt der Fisch aus Nordamerika, ist aber in Europa an verschiedenen Stellen eingeführt und ausgesetzt worden. Heute trifft man ihn häufig nur im Wörthersee an, während er in den Seen des Alpengebietes nicht die Bedeutung erreicht hat, die man dem Fisch wünschte, weil er als guter Sportfisch gilt.

Lebensweise: Als Jungtiere sind die Forellenbarsche gesellig, aber mit zunehmendem Alter werden sie mehr und mehr zu Einzelgängern. Dann ziehen sie sich auch an tiefere Stellen ihrer Wohngewässer zurück und gründen dort ein Territorium, das sie allein bewohnen. Verstecke lieben sie sehr. Beide Elterntiere treiben Brutpflege. Dazu wird der Laichplatz gesäubert und mit Pflanzen ausgelegt. Mitunter erreicht eine solche Grube einen Durchmesser von 1 m. Seine Nahrung besteht aus allem, was er bewältigen kann, z. B. Würmer, niedere Krebse, Insekten und deren Larven, Weichtiere, kleinere Fische und Frösche und deren Larven.

Angel: Grundangel, seltener Spinnangel. – Schnur: 0,25–0,35, Vorfach. – Haken: Größe 1–8, Drillinge 8–10. – Köder: Regenwürmer aller Art, oft auch kleine Wurmzöpfe, lebende Köderfische, Krebsfleisch, große Insekten, Löffel, Spinner, Blinker.

Fangzeit: Ganzjährig. – Laichzeit: März–Juli. – Schonzeit: unterschiedlich, meist keine. – Mindestgröße: sehr unterschiedlich.

Sonnenbarsch, *Lepomis gibbosus* (Boratsch, Gübit)

Engl.: pumpkinseed sunfish, holl.: zonnebaars, franz.: perche-soleil.

Beschreibung: Der gedrungen gebaute Körper ist seitlich stark abgeflacht und wirkt besonders bei großen Tieren ziemlich scheibenförmig. Die Rückenflosse ist recht kurz. Die Grundfärbung besteht aus einem grünbraunen bis goldgelben Ton, auf dem sich unregelmäßige Querbinden vom Rücken her bis über die Körpermitte ziehen. Im Sonnenlicht glänzt der Fisch kräftig grüngolden, aber man entdeckt dann auch viele andere Farben. Der hintere Kiemendeckel zeigt einen schwarzen, oft rot gesäumten kräftigen Fleck. – Größe: bis 30 cm.

Vorkommen: Der Sonnenbarsch stammt aus Nordamerika und wurde an verschiedenen Stellen in Europa ausgesetzt, weil man sich eine Bereicherung der Sportfische versprach. Leider bleiben unsere Tiere sowohl in der Größe als auch im Gewicht hinter den nordamerikanischen weit zurück. Oft findet man ihn in sandigen Gebieten mit klaren Seen, die eine Pflanzenzone besitzen.

Lebensweise: Jungfische halten sich noch in kleinen Trupps auf, doch mit dem Heranwachsen besiedeln sie mehr und mehr eigene Reviere. Beide Elterntiere bewachen die abgelegten Eier und die Jungbrut. Dazu legen sie in flacheren Wasserschichten Gruben an. Die Nahrung besteht aus niederen Krebsen, Insektenlarven und Insekten, kleinen Fischen.

Fang: Mit leichter Floßangel und leichtem Gerät. – Fangzeit: Ganzjährig. – Laichzeit: Mai–Juni.
Sonnenbarsche werden heute noch in Teichen gezüchtet, weil sie als sogenannte Zierfische dienen.

Aal, *Anguilla anguilla* (Flußaal, Blankaal, Steigaal)

Engl.: eel, holl.: paling, franz.: anguille, ital.: anguilla, jugosl.: jegulja, tschech.: uhor ricni, russ.: ugorj, schwed., norw., dän.: al.

Beschreibung: Es gibt nur wenige Fische, die man kaum zu beschreiben braucht, und zu ihnen gehört der Aal. Sein drehrunder, langgestreckter und schlangenförmiger Körper ist selbst Kindern bereits bekannt. Seine Rücken- und Afterflosse ziehen sich um den Hinterkörper und bilden einen Flossensaum. Außerdem besitzt er Brustflossen. Die anderen Flossen fehlen. Seine kleinen Schuppen sind in einer dicken Schleimhaut verborgen. Und doch unterscheidet der Angler verschiedene Aale, die aber keine eigenen Arten sind, sondern Wachstumsstadien. Der »Spitzkopf« ernährt sich noch vorwiegend von kleinen Wasserbewohnern, wie Würmern, Insektenlarven usw., während der »Breitkopf« Muscheln, Schnecken, Krebse und Fische auf seinem Speisezettel hat. Zwei weitere Aalnamen sind im Umlauf, nämlich Grünaal und Blankaal. Beim Grün- oder Gelbaal ist die Bauchseite gelblich bis grünlich, und der Rücken sieht dunkelbraun aus mit einem grünlichen Schimmer. Färbt sich der Aal mit einer weißlichen und silbrigglänzenden Bauchseite um, dann ist er kurz vor der Rückwanderung ins Meer oder gerade auf der Wanderschaft, und man nennt ihn Blankaal. – Größe: Männchen bis 50 cm, Weibchen bis 150 cm und 6 kg Gewicht.

Vorkommen: Der Aal besiedelt alle Süßgewässer, die mit dem Atlantik, der Nordsee und Ostsee und mit dem Mittelmeer in Verbindung stehen. Darüber hinaus wird er ausgesetzt.

Lebensweise: Unser Aal ist ein Wanderfisch, dessen Wiege im Sargassomeer liegt. Von hier wandern die kleinen Larven mit dem Golfstrom nach Europa. Sie wandeln sich zum Glasaal und später zum Steigaal. Werden sie geschlechtsreif, dann ziehen sie den Weg wieder zurück. Reisende Aale kann man

nicht aufhalten! Mit zunehmendem Alter ernähren sich Aale räuberisch, und nehmen alles, was sich als Nahrung eignet, von der Mückenlarve bis zum Fisch. Tagsüber verbergen sie sich gern, nachts werden sie aktiv.

Angel: Grundangel, mit und ohne Floß, Grundblei, Laufblei. – Schnur: 0,25–0,40, langes Vorfach ist oft angebracht. – Haken: Größe 1–5. – Köder: Regenwürmer aller Art, lebende Fische.

Fangzeit: Ganzjährig, vor allem Mai–Oktober. – Schonzeit: keine. – Mindestgröße: 35–40 cm.

Neunauge, *Lampetra fluviatilis* (Pricke, Lamprete, Bär, Uhlen, Neunhocker)

Engl.: lampern, holl.: rivierprik, franz.: lamproie fluviatile, ital.: pegola, span.: lamprea, jugosl.: paklara morska, tschech.: mihule, russ.: rechnaya minoga, nevskaya minoga.

Beschreibung: Das aalförmige Neunauge hat seinen Namen von den sieben Kiemenöffnungen plus dem Auge und plus der unpaaren Nasenöffnung erhalten. Es hat noch keine Kiefer, sondern ein Saug- und Raspelmaul. Die Rückenflossen bilden mit der Schwanz- und Afterflosse einen Saum. Andere Flossen fehlen. – Größe: Männchen etwa 30 cm, Weibchen bis 40 cm.

Vorkommen: In Flüssen, die mit dem Atlantik, der Nord- und Ostsee und dem westlichen Mittelmeer in Verbindung stehen. Das Neunauge fehlt in Schottland, Westnorwegen und Süditalien.

Lebensweise: Meeresbewohner, der zur Laichzeit ins Süßwasser einwandert. Schmarotzer, der von anderen Fischen lebt. Die Larve lebt im weichen Bodengrund und heißt Querder.

Neunaugen und Querder fängt man mit der Hand oder mit Netzen. Ausgezeichnete Köder für viele Fische. Neunaugen sind eine Delikatesse und wurden früher in manchen Gebieten viel angeboten. Heute werden sie immer seltener.

griff schwer, dann kann man auch ihn verwenden, aber achten Sie darauf, daß die Schneide in der Messerscheide steckt und wirklich geschützt ist. In einem solchen Falle betäuben Sie bitte den Fisch mit der Blickrichtung zum Land, denn wenn Ihnen das Messer doch aus der Scheide rutscht, verschwindet es vielleicht im Wasser, und zwar immer gerade dort, wo es am tiefsten ist. Das nennt man dann »Tücke des Objekts«.

Wer die Rute festlegen will, sie also nicht ständig in der Hand behalten möchte, verwendet einen Rutenhalter. Es handelt sich dabei im Prinzip um eine Astgabel, deren Stiel man in den Boden steckt, während die Gabelung als Rutenauflage dient. Es gibt Rutenhalter zu kaufen, aber man kann sie natürlich auch selbst zuschneiden. Gut sind auch zylinderförmige Halter.

In die Tasche eines Anglers gehören auf jeden Fall noch Nadel und Faden, um kleine Reparaturen selbst ausführen zu können, und eine Rolle selbstklebenden Bandes, mit dessen Hilfe man lockere Leitringe anklebt oder sich lockernde Hülsen notdürftig befestigt. Außerdem eignet sich dieses Band für mancherlei andere Reparaturen.

Zu den unentbehrlichen Kleinigkeiten, deren Wichtigkeit man erst erkennt, wenn man sie dringend braucht, gehört auch die scharfe Schere. Sie muß aus nichtrostendem Material bestehen, braucht aber nicht groß zu sein. Gut hat sich bei mir eine scharf abgewinkelte erwiesen, wie man sie in chirurgischen Bestecken findet oder auch in Verbandskästen. Erstens liegt sie gut in der Hand und zweitens ist sie so kräftig, daß man mit ihr harte Teile des Fischkörpers aufschneiden kann, wenn man beispielsweise im toten Fisch völlig verkeilte Haken entfernen möchte oder für den Transport die stacheligen Flossenteile abschneiden will. Eine Schere braucht man auch, wenn man zu lange Enden der Knoten abschneiden oder Schnur kürzen möchte, wie das häufig vorkommt. Außerdem wird man froh sein, wenn man sich zum Verbinden kleinerer Verletzungen Verbandszeug zurechtschneiden kann.

Überhaupt das Verbandszeug! Jeder Angler ist zwar davon überzeugt, daß ihm natürlich nie etwas geschehen wird, aber ein Unfall kann wie der Blitz aus heiterem Himmel kommen. Deshalb sollte man wenigstens ein sauberes Leinentuch mitführen, ein Verbandspäckchen sowie Leukoplast und Hansaplast. Mancher mag das vielleicht für unnötig halten und glauben, es sei vernünftiger, dafür Angelutensilien einzupacken, aber meine »Lazarettabteilung« hat schon manchem Sportsfreund geholfen und ihn bekehrt! Das Gewicht ist nicht groß, die Wirkung aber desto mehr! Vergessen Sie nicht das Jod, denn wer sich einmal an einem kräftigen Karpfen oder am unruhig zappelnden Barsch gestochen hat, wird wissen, wie rasch man eine Infektion hat. Aus diesem Grunde empfehle ich immer wieder, sich gegen Tetanus impfen zu lassen. Vorsicht ist besser! Das Leinentuch gehört nicht nur als Schnellverband zur Ausrüstung, sondern auch aus vielerlei anderen Gründen. Einmal kann man damit empfindlichere Geräte umhüllen, damit sie nicht im Tragbehälter zerkratzt oder beschädigt werden, zum anderen ist man froh, wenn man sich mit solchen Lappen die Hände vom Fischschleim reinigen kann. Sie werden mir nun entgegenhalten, daß dazu ja genügend Wasser vorhanden sei. Versuchen Sie aber einmal einen hartnäckigen Aalschleim loszuwerden! Ein Leinentuch leistet hier gute Dienste. Außerdem dient es zum Festhalten der Fische, wenn man sie vom Haken befreien möchte. Nehmen Sie möglichst kein ganz neues, noch ungebrauchtes Tuch, sondern machen Sie es wie Ihre Frau oder Mutter, waschen Sie Leinen erst einmal vor der Benutzung. Es wird weicher und saugfähiger.

Zu den unentbehrlichen Dingen gehört auch eine kleine, feinrinnige Feile zum Nachschleifen der Haken oder ein Abziehstein, wie man ihn in jeder Fachhandlung bekommt. Durch harte Fischmäuler sticht der Haken nur gut, wenn er spitz ist. Mit dem Gebrauch stumpft er ab und muß dann wieder auf seine alte Fängigkeit gebracht werden. Die sehr kleinen Haken faßt man dazu am besten mit der Löseschere, denn in der Hand zwischen den Fingern verschwinden sie leicht. Ich weiß wohl, daß die meisten Angler gerade die Schleiferei für eine recht überflüssige Arbeit halten, aber wundern würden sie sich, wie oft bei einem stumpfen Haken der Beutefisch wieder von der Schnur abkommt.

Ködernadeln braucht man meist dann, wenn man mit Fischen oder Fröschen am Haken arbeitet. Dann zieht man die ähnlich einer Lanzette geformte Nadel, an deren hinterem Ende eine Öse sitzt, durch den Köder, hängt hinten das Vorfach mit dem Haken ein und zieht nun die Vorfachschnur in die richtige Position. Eine Ködernadel erleichtert diese Arbeit sehr. Aber nicht nur für tierische Köder kann man sie verwenden, auch bei vorgeformten Brotstücken oder vor allem bei Kartoffeln, die bei unvorsichtiger Manipulation gern zerfallen, leistet die Ködernadel gute Dienste.

Eine zunächst gar nicht so offensichtliche Bereicherung für den Angler stellen kleine, dünne Gummischläuche dar, die einmal zum Abbinden von bösartig verletzten Gliedern zu verwenden sind, zum anderen aber als Ersatzköder, zum Beispiel an der Hegene. Wie man sie dafür zuschneidet, lesen Sie bitte dort nach. Erwerben Sie ruhig mehrere Schläuche in den verschiedensten Farben. Man bekommt sie in Fachgeschäften für Gummiwaren. Außerdem stellen sie keinen Ballast dar, weil sie praktisch nichts wiegen.

In vielen Angelbüchern wird auf die zünftige Kleidung des Anglers hingewiesen. Ich glaube kaum, daß jemand mit seinem besten Anzug zur Angelpartie aufbrechen wird, denn daß Wasser, Schleim und Schlamm nicht mit dem Sonntagsstaat in Berührung kommen sollten, versteht sich von allein. Zwei Kleidungsstücke sollten aber mit Bedacht gewählt werden. Das sind die Schuhe und der Mantel.

Schuhe können erstens nicht wasserdicht genug sein (und müssen natürlich gepflegt werden), sondern sollten zweitens derb sein, denn fast jedes Ufer hinterläßt seine Spuren am Leder. Bequem wird man sie wohl immer wählen, denn stundenlang laufen und stehen kann man nicht in modernen Straßenschuhen. Wer direkt ins Wasser steigt, um im Bach den Forellen nachzuwandern, der schafft sich Gummistiefel an, dann aber am besten schenkellange. Ein Tip dazu: Es gibt heute ziemlich leichtes Material, das mit dem Gewicht der früheren tiefschwarzen Ungetüme nicht mehr zu vergleichen ist. Sie scheinen zwar nicht so stabil, halten aber sehr gut. Manche Fabrikate haben einen zusätzlichen Vorteil. Sie sind nämlich feinfühliger, so daß man in steinigen Bächen tatsächlich bessere Ausgleichsmöglichkeiten hat. Wer sich einmal für die leichten Stiefel entschieden hat, wird sie nicht mehr missen wollen. Aber, wie gesagt, die Stiefel braucht man nicht unbedingt.

Dagegen sollte man sich ein paar trockene und warme Socken mitnehmen. Nichts ist auf die Dauer unangenehmer, als mit vor Nässe quatschenden Schuhen und ebenso nassen Füßen stundenlang herumzulaufen. Der nächste Schnupfen kommt bestimmt!

Von den Mänteln empfehle ich gern die leichten Staubmäntel, deren Eigengewicht kaum spürbar ist. Natürlich sind sie nicht so widerstandsfähig wie ein dicker Gummimantel, aber sie tun durchaus ihren Dienst, zumal man kaum bei Schnürlregen draußen am Wasser bleiben wird. Für kurze Schauer aber reichen sie aus. Solche Mäntel kann man am Standort auch gut ausbreiten und das

Gerät darauflegen. Sehr brauchbar sind sie, wenn man Schnur in Klängen auf den Boden legen möchte. Hier wird dann kein Grashalm zusätzlichen Widerstand bieten.

Das sind nur einige wenige Ratschläge für Materialien, die man eigentlich haben sollte. Mit der Zeit kommt sicher noch dieses oder jenes dazu. Das Arsenal des Sportanglers wird mit der Zeit ziemlich umfangreich werden. Dann sortiert man eben wieder aus oder mietet sich einen Packesel.

Was der Anfänger braucht: Die Grundausrüstung

Wer den Angelsport betreiben will, ganz gleich, aus welchen Gründen, der geht zunächst in ein Fachgeschäft, um die notwendigsten Geräte zu erwerben. Da man dabei meist mehr mit den Augen kauft als mit dem Verstand, soll hier eine kurze Aufstellung der Dinge gegeben werden, die man tatsächlich von Anfang an benötigt. Bitte, beachten Sie dabei, daß es von den einzelnen Artikeln die verschiedensten Angebote gibt zu recht unterschiedlichen Preisen. Mein Lehrmeister war seinerzeit der Meinung, daß für einen Anfänger das Beste gerade gut genug sei, aber heute sind bereits die relativ billigen Markenartikel ausgezeichnet, nur sollten es eben Markenartikel sein.

In Versandhäusern, aber auch in Fachgeschäften, erhält man Garnituren, in denen Rute, Schnur, Pose, Haken und Blei bereits fix und fertig zusammengestellt sind, so daß man nur noch zu angeln braucht. Diese Ausrüstungen sind billig, aber sie eignen sich meist nur zur leichtesten Stippangelei. Besser ist es, wenn man sich Einzelgeräte kauft, die zwar etwas teurer sind, dafür aber eine längere Lebensdauer haben; mancher Ärger über unzureichende Materialbeschaffenheit wird so vermieden.

Hier folgt nun eine Aufstellung, nach der sich der Anfänger richten sollte. Der Variabilität sind keine Grenzen gesetzt, aber erste Erfolge und Erfahrungen stellen sich auch schon mit der einfachen Anordnung ein:

Vollglasrute, 2,10 m lang
Stationärrolle, leicht bis mittelschwer
Schnur, 0,30 bis 0,35 mm, zur Rolle passend
Posen, leicht bis mittelschwer
Haken, Päckchen mit Vorfach montiert, verschiedene Größen sortiert

Hakenlöser

Wirbel, zur Schnur passend sortiert oder eine Größe, aber stets mehrere

Blei, Schrotsortiment und mehrere Laufbleie

Dazu kommen noch eventuell Kescher mit zweiteiligem Stock, Setzkescher zum Aufbewahren der Beute, Wurmdose und vielleicht schon zwei oder drei Blinker, Löffel oder Wobbler (Vorschlag: Heintzblinker). Alle anderen Geräte stellen sich mit der Zeit von selbst ein.

Alles in allem braucht man nicht mehr als einen Hundertmarkschein hinzulegen, hat dann aber eine solide und gute Grundausstattung, die in diesem Falle sich für die Grundangelei, aber auch zum Spinnen eignet. Entscheidet man sich für eine leichtere Hohlglasrute, dann sollte man das Gerät dementsprechend wählen, nämlich auch eine leichtere Rolle nehmen, die etwas teurer ist. Auch bei der Hohlglasrute genügt eine Länge von 2,10 Meter.

Später darf natürlich eine lange Grundrute dazukommen, wobei man je nach Geschmack die Bambusrute oder eine Teleskoprute wählt. Neuerdings gibt es auch kurze Teleskopruten, die sich für den Fliegenangler eignen. Dann wird die Rolle (Fliegenrolle, vielleicht mit Automatik) aber teuer, weil sie wirklich gut sein muß.

Überlegen Sie also vorher, welcher Angelart Sie sich zuwenden möchten. Fangen Sie jedenfalls mit der Grundangel an!

Die Köder

Wenn man als Anfänger sich mit dem Gedanken trägt, irgendwo seine Angel auszuwerfen, hat man meist sofort die Vorstellung, an den Haken gehöre ein Wurm. Das Sprichwort »Er krümmt sich wie ein Wurm an der Angel« bezieht sich ja deutlich auf den bekanntesten Köder. Dennoch ist der Regenwurm – um ihn handelt es sich hier nämlich – nur in Ausnahmefällen ein »naturgegebener« Köder, denn er lebt ja nicht unter Wasser, und der Fisch schließt nur dann mit ihm Freundschaft und hat ihn »zum Fressen gern«, wenn er bei Regenfällen oder Überschwemmungen sozusagen aus Versehen ins Wasser gerät. Daß er dennoch ein ausgezeichneter Köder ist, liegt nicht zuletzt daran, daß er mit seinem freien Körperende windende Bewegungen ausführt, die einen Fisch aufmerksam machen und zum Zuschnappen verleiten, wenn ihm die Geschmacksprobe zusagt.

Natürliche Köder sind die Nahrungstiere, mit denen der Fisch in seinem Heimatgewässer in Berührung kommt und die er kennt, aber auch pflanzliche Bestandteile, wenn es sich um pflanzenfressende Fischarten handelt. Wer aus der Stadt nur hin und wieder in die freie Natur kommt, sieht wenig von den Kleinlebewesen, die an Uferböschungen unter Wasser oder unter Steinen verborgen sind. Die Vielzahl der in einem guten Gewässer vorhandenen Futtertiere ist erstaunlich. Selbst in einem total verschmutzten und geradezu fischfeindlich erscheinenden Gewässer gibt es noch Nahrung für die Fische, wenn diese die schlechten Wasserverhältnisse aushalten. Sehr saubere Bäche der Forellenregion enthalten meist weniger Nährtiere.

Da ein Angelfreund zugleich ein Naturfreund sein sollte, dessen Horizont weiter reicht als bis zur Angelrutenspitze, sollte er sich eigentlich auch mit den kleinen Tieren der Gewässer befassen, denn je mehr er von ihnen kennt und je mehr er über die Fauna eines Lebensraumes weiß, desto leichter wird es ihm fallen, seiner Beute nachzustellen. Ich weiß wohl, daß es Sportsfreunde gibt, die den natürlichen Köder als eine Unsportlichkeit ansehen und der Klabüsterei mit der künstlichen Fliege weit mehr Wert beimessen, aber auch sie haben mit natürlichen Ködern angefangen. Und es ist durchaus sportlich, einen Fisch mit natürlichen Ködern zu überlisten; denn es ist keineswegs so, daß man nur einen Regenwurm oder eine Stubenfliege an den Haken zu stecken braucht,

Frauenfisch, *Rutilus pigus* (Frauennerfling, Dörnling, Donaunerfling, Erfle).

Tschech.: plotice leskla dunajska.

B e s c h r e i b u n g : Auf den ersten Blick erinnert der Frauenfisch an eine Plötze oder an einen Aland. Er unterscheidet sich aber zunächst einmal durch sein unterständiges Maul von den anderen. Dazu kommt die Stellung der Bauchflossen, denn sie beginnen unter dem Rückenflossenanfang, während sie sonst vor der Rückenflosse stehen. Der Körper ist langgestreckt und seitlich abgeflacht. Er wirkt ausgesprochen elegant. Auf dem Rücken findet sich eine bräunlichgrüne bis graugrüne Färbung, die Seiten glänzen grünlich bis bläulich, und von der Körpermitte an zum Bauch wird der Fisch silbrigweiß bis weiß. Die Bauchflossen und die Afterflosse sehen meist schön rot aus, während die Rückenflosse und die Schwanzflosse schmutzig bräunlichrot sind und keine große Farbkraft haben. Oft wird die Schwanzflosse von einem grauen Außensaum umzogen. – Größe: bis 40 cm und 1 kg Gewicht, im Durchschnitt aber nur bis etwa 25 cm und 250 g Gewicht.

V o r k o m m e n : Der Frauenfisch kommt in zwei Unterarten vor, nämlich der Stammform in Oberitalien und im Luganer See, und der Unterart *Rutilus pigus virgo*, dem eigentlichen Frauenfisch, im Gebiet der oberen bis mittleren Donau.

L e b e n s w e i s e : Im Gegensatz zu den meisten sogenannten Weißfischchen hält sich der Frauenfisch in den tieferen Zonen der Flüsse auf. Mit seinem unterständigen Maul sucht er den Bodengrund nach Nahrung ab, die vor allem aus Würmern, Insektenlarven, Schnecken, Muscheln und niederen Krebsen besteht. Wie seine Verwandten ist auch der Frauenfisch ein Schwarmbewohner, der sich oft zu größeren Trupps zusammenfindet.

A n g e l : Grundangel, mit und ohne Floß, Laufblei. – Schnur: 0,15–0,30. – Haken: Größe 8–14. – Köder: Kleinere Regen-

würmer, Blutwurm, Insektenlarven, manchmal auch Getreide und Kartoffeln.

F a n g z e i t : Ganzjährig. – Laichzeit: April–Mai. – Schonzeit: keine. – Mindestgröße: um 15 cm.

Perlfisch, *Rutilus frisii* (Frauenfisch, Maifisch, Graunerfling)

Russ.: wyresub.

B e s c h r e i b u n g : Der langgestreckte Fisch zeichnet sich durch einen spindelförmigen Körper aus, der nahezu rund ist. Sein Rücken ist graugrün bis braungrün gefärbt. Auf den Körperseiten hellt die Farbe in einen gelblichgrünen Ton auf. Zum Bauch zu erscheinen die Farben silbrig bis rötlichgelb. Bauch- und Afterflossen zeigen einen leicht rötlichen Ton, während die übrigen Flossen graugrün aussehen. Insgesamt sind die Farben unauffällig. Seinen deutschen Namen Perlfisch hat das Tier vom Laichausschlag der Männchen bekommen. Während der Fortpflanzungszeit ist das Männchen nämlich mit kräftigen Knötchen wie bei einem Ausschlag bedeckt, vor allem der Kopf und die obere Körperhälfte. – Größe: bis 70 cm und 5 kg Gewicht, meist aber nur etwa 40 cm.

V o r k o m m e n : Der Perlfisch kommt in drei Formen vor. Die Stammform findet sich im nordwestlichen Schwarzen Meer und dessen Zuflüssen, unser Perlfisch (*Rutilus frisii meidingeri*) bewohnt das System der oberen Donau und einige Seen, und die dritte Form, die russisch kutum heißt, lebt im südlichen Kaspischen Meer.

L e b e n s w e i s e : Perlfische sind Wanderfische, die gern in kleinen Schwärmen von den tieferen Gewässerbezirken in die flacheren Gebiete wandern, besonders zur Laichzeit. Sie ernähren sich von bodenbewohnenden niederen Tieren. Der Fang geschieht auf die gleiche Weise wie beim Frauenfisch, also mit der Grundangel, mit dünnerer Schnur und mit kleineren Haken. Köder gleich.

Kleine Maräne, *Coregonus albula* (Zwergmaräne, Marenken, Süßwasserhering, Kaisermaräne, Zollfisch)

Engl.: european cisco, vendace, pol.: sielava, russ.: europeiskaya ryapushka, schwed.: siklöja, smaasik, norw.: lagesild, dän.: heltling, finn.: miukku.

B e s c h r e i b u n g : Auf den ersten Blick ähnelt die Kleine Maräne ausgesprochen einem Hering. Der Rücken ist dunkel olivgrau, die Seiten gelblich silbern bis glänzend silbern, und der Bauch ist weiß. Dazu kommen die zart gefärbten grauen Flossen, in denen sich manchmal grünliche Töne finden. Man erkennt die Kleine Maräne aber sofort an ihrem nach oben gerichteten Maul. Wie alle Coregonen besitzt auch sie eine Fettflosse. — Größe: bis 45 cm und 1 kg Gewicht (Ladoga-See), sonst meist nur bis 25 cm.

V o r k o m m e n : Von England und Schottland bis zum nordwestlichen Rußland in größeren und tieferen Seen. Vor allem in der Ostsee und in den angrenzenden Ländern.

L e b e n s w e i s e : Die Kleine Maräne lebt in der Ostsee als Wanderfisch. In den großen Seen bildet sie eine Freiwasserform, die sich ständig in oft großen Schwärmen aufhält. Während der Nachtstunden verteilen sich die Fische auf kleinere Schwärme. Außerdem wandern die Tiere von tieferen Wasserschichten bis in die Nähe der Wasseroberfläche. Der größte Teil ihrer Nahrung besteht aus Kleinkrebsen, z. B. Wasserflöhen und Hüpferlingen, aber sie nehmen auch Mückenlarven und anderes Kleingetier, das ins Wasser gefallen ist.

A n g e l : Grundangel, Floß. — Schnur: 0,15–0,25. — Haken: Größe 10–14. Köder: Blutwurm, manchmal zu mehreren am Haken, seltener Insekten.

F a n g z e i t : Juli–September. — Laichzeit: Oktober–Dezember, manchmal schon August. — Am besten eignet sich zum Fang die Hegene. Selten geangelt, fast immer mit Netzen gefangen. Ausgezeichneter Speisefisch.

Stint, *Osmerus eperlanus* (Seestint, Heilstint, Spierling)

Engl.: smelt, holl.: spiering, franz.: eperlan, russ.: korjuschka, schwed.: nors, slom, dän.: smelt.

B e s c h r e i b u n g : Der langgestreckte Körper des Stints ist seitlich nur wenig abgeflacht, lediglich bei den ständigen Süßwasserbewohnern ist er stärker zusammengedrückt. Der Unterkiefer springt über den Oberkiefer vor und ist mit kleinen spitzen Zähnen besetzt. Die Schwanzflosse ist tief eingeschnitten. Eine Fettflosse ist vorhanden. Der Rücken sieht graugrün bis olivgrau aus, die Seiten werden heller, und von der Körpermitte ab überzieht den Fisch ein silberner Glanz. Fast immer sind die Flossen bräunlichgrau durchsichtig, manchmal mit grünlichem Schein. — Größe: Binnenstinte (Süßwasserstinte) bis 20 cm, Wanderstinte (Seestinte) bis 30 cm.

V o r k o m m e n : Das Hauptverbreitungsgebiet ist das Ostseebecken mit den angrenzenden Ländern, aber die Tiere kommen von Irland, der französischen Westküste bis in die Nordsee vor. Küstenfische und ständige Binnenstinte in größeren und tieferen Seen.

L e b e n s w e i s e : Die Wanderstinte leben die meiste Zeit im Brackwasser der Mündungsgebiete, ziehen aber auch entlang der Küste. Zur Laichzeit wandern sie in den Unterlauf der einmündenden Flüsse und laichen in flacheren Gebieten. Binnenstinte steigen oft in die Zuflüsse, bleiben aber oft auch in den Seen, und sie legen dann ihre Eier in flachen Zonen. Zunächst ernährt sich der Stint von Kleinkrebsen, später auch von Fischen.

A n g e l : Grundangel mit Floß, Paternosterangel. — Schnur: 0,15 bis 0,25. — Haken: Größe 11–14. — Köder: Regenwürmer, Tauwürmer, auch als Stücke, Krebsfleisch, Garnelen, Fischfleisch, Muschelfleisch.

F a n g z e i t : Juni–November. — Laichzeit: Februar–Mai.

damit man auf Anhieb den Geschmack des Fisches getroffen hat und sich nun der Bisse nicht mehr erwehren kann. Weit gefehlt! Wer sich tagelang auf einen bestimmten Köder verlassen durfte, erlebt sicher eines Tages, daß die Fische, denen er nachstellt, den Köder nicht mehr beachten. Das hat etwas mit den Nahrungsforderungen und den Gewohnheiten zu tun. Hier spielen jahreszeitliche Wechsel, Wassertemperaturen, Höhe des Wasserstandes, Überschwemmungen, Vorhandensein von Futtertieren und noch vieles andere mehr eine ganz erhebliche Rolle.

Als Beispiel sei der Döbel genannt, der zur Kirschenzeit gut mit Kirschen zu fangen ist. Aber wenn Sie das außerhalb der Kirschenzeit versuchen, werden Sie ohne Beute nach Hause kommen. Wer also wissen will, welche Köderarten zu einer bestimmten Zeit in einem bestimmten Gewässer am ehesten Erfolg versprechen, muß sich mit der Kleinlebewelt des Gewässers befassen, die er in einer ruhigen halben Stunde untersucht. Wer sich dieser kleinen Mühe unterzieht, wird seinen Lohn in schuppiger Beute nach Hause tragen. Ich habe immer wieder erlebt, daß es unter den Anglern zwei Grundtypen gibt: Der eine weiß über das Leben im Wasser recht gut Bescheid, der andere überläßt alles dem Zufall und sitzt dann neiderfüllt stundenlang in die stille Betrachtung seiner schwimmenden Pose versunken am Ufer. Zu den kenntnisreichen Leuten gehören nicht nur die »studierten« Angler, sondern auch viele, die ihre Kenntnisse auf diesem Gebiet im Laufe der Zeit durch Erfahrung erworben haben. Es hat aber noch einen weiteren Vorteil, wenn man die Kleintierwelt des Gewässers und die Nahrungsansprüche und Gewohnheiten der Fische kennt. Man braucht nämlich nicht unbedingt mit den verschiedensten Ködern bepackt durch das Gelände zu ziehen, sondern findet draußen an Ort und Stelle seine »Reizmittel«.

Natürlich kann man sich auch zu Hause Zuchten verschiedener Ködertiere anlegen. Das ist in vielen Fällen gar nicht schwer. Manchmal muß man dazu nur den Widerstand seiner besseren Hälfte überwinden, die nicht gern mit solch ekligem Gewürm in einer Wohnung lebt. Richtig angelegte Futterzuchten stinken aber nicht oder werden dort aufgestellt, wo ihr Eigengeruch nicht stört. Das gilt für Regenwürmer wie für Schaben. Deshalb will ich, besonders für den Großstädter, ausführlicher darüber schreiben, denn man bekommt zwar heute im Fachhandel ein recht reichhaltiges Angebot an lebenden Ködern, aber eben nicht überall und auch nicht immer in der richtigen Form.

In der Grundangelei gilt der Regenwurm als der beste Köder, den man sehr vielseitig einsetzen kann. Bei uns wird er unter dem Namen Tauwurm geführt, wenn er groß ist und meist am Vorderkörper einen breiten Ring besitzt. Man findet ihn gewöhnlich im Mist (das ist dann der sogenannte Mistbeetwurm) in Gärten, in stark faulenden Substanzen. Seine Farbe variiert etwas, aber immer herrscht ein dunkles Rot vor. Beliebt ist der große Wurm auch deswegen, weil er sich nach der Reinigung gut auf den Haken ziehen läßt, während kleinere und zartere Regenwürmer sich schwieriger behandeln lassen.

Man fängt diesen Regenwurm mit den verschiedensten Methoden. Am ehesten findet man ihn nach warmen Regennächten. Dann kommen die Würmer nämlich aus dem Erdboden gekrochen. Allerdings hat das Aufsammeln seine Tücken, denn wenn man sich mit lauten, schweren Schritten den Würmern nähert, verschwinden sie überraschend schnell in ihren Löchern.

Mit einem Spaten und einem kleinen Eimer kann man den Regenwürmern während der Tagesstunden auf den Leib rücken. Gräbt man bei feuchter Witterung seinen Garten um oder begibt sich auf Wiesengelände, wird man immer Würmer finden, denn sie sind ja die Bodenaufbereiter unter den Erdbewohnern. Wenn man einen Wurm am Ende gepackt hat, reiße man ihn nicht aus der Erde, denn sonst bricht er leicht und ist als Köder nicht mehr ganz vollwertig. Dem Wurm selbst schadet das in der Regel wenig, denn er regeneriert sein fehlendes Körperende.

Eine gute und recht einfache Methode kennt man unter den Aquarianern, die mit Regenwürmern ihre Fische füttern. Sie gehen auf ein übersichtliches Gelände, zum Beispiel Rasen, Waldboden oder fettes Ackerland, und nähern sich dem vorgesehenen Fangort behutsam. Dann stoßen sie einen Spazierstock oder etwas ähnliches so tief sie können in den Boden und rütteln den Stock kräftig hin und her. Danach entfernen sie sich, gehen eine Weile spazieren und kommen wieder zurück. Nun kann man die Regenwürmer aufsammeln und in die vorgesehenen Behälter stecken. Warum die Würmer bei einer solchen Erschütterung aus der Erde herauskommen, hat man immer wieder damit erklärt, daß diese Erschütterungen für die Würmer so klingen, als sei ein Maulwurf oder ein langschnäbeliger Vogel auf der Jagd nach ihnen. Ob das stimmt, wage ich nicht zu behaupten.

Regenwürmer kann man auch selbst züchten. Das hat den Vorteil, daß man ihnen durch das Futter Stoffe zusetzt, die den

Sandfelchen, *Coregonus nasus,* in der Literatur auch *Coregonus fera* (Große Bodenrenke, Große Maräne, Balchen)

Franz.: fera, russ.: sigolow, schwed.: älvsik, dän.: helt.

B e s c h r e i b u n g : Der langgestreckte Fisch ist seitlich stark abgeflacht und erinnert beim ersten Ansehen an einen blassen Hering. Der Rücken sieht graugrün bis bräunlicholiv aus. Die Farbe wird den Seiten zu etwas heller und macht auf dem Bauch einem reinweißen Ton Platz. Die Flossen sind braungrau gefärbt, manchmal mit einem graugrünen Ton, aber sie sind immer ziemlich durchsichtig. Eine Fettflosse ist vorhanden. Das Maul weist leicht nach unten. Oft ist die Brustflosse grauschwarz gefärbt. – Größe: bis 60 cm und 1,3 kg Gewicht, meist nur etwa 40 cm.

V o r k o m m e n : Von den großen Seen der Alpengebiete bis zum Weißen Meer und Alaska. In Norddeutschland, Polen, Finnland, Schweden.

L e b e n s w e i s e : Der Fisch tritt nur in kühleren Gewässern auf, wobei die Seen noch tief sein müssen. Die Schwarmtiere ernähren sich vor allem von bodenbewohnenden Kleintieren, z.B. Krebsen, Schnecken, Insektenlarven, Würmern. Zur Laichzeit verlassen sie die tieferen Zonen und wandern in die Ufergebiete. Manchmal suchen sie auch die einmündenden fließenden Gewässer auf.

A n g e l : Grundangel mit und ohne Floß, Paternosterangel, Hegene. – Schnur: 0,20–0,25. – Haken: Größe 8–12. – Köder: Kleinere Regenwürmer, Insektenlarven, Schnecken, Kunstköder der Hegene.

F a n g z e i t : April–Oktober. – Laichzeit: November–Dezember. – Schonzeit: Je nach Gewässer unterschiedlich. – Innerhalb des Verbreitungsgebietes bildet der Sandfelchen eine Reihe Formen aus, die aber für den Angler kaum zu unterscheiden sind. Lediglich die Lebensweise ändert sich etwas. Vor dem Fang sollte man sich bei Kennern der örtlichen Gewässer erkundigen.

Blaufelchen, *Coregonus lavaretus,* in der Literatur meist unter dem Namen *Coregonus wartmanni* geführt. Andere Namen sind *Coregonus maraena* und *Coregonus clupeoides* (Reinanke, Große Schwebrenke, Große Maräne, Edelfisch, Albock, Bläuling, Bläuler)

Engl.: powan, russ.: tugun, schwed.: blasik, dän.: snäbel.

B e s c h r e i b u n g : Der Körper ist langgestreckt und seitlich abgeflacht. Am Kopf fällt vor allem die Abrundung der Schnauzenpartie auf. Bei vielen Formen ist das Maul endständig, zeigt also gerade nach vorn, bei manchen Formen weist das Maul auch leicht nach unten. Der Rücken des Tieres sieht blaugrün bis blaugrau aus, die Seiten hellen auf und besitzen oft einen gelblichen Ton. Zum Bauch hin wird der Fisch weiß bis silbern. Die Flossen sind normalerweise schwärzlichgrün, können aber auch braungrau aussehen. Am auffälligsten ist aber der bläuliche Schimmer, der die Fische überzieht. – Größe: bis 70 cm und 10 kg Gewicht, im Durchschnitt aber viel kleiner, je nach Nahrungsangebot der Seen kommen Zwergformen vor, die kaum über 20 cm Länge erreichen.

V o r k o m m e n : England und Schottland, Seen des Alpen- und Voralpengebietes, Ostsee, Schweden, Finnland, nordwestliches Rußland bis Sibirien.

L e b e n s w e i s e : In der Ostsee bildet der Fisch eine Wanderform, die zur Laichzeit in den Unterlauf der Flüsse zieht. In den großen Seen des Alpengebietes bleiben die Tiere ständig, doch zur Laichzeit können auch sie die einmündenden Flüsse aufsuchen. Die Ostseeform nennt man auch Ostseeschnäpel. Schwarmfisch, der sich vor allem von Kleinkrebsen ernährt, zeitweilig aber auch ins Wasser gefallene Insekten nimmt und sogar kleine Fische frißt.

A n g e l : Grundangel, mit und ohne Floß, Paternosterangel, Hegene. – Schnur: 0,20–0,30. – Haken: Größe 8–12. – Köder: Kleinere Regenwürmer, Insektenlarven, Kunstköder.

F a n g z e i t : April–Oktober. – Laichzeit: Oktober–Dezember.

Kilch, *Coregonus pidschian*, in der Literatur auch unter dem Namen *Coregonus acronius* angeführt (Kleine Bodenrenke, Kropffelchen)
Russ.: ledocitomorskie sigi, pyalozerskii sig, schwed.: storsik.

Beschreibung: Der Kilch gehört zu den am blassesten gefärbten Vertretern der Coregonen, vor allem die Exemplare aus großen Wassertiefen. Sie sehen gern heller bräunlichgrau aus. Sonst zeigen die Fische einen graugrünlichen Rücken, etwas aufgehellte Seitenpartien und einen silbrigen bis reinweißen Bauch. Der Kopf ist vorn ziemlich abgestutzt und erinnert an eine Ramsnase. Recht auffällig sind die Brust- und Bauchflossen gefärbt mit ihrem weißlichen Ton. Die anderen Flossen sehen graubraun bis grünlichgrau aus. Eine Fettflosse ist vorhanden. – Größe: bis 50 cm, in den Alpengebieten fast nie über 30 cm.

Vorkommen: Ammer-, Chiem-, Genfer-, Boden- und Thunersee, Nord- und Mittelschweden, Finnland, Nordrußland bis Alaska.

Lebensweise: Der Kilch gehört zu den Fischen, die stets in kalten Gewässern auftreten, in wärmeren aber in die kühlen Zonen ausweichen. Innerhalb des weiten Vorkommensgebietes gibt es verschiedene Formen. Da das Wachstum vom Nahrungsangebot der bewohnten Gewässer abhängt, kommt es in manchen Gebieten zu ausgesprochenen Zwergformen. Immer aber bevorzugt der Kilch große Wassertiefen. Nicht selten tritt er in Tiefen von etwa 150 m auf. Als Jungfisch sind die Tiere ausgesprochene Planktonfresser, mit dem Heranwachsen gehen sie dann zu bodenbewohnendem Futter über, z. B. Würmern, Muscheln, Schnecken, Insektenlarven. Zur Laichzeit wandern die Tiere in die Ufergebiete, wenn hier das Wasser über größeren Tiefen steht. Dabei verlassen sie die großen Tiefen und suchen etwas höhere Wasserschichten auf. Manche Formen wandern zum Ablaichen in die einmündenden Fließgewässer.

Angel: Grundangel. – Schnur: 0,20–0,30. – Haken: Größe 8–12. – Köder: Kleine Regenwürmer, Wurmstücke, Blutwurm, Insektenlarven, Schnecken, Bachflohkrebse, Wasserasseln.
Fangzeit: April–Oktober. – Laichzeit: Sehr unterschiedlich, von Juni–Januar.

Schnäpel, *Coregonus oxyrhynchus*, in der Literatur auch unter *Coregonus macrophthalmus* bekannt. (Nordseeschnäpel, Gangfisch, Edelmaräne, Blaunase, Schnesen, Strommaräne, Thielemann, Düttelmann, Pennfisch, Breitäsche, Buschfisch, Kleine Schwebrenke)
Engl.: schelly, gwyniad, houting, holl.: houting, schwed.: planktonsik, dän.: snäbel.

Beschreibung: Der Fisch ähnelt in seiner Gestalt den anderen Coregonen, zeigt aber in viel stärkerem Maße die lange Schnäpelnase, die weich bleibt. Das Maul ist unterständig. Der Rücken sieht bläulichgrau bis olivgrün aus, die Seiten heller mit Perlmutterglanz und oft rötlich, der Bauch weiß bis glänzend silbern. – Größe: bis 50 cm und 2 kg Gewicht, meist nur um 30 cm.

Vorkommen: Nördlich der Alpen. Von Großbritannien bis nach Alaska. Nordsee, Rhein, Elbe.

Lebensweise: Der Schwarmfisch wandert zur Laichzeit aus dem Meer in die Flüsse ein, aber es gibt auch ständig das Süßwasser bewohnende Formen, z. B. den Gangfisch des Alpengebietes. Leider sind die Nordseeschnäpel zur Wanderzeit stark zurückgegangen. Anfangs ernähren sich die Schnäpel von Kleintieren der Gewässer, später nehmen sie auch Würmer, Insektenlarven und andere Bodenbewohner an.

Angel: Grundangel. – Schnur: 0,20–0,30. – Haken: Größe 8 bis 12. – Köder: Kleine Tauwürmer, Insektenlarven, Blutwurm, Garnelen, Muschel- und Schneckenfleisch.
Fangzeit: April–September. – Laichzeit: November, Dezember.

Wurm für die Fische noch schmackhafter machen. Für die Regenwurmzucht verwendet man einen großen Steinguttopf, wie man ihn früher zum Einlegen von sauren Gurken oder von Sauerkraut verwendete. Er kann ruhig undicht sein. Aber auch eine Holzkiste, etwa in den Ausmaßen 40 x 60 cm, eignet sich gut. In ihr kann man rund 1000 Würmer halten. Diese Behälter füllt man mit Maulwurfs- oder Gartenerde bis drei Fingerbreit unter den Rand. Obenauf legt man die Würmer. Da Regenwürmer Zwitter sind, braucht man keine »Zuchtpaare«. Von Zeit zu Zeit feuchten wir die Erde an, lassen sie also nie trocken werden. Das ist wichtig. In trockenem Erdreich ziehen sich die Würmer nämlich immer tiefer in die Erde zurück und sammeln sich schließlich in der Zucht- oder Aufbewahrungskiste am Boden, wo sie sich zu Knäueln vereinigen, um möglichst die Feuchtigkeit zu halten. Bei fortdauernder Trockenheit sterben sie schließlich.

Hält man die Regenwürmer so, dann haben sie natürlich auf die Dauer nicht viel zu fressen und entleeren immer stärker ihren Darm. Sie sind nicht mehr so brüchig und lassen sich gut auf den Haken bringen. Will man aber die Würmer vermehren, dann muß man den Tieren auch Nahrung anbieten. Dafür vermischen wir die Erde im Zuchtbehälter mit verrottetem Laub, Salatblättern, Spinat, Kartoffelschalen und Obst. Das bildet sozusagen die Grundnahrung. Aber wir müssen auch weiterfüttern. Dafür geben wir oben auf die Erde gekochte und zerdrückte Kartoffeln, Abfall vom Gemüse oder vom Mittagstisch, soweit es sich um pflanzliche Bestandteile handelt. Auf diese Reste legt man ein feuchtes Tuch, am besten einen Scheuerlappen oder einen alten Sack. Das Tuch feuchtet man immer wieder an, wenn möglich mit stark verdünnter Milch.

Bereits zwei bis drei Wochen danach finden wir junge Regenwürmer, die sich im Laufe ihres Wachstums gut sortieren lassen und den verschiedensten Zwecken dienen können. Will man die Würmer aus der Kiste entnehmen und findet die geeigneten nicht unter dem Lappen oder auf der Oberfläche, dann nimmt man einfach einen Erdklumpen und legt ihn in einen kleinen Eimer oder in eine Schüssel. Wenn die Erde antrocknet, kriechen die Würmer entweder aus den Klumpen oder sammeln sich in ihm in Knäueln. Wer am nächsten Morgen angeln gehen will, wende diese Methode bereits am Tag zuvor an, dann sind bis zum nächsten Morgen genügend Würmer zum Aussuchen vorhanden.

Als Standort für eine Regenwürmerzucht eignen sich warme Keller. Zur Vermehrung brauchen nämlich auch diese Tiere etwas Wärme. Feuchtigkeit ist wichtig, aber nicht Nässe! Damit die Zuchterde locker und luftig bleibt, kann man zum Beispiel Kaffeesatz daruntermischen oder etwas Kies. Noch besser eignet sich Torf, der nicht gedüngt sein darf. Man bekommt ihn in Gärtnereien. Der zu Blumenkulturen in Beuteln angebotene Torf ist meist unbrauchbar, da die Würmer in ihm eingehen. Neuerdings hat sich in der Wurmzucht Styropor eingeführt, jener meist weiße Schaumstoff, mit dem man technische Geräte in Kartons verpackt. Er ist federleicht und fühlt sich warm an, wenn man ihn anfaßt. Styropor zerbricht leicht und kann deshalb mühelos zerkleinert werden. Im Erdreich lockern diese Kügelchen dann den Boden auf.

In Europa gibt es ungefähr 100 Regenwurm-Arten. Kaum ein Angler weiß über diese Tiere genau Bescheid. In Anglerkreisen ist es üblich, die einzelnen Formen nach ihrem Aussehen zu benennen. Mit zoologischen Bezeichnungen hat das freilich nichts zu tun.

Den Tauwurm haben wir schon oben genannt. Er kann 30 cm lang werden, eignet sich aber dann kaum noch für uns. Mittelgroße Tiere von 10 bis 15 cm Länge sind am besten.

Als Laubwurm oder Rotwurm bezeichnet der Angler eine kleinere Form, die sich vornehmlich unter vermoderndem Laub aufhält, kleiner als der Tauwurm ist und in der Regel prächtig dunkelrot aussieht. In Komposthaufen findet man diesen Wurm fast immer und oft in großer Anzahl.

In der Nähe von Fluß- und Seeufern, in sehr feuchtem Gelände und an ähnlichen Stellen lebt der Blauwurm und Blaukopf. In manchen Gegenden zählt man ihn zu den besten Ködern überhaupt. Außerdem hat er den Vorteil, daß er sehr widerstandsfähig und zählebig ist.

Den poetischsten Namen unter den Regenwürmern hat der Goldschwanz erhalten, den der Zoologe freilich als Mist- oder Stinkregenwurm bezeichnet. Er kommt besonders in Dünger oder in Lohe vor. Charakteristisch für ihn ist seine dunkelrote Farbe, die zwischen den Ringen durch gelbe Färbung unterbrochen wird. Faßt man ihn an, so sondert er einen gelblichen, widerlich riechenden Körpersaft ab, der für den Wurm als Verteidigungsmittel dient. Man hat regelrechte Wurmfarmen eingerichtet, in denen man diesen Wurm für die Landwirtschaft züchtet. Wenn man ihn kultiviert und für den Angelbedarf züchtet, nimmt man am besten einen Steinguttopf, den man gut zubinden muß, denn der Goldschwanz flüchtet recht behende nach allen Seiten, verschwindet also nicht, wie seine Verwandten, stets in der Erde.

In der Praxis verwendet man die Regenwürmer folgendermaßen: Den Tauwurm setzt man am besten bei trübem Wasser und besonders in den wärmeren Monaten ein. Rotwurm und Goldschwanz nimmt man gern bei sauberem Wasser im Frühjahr und Sommer. Natürlich kann man auch zu anderen Jahreszeiten den Regenwurm einsetzen. Das hängt von den Gewässern ab. Hier geht Probieren über Studieren. Oft nimmt man keine Regenwürmer mehr, weil man sie nicht bekommen kann. Je kühler nämlich die Tage – und vor allem die Nächte – werden, desto tiefer verschwindet der Regenwurm in der Erde. Dann aber kann man ihn nur schlecht ausgraben. Wer freilich zu Hause sich eine Regenwurmzucht angelegt hat, ist von den Würmern in der freien Natur unabhängig.

Es gibt kaum einen Fisch, den man nicht mit einem Regenwurm ködern könnte. Nur die Größe muß stimmen! Zu den »Würmern« gehören auch die Egel, die an Kopf und Schwanz einen Saugnapf besitzen und mit seltsamen, spannerähnlichen Bewegungen dahinkriechen. Vorzüglich als Köder eignet sich der Pferdeegel. Wir brauchen keine Angst zu haben, daß er aus unseren Händen Blut saugt, denn er lebt nicht von Blut, sondern von anderen Würmern und Niederen Tieren. Auch er ist bei den Fischen als Futter sehr beliebt, besonders bei Welsen, Barben, Barschen, Forellen. Selbst der unter Umständen an keinen Köder zu bekommende Döbel ist nicht selten mit einem Pferdeegel zu überlisten. Man erkennt diesen Egel vor allem an seiner dunklen, braunschwarzen Rückenfärbung, in die unregelmäßige schwärzliche Flecke eingestreut sind. An den Körperseiten trägt er einen gelblichen Längsstreifen, der Bauch ist gelblich grau mit dunklen Flecken. Der medizinische Blutegel hingegen, vor dem man sich allgemein etwas fürchtet, hat auf dem Rücken 6 Längsstreifen, und der Bauch ist unregelmäßig grünlich gefärbt.

In der Anglersprache wird mancher andere Köder mit dem Namen Wurm belegt, der gar nichts mit dieser Tiergruppe zu tun hat. Dazu gehören die Mehlwürmer, das sind die Larven (also sozusagen die Raupen) des Mehlkäfers, der sich gern in Mehlprodukten ansiedelt. Mehlwürmer, die Puppen und die noch weichen, frisch geschlüpften Käfer sind ein vorzügliches Ködermaterial. Da man sie universell einsetzen kann, besonders aber wieder für

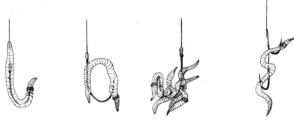

Wurm-Anköderung   Stewarts Wurmvorfach

den Döbel, die Forelle und den Saibling, sollte man sich eine
kleinere Zucht zu Hause anlegen. Zwar kann man die Mehlwürmer auch in Fachgeschäften erhalten – wo die Angelgeschäfte
sie nicht führen, wende man sich an zoologische Handlungen –,
aber man wird durch eine eigene Zucht unabhängig und kann
sogar anfüttern mit überzähligen Tieren, die man sonst teuer
bezahlen muß.

Zur Zucht verwendet man einen glasierten Tontopf, damit die
recht behenden Larven nicht an den Wänden hochklettern können. Als hauptsächliches Füllmaterial nimmt man zerrissene, ge-
knäulte Wellpappe oder auch festes Papier, mit dem man den
Topf bis zur Hälfte locker füllt. Dann gibt man Kleie oder Schrot
darauf, bis der Topf voll ist. Obenauf legt man einen Baumwoll-
lappen, den man immer wieder leicht anfeuchtet. Naß darf er
allerdings nicht sein, denn sonst fängt die Kleie in dem Topf an
zu stocken und wird muffig. Zimmertemperatur ist die richtige
Wärme. Je mehr Larven und Käfer man hat, desto reichlicher
müssen wir füttern. Dazu verwenden wir dünne Mohrrüben-
scheiben, rohe Kartoffeln und Salat, die wir unter den feuchten
Lappen legen. Werden sie nicht schnell genug verzehrt, fangen
sie zu schimmeln und zu faulen an, und dann muß man sie entfernen. Vorzüglich eignet sich auch ganz normales frisches Graubrot, das man in etwa fingerstarke Scheiben schneidet, zerkrü-
melt und auf den Topf unter den Lappen legt.

Aufpassen muß man, wenn die Kleie auffällig griesig oder sandig
aussieht. Dann ist sie von den Larven und Käfern ausgefressen
und muß erneuert werden. Man siebt die vorhandenen Tiere einfach aus, richtet den Topf wieder her und setzt sie danach erneut
hinein.

Der sogenannte Blutwurm hat ebenfalls nichts mit den Würmern gemein, sondern ist die Larve der Zuckmücke. Die nur etwa zwei Zentimeter langen und sehr dünnen Tiere kann man gut für Weißfische einsetzen, zum Beispiel für Rotaugen. Leider ist die Beschaffung in der freien Natur nicht ganz einfach, denn die Blutwürmer sitzen in schlammigem Boden. Oft findet man sie in Dorfteichen oder flachen Tümpeln. Man kann sie aber portionsweise in den zoologischen Fachgeschäften bekommen, denn sie sind ein ausgezeichnetes Fischfutter. Da die roten Mückenlarven, wie sie bei den Aquarianern richtig heißen, in der freien Natur von allen Fischen genommen werden, wenn sie ihrer habhaft werden, eignen sie sich auch für uns. Leider sind die Tiere zu klein, um an stärkere Haken gesteckt zu werden. Deshalb geht man mit ihnen in der Regel nur auf kleinere Fischarten mit kleinem Maul los, denen man sowieso keinen starken Haken anbieten darf. Aber auch Äschen kann man mit roten Mückenlarven oder Blutwürmern erfolgreich nachstellen.

Und noch einmal ein Pseudowurm: der Strohwurm, Holzwurm oder Sprock. Hier handelt es sich ebenfalls um eine Insektenlarve, die sich im Laufe ihres Heranwachsens aus den verschiedenartigsten Materialien ein immer größeres Gehäuse baut; je nach der Art werden hierfür einfache Sandkörnchen, frische oder faulende Pflanzenteile und sogar kleine Schneckenhäuschen verwendet. Man darf also in unterschiedlichen Gewässern nicht nach dem gleichen Baumaterial suchen, sonst übersieht man leicht die Köcherfliegenlarven, wie die Tiere zoologisch heißen. Trotzdem sind sie ohne Schwierigkeiten zu finden, wenn man sich ruhig hinsetzt und gewissenhaft den Gewässerboden in Ufernähe absucht. Die »Zweigchen« oder »Holzstücke«, die sich abweichend von den übrigen, ähnlich aussehenden Stücken bewegen und vielleicht auch noch gegen den Strom anmarschieren, sind die Strohwürmer oder Sprock.

Man kann die Köcherfliegenlarven kaum zu Hause aufbewahren, sie halten sich meist nur schlecht, zumal wenn ihnen nicht ihre natürliche Nahrung zur Verfügung steht. Draußen aber suche man nach ihnen, denn sie sind ein ausgezeichneter Köder. Um die Tiere aus ihren Gehäusen zu bekommen, fasse man die Röhren oder Köcher am hinteren Ende und drücke leicht dagegen. Langsam verlagert man den Druck gegen die Vorderöffnung, bis die Larven vorn aus dem Köder sehen. Man faßt sie vorsichtig am Kopf und zieht sie aus der Röhre. Am Gewässer bewahrt man sie am besten in einer durchlöcherten Schachtel auf, die man mit einem Stein beschwert ins Wasser stellt.

Die sogenannten Holzmaden (Holzwürmer) sind Käferlarven, die zur Gruppe der Blatthornkäfer zählen, von denen die bekanntesten der Maikäfer und der Hirschkäfer sind, aber auch die Mistkäfer gehören dazu. Man nennt die Larven auch Engerlinge. Kenntlich sind sie an ihrem Hinterleib, der sich dunkel bis bläulichschwarz von dem weißlichen bis gelblichen übrigen Körper abhebt. Außerdem ist er meist stärker verdickt. Man findet die Käferlarven in modernden Baumstümpfen, aber auch unter der Rinde. Leider ist das Suchen dieser für Forellen, Saiblinge und Barsche ausgezeichneten Ködertiere nicht ganz einfach, da man als Angler nicht ständig ein kleines Beil mitführt. Hier bewähren sich kräftige Universalmesser gut.

Zu den größeren Tieren am Wasser, die man nicht schon tagelang vorher suchen muß, gehören die Wasserschnecken, die in allen Größen gern von den Fischen genommen werden. Auch Landschnecken sind geeignet. Es gibt mehrere Methoden, die Schnecken zu verwenden, doch kommt es dabei in erster Linie darauf an, welche Fische man fangen will. Wichtig ist in jedem Fall, daß die Schnecke geschmacklich wahrgenommen werden kann, und das erreicht man am besten durch Verletzungen des Schneckenkörpers. Kleine Tiere zerquetscht man einfach und bietet sie mit Gehäuseresten mißtrauischen Burschen an, die dann den harten Haken nicht so deutlich spüren. Größere Schnecken nimmt man aus der Schale oder befreit sie von den zertrümmerten Schalenresten. Landschnecken haben die unangenehme Eigenschaft, sehr stark zu schleimen. Dieser Schleim wird offensichtlich auch von manchen Fischen als unangenehm empfunden, denn sie wagen sich erst heran, wenn die Schnecke nicht mehr schleimt. Deshalb sind Wasserschnecken auf jeden Fall vorzuziehen.

Zu den Verwandten der Schnecken gehören die Muscheln. Sie eignen sich ebenfalls als Köder. Leider findet man diese Tiere nicht in allen Gewässern. In Niederungsgebieten sind sie häufiger anzutreffen. Da sie – bis auf die Dreikant- oder Wandermuschel Dreissena – immer im Boden leben und nur mit dem obersten Schalenteil heraussehen, in dem die Atemöffnung liegt, übersieht man die langsamen unauffälligen Tiere bei unübersichtlichen Bodenverhältnissen leicht. Man darf nicht nach der Muschel suchen, sondern muß die Grabspur verfolgen, die sie hinter sich herzieht, wenn sie den Bodengrund durchpflügt. Als Köder eignet sich vor allem der kräftige Fuß, der aus muskulösem Gewebe besteht und ziemlich hart ist. Aber auch die anderen Muschelteile kann man gut einsetzen. Für den Fang der Muscheln wird immer wieder empfohlen, mit einem Stöckchen in die von oben sichtbare Atemöffnung zu stoßen; dann klemmt die Muschel das Stöckchen fest und kann aus dem Wasser gezogen werden. Dazu muß man aber eine sehr ruhige Hand und ein passendes Stöckchen haben. Muscheln schließen nämlich bei der geringsten Unruhe um ihre Atemöffnung oder bei Berührung blitzschnell die Schalen, und dann kann man mit einem Stöckchen nichts mehr ausrichten. Am besten hebt man sie mit der Hand oder mit dem Kescher aus dem Boden.

Die Wandermuschel sitzt ähnlich wie die Miesmuschel des Meeres an Pfosten oder Stegen und spinnt sich hier fest.

Beliebte und vorzügliche Köder sind die verschiedenen Fliegenmaden und die fertigen Insekten selbst. Zwar ist es nicht jedermanns Sache, in stinkenden Substanzen nach Maden zu wühlen, aber die Mühe lohnt sich durchaus. Um Maden zu erhalten, gibt es viele Methoden. Zwei der häufigsten seien hier kurz genannt. Man nimmt Rinderleber, Innereien von Kaninchen oder andere Fleischsorten und hängt oder legt sie an einen vor praller Sonne geschützten Ort. Die Leber muß man an verschiedenen Stellen einschneiden. Durch den »Duft« des verwesenden Fleisches werden Fliegen angelockt, besonders die großen, oft prächtig gefärbten Fleisch- und Schmeißfliegen. Sie legen ihre Eier in das Substrat, und die Fliegenmaden wachsen schnell zu der Größe heran, die für uns geeignet ist. Die zweite Methode ist ähnlich, nur verwendet man hierzu Fisch oder Fischabfälle. Für diese Methode eignet sich auch gut die im Zoofachhandel erhältliche Fliegenfalle, die man aber nicht ständig mit neuem Material beschicken darf, damit die Maden Zeit haben, heranzuwachsen.

Da es eine reichlich unappetitliche Angelegenheit ist, aus dem verwesenden Fleisch die Maden herauszuholen, geht man so vor, daß man die mit Maden bestückten Fleisch- oder Fischteile in einen Topf legt, und zwar auf feuchten, feinen Sand. Die Maden ziehen zum Verpuppen gern in den Boden. Eine andere Methode besteht darin, daß man in das Madengewimmel einen selbstgebogenen Korb aus feinerem Maschendraht drückt, durch dessen Maschen die Maden gerade hindurch passen. Dann reinigen sie sich selbst von allem Schmutz. Die Gefäße dürfen aber nicht im Regen stehen, sonst wandern die Maden ab. Im Sand kann man übrigens

die Maden wochenlang halten, wenn man das Gefäß kühl aufstellt. Braucht man Maden, nimmt man etwas von dem Maden-
sand heraus und siebt ihn durch. Dann liegen die sauberen, ge-
ruchlosen Maden in der Siebschale.

Beliebte Fangstätten für Fliegenmaden sind die Jauchegruben
und Abflüsse aus Bedürfnisanstalten. Wer davor zurückschreckt,
die stinkenden Maden mit der Hand herauszunehmen, schaffe
sich eine Federstahlpinzette für Insektensammler an oder ein fein-
maschiges Netz; beides gibt es im entomologischen und zoologischen Fachhandel. Diese Hilfsmittel sind so weich, daß sie kaum
eine Made beschädigen.

Die Rattenschwanzlarve der Schlammfliege kommt ebenfalls an
wenig appetitlichen Örtlichkeiten vor. Sie wird bis 2 cm lang,
kann aber ihren Rattenschwanz, der in Wirklichkeit das Atem-
rohr darstellt, bis zu 10 cm weit ausfahren. Man findet sie mitunter in großen Mengen in schlammigen, übelriechenden Wasserlöchern. Nicht immer ist sie zu finden, aber wenn man ihrer einmal zufällig habhaft werden kann, sollte man sich ihrer sofort als
Köder bedienen. Vor allem findet man sie in Jauche. Hat man ein
Kistchen mit Sägemehl zur Verfügung, dann reinigen sich die Maden in dem Sägemehl von ganz allein. Zur Aufbewahrung kann
ein solches Kistchen ebenfalls dienen, aber da man hin und wieder mit Jauche oder Schlammwasser anfeuchten muß, ist es eine
reichlich stinkende Angelegenheit. Wie gesagt, es ist nicht jedermanns Sache, aber zum Äschenfang, vor allem in den kühleren
Monaten, sind die Rattenschwanzlarven ausgezeichnet geeignet.
Die meisten Fische gehen bei Fliegenmaden an den Köder, aber
da die Maden sehr zart sind, kann man nur kleine Haken verwenden, und damit lassen sich große Arten nur selten erbeuten.

Die Larven der Insekten, die man in der wissenschaftlichen Spra-
che Perla nennt, haben im Deutschen und vornehmlich unter den
Anglern verschiedene Namen. Man kennt sie als Frühlingsfliegen,
Maifliegen und Steinfliegen. Doch wie man sie auch nennen mag –
sie sind ein guter Köder, den man sich in vielen Bächen leicht
selbst besorgen kann, indem man einfach die Steine umdreht und
nachsieht. Oft stoßen wir auf sehr große Larven von abenteuer-
lichem Aussehen und mit langen Schwanzborsten. Sie bewegen sich
rasch; deshalb sollte man mit dem Zugreifen nicht allzu lange
zögern. Da Steinfliegen meist in klaren, kiesigen, schneller fließenden Gewässern vorkommen, sind sie auch zur Forellenangelei
geeignet, denn die Forellen leben zu einem nicht unbeträchtlichen

Teil von ihnen. Zu Beginn des Angeltages sucht man sich an flachen schotterigen Stellen eine Portion Perla-Larven und bewahrt sie in einer Büchse zwischen nassen Wasserpflanzen auf. Man kann sie auch in durchlöcherte Büchsen stecken und diese mit einem Stein beschwert in das Fließgewässer stellen. Dann muß man aber immer wieder zur Köderaufnahme zu dieser Stelle zurück. Besser ist also die Büchse mit den feuchten Wasserpflanzen.

Perla-Larven sind besonders im Frühjahr ein guter Köder. Etwa im Mai schlüpfen die fertigen Insekten, nachdem sie je nach Wachstum jahrelang als Larve im Wasser gelebt haben. Erst im Spätsommer sind dann wieder genügend große Larven zu finden, die im nächsten Jahr ausschlüpfen. Kleine Larven findet man freilich allenthalben, doch ist ihre Köderung nicht ganz einfach.

Beim Umdrehen von Steinen im Wasser tauchen noch viele andere Ködertiere auf, die sich gut eignen, denn sie stellen die natürliche Nahrung für die hier lebenden Fische dar. Schon mancher Angelfreund hat nach vergeblicher Jagd mit der Kunstfliege heimlich zum natürlichen Köder gegriffen, um Beute heimbringen zu können.

Wasserasseln sehen entfernt unseren Kellerasseln ähnlich. Man findet sie praktisch überall, nicht nur unter Steinen, sondern auch unter abgesunkenem Laub, an im Wasser liegendem Holz usw.

In ähnlichen Verstecken leben die Bachflohkrebse, die für viele Fische eine wichtige Nahrung sind. Man erkennt diese niederen Krebse an ihrer Gestalt und an der Fortbewegungsweise. Sie liegen nämlich dem Boden oder irgendwelchen Gegenständen mit den Körperseiten an und sind wie ein Kreisausschnitt gekrümmt. Da sie fixe Burschen sind, die einem gern durch die Finger schlüpfen, sucht man sich am besten gleich zu Anfang eines Angeltages einen kleinen Vorrat, damit nachher nicht zuviel Zeit verlorengeht. Man bewahrt die Tiere in einer kleinen Büchse auf, in die man etwas feuchtes Laub oder Wasserpflanzen legt.

Zu den zartesten Insektenlarven stehender und fließender Gewässer gehören die Eintagsfliegenlarven, die man, oberflächlich betrachtet, für Larven der Wasserjungfern halten könnte. Aber ein Unterschied fällt sofort auf: Eintagsfliegenlarven besitzen am Hinterleib drei lange Borsten, während Libellenlarven drei breitere Kiemenblätter zeigen. Beide Insektenlarven eignen sich vorzüglich als Köder, zumal sie das ganze Jahr über in den verschiedensten Größen im Wasser vorkommen. Wenn die fertigen Insekten schlüpfen, finden wir natürlich für kurze Zeit keine ganz großen Larven, aber wenig später ist wieder genügend großer Nachwuchs vorhanden. Als fertige und flugfähige Tiere leben diese Insekten nur wenige Stunden oder Tage (Eintagsfliegen) bis einige Wochen (Libellen). Als Larven halten sie sich aber jahrelang im Wasser auf. Auf die einzelnen Arten brauchen wir hier nicht einzugehen, denn sie ähneln sich stark, unterscheiden sich manchmal nur in ihrer Größe. Selbst die fertigen Eintagsfliegen sind zur Flugzeit gute Köder, aber sie kommen dann über dem Wasser in solchen Mengen vor, daß man die Fische regelrecht nach ihnen springen sieht. Es gibt Kunstfliegen, die den Eintagsfliegen nachgebildet sind, in der Regel aber nicht so fängig wie die natürlichen Köder.

An wohl allen Gewässertypen findet sich in den benachbarten Wiesen oder Böschungen das Heupferdchen. Fast alle Heupferdchenarten sind gute Köder, wenn man darauf achtet, daß man nur die in der Nachbarschaft des Gewässers vorkommenden Tiere den Fischen anbietet. Ich kannte einen Lausitzer Waldbach, in dem ich mit grünen Heuschrecken nichts ausrichtete. Hier brauchte ich die grauen Heupferdchen der sandigen Umgebung. Grüne Formen fanden sich hier nicht. Heuschrecken kann man in allen Größen als Köder verwenden, je nachdem, auf welche Fische man es abgesehen hat.

Man fängt die Heuschrecken am schnellsten mit einem Streifkescher, wie er von den Insektensammlern für solche Zwecke benutzt wird. Da die Kescher zusammenklappbar sind, nehmen sie kaum Platz weg. Sie sollten zur Ausrüstung des Anglers gehören, denn es ist erstaunlich, was man in einem solchen Kescher alles findet, wenn man einmal die Ufervegetation abstreift. Wanzen allerdings, die man hier ebenfalls findet, sind als Köder meist wenig geeignet. Ob das an ihrem schlechten Geschmack oder Geruch liegt oder an ihrem Stechrüssel, weiß ich nicht. Meist spukken die Fische die Wanzen wieder aus. Wanzen erkennt man sofort an dem langen Rüssel, der unter dem Kopf liegt und oft zwischen den Beinen bis zum Hinterleib nach hinten gelegt wird.

Eine besondere Insektenlarve ist die »Made« der Wespen, Hummeln und ähnlicher Insekten. Man kann sie frisch verwenden, aber auch kurz kochen oder backen, damit die Tiere abgetötet werden und dann länger haltbar sind. Nur wenige Angler werden sich dieses Köders bedienen, weil er nicht leicht zu finden und auch nicht ganz einfach zu erbeuten ist. Hat man ein Wespennest entdeckt (meist steckt es in einer abfallenden Böschung), dann deckt man es mit einem Topf oder ähnlichem zu und legt unter den Topf einen Wattebausch, den man mit Chloroform oder Äther getränkt hat. Nach einiger Zeit sind die Wespen tot, und man kann das Nest nun mit einem Stöckchen durchwühlen und die Larven heraussuchen. Die meisten Wespennester sind klein, die Larvenausbeute ist entsprechend gering. An Häusern klebende Nester, auch die von Hornissen, kann man mit Wasser abspritzen und mit kochendem Wasser übergießen, wenn das Nest heruntergefallen ist. Vorsichtshalber sollte man das Nest ein wenig vom ursprünglichen Platz entfernen, damit man nicht von anfliegenden Insekten belästigt oder gar gestochen wird.

Auch Mai-, Juni- und Julikäfer sowie andere in der Nähe des Wassers lebende Käferarten mit ziemlich weichen Hinterkörpern (zum Beispiel die vielfältigen Weichkäfer) eignen sich als Köder. Da sie gut schwimmen, setzt man sie wie die trockene Fliege ein. Hier ist der Probierfreude des einzelnen keine Grenze gesetzt, denn so manches Insekt führt zu überraschenden Fängen, wenn man es einmal mit ihm versucht.

Andere im Wasser lebende Ködertiere sind die Krebse. In vielen Gewässern kommen die heimlichen Gesellen vor, und man entdeckt sie eigentlich fast immer nur durch Zufall. Untersucht man dann die flacheren Uferstellen mit ihren Unterständen und hohl aufliegenden Steinen, so kann man sich die benötigten Köder aussuchen. Am besten eignen sich Krebse, die sich gerade häuten. Man nennt sie Mieterkrebse und Butterkrebse. Bei ihnen ist entweder gerade die Schale geplatzt, oder sie haben einen noch weichen Panzer, weil sie den alten, harten, der ihnen zu klein wurde, vor kurzem abgeworfen haben. Als Köder geeignet ist das Fleisch aus den Scheren, dem Schwanz und dem Brustkorb; nur selten nehmen die Fische gepanzerte Teile an.

An dieser Stelle möchte ich auf einen Krebs aufmerksam machen, der ein ausgezeichneter Köder ist, allerdings im Süßwasser nicht vorkommt. Das sind die sogenannten Krabben, die man in Fischgeschäften als Delikatesse bekommt. Bitte versuchen Sie es ruhig einmal mit den eingelegten und mit chemischen Stoffen behandelten Krabben in Büchsen. Am besten eignen sich die noch in der Schale steckenden Garnelen, die man selbst entschalen muß. Die Schwanzstücke lassen sich ihres faserigen Fleisches wegen gut auf den Haken ziehen und reizen manchen Fisch. Wahrscheinlich werden die Fische von dem ihnen fremden Geschmack angezogen, der sie zum Beißen reizt. In der Küstenangelei ist die Garnele ja ein durchaus geläufiger Köder, aber auch in der Süßwasserangelei bringt sie beachtliche Fangergebnisse. Selbst Forellen habe ich damit an den Haken bekommen, als alle anderen Köder zu versagen schienen.

Zu den größeren Ködern, die man natürlich nur für größere Fischarten einsetzen kann, gehören die Frösche, Mäuse und Fische. Gerade die räuberischen Arten gehen gern auf solche handfesten Brocken. Es ist allerdings nicht jedermanns Sache, kleinere oder größere Frösche an den Haken zu nehmen. Ähnlich verhält es sich mit kleinen Mäusen. Am besten nimmt man Nestjunge, die noch weich und unbehaart sind. So mancher alte Standhecht hat ihnen nicht widerstehen können.

Köderfischsenke

Als Köderfische eignen sich viele Arten. Allerdings sind die kleinen Jungfische mancher Art nicht besonders widerstandsfähig, so daß man auf andere, bereits ziemlich erwachsene Arten zurückgreift, die nicht so groß werden. Zu den klassischen Köderfischen gehören Ukelei, Hasel, Plötzen, Karauschen, Schleien, Moderlieschen, Gründling, Steingreßling, Strömer, Schneider, Orfen, Elritze, Schmerle, Schlammpeitzger, Groppe und die Querder, also die Larven der Neunaugen. Der Fang der Köderfische ist den jeweiligen Verhältnissen anzupassen. Es gibt nämlich Gebiete, in denen man nicht mit dem Senknetz fangen darf, also zur Angel greifen muß. Da man in der Regel nicht allzu große Köderfische wünscht, geht man ihnen am besten mit kleinstem Zeug zu Leibe, wobei sich zum Beispiel Fliegen als gute Köder bewährt haben. Damit fangen wir aber nur die Arten, die auch im freien Wasser oder an der Wasseroberfläche ihre Nahrung aufnehmen. Schmerlen, Schlammpeitzger oder Groppen fängt man am besten mit der Hand oder mit einem kleinen Käscher. Auch Fischreusen eignen sich. Die Querder muß man fast stets mit der Hand fangen. Da sie sich nicht oder nur selten im freien Wasser aufhalten, geht man ihnen buchstäblich mit den Füßen nach. Querder leben im weichen Sandboden von meist langsam fließenden Gewässern. Läuft man über den Gewässergrund, dann treibt man die weißlichen Querder heraus und paßt auf, wo sie wieder im Bodengrund verschwinden. Sie werden ausgegraben oder mit einem starkrahmigen Kescher mitsamt der Erde herausgehoben. Das hört sich freilich einfacher an, als es in der Praxis ist.

Zu den natürlichen Ködern gehören ferner Pflanzenteile, die man besonders den Fischarten anbietet, die Pflanzenfresser sind oder doch wenigstens zeitweise sich von pflanzlichen Substanzen ernähren. Bei der genaueren Untersuchung der Lebensweise manchen Fisches hat sich herausgestellt, daß sogenannte Raubfische durchaus auch pflanzlichen Aufwuchs abgrasen oder gar Pflanzen fressen. Das bekannteste Beispiel unserer heimischen Gewässer ist der Döbel, der sich zur Kirschenzeit gut mit Kirschen anködern läßt. Mancher hält das für eine Fabel, weil er mit eingemachten Kirschen keinen Erfolg gehabt hat. Aber wenn wir von Pflanzen sprechen, meinen wir die frisch gewachsenen Teile und nicht konservierte. Eine Ausnahme bilden die in der letzten Zeit immer stärker in den Vordergrund tretenden tiefgefrorenen Nahrungsmittel. Hier eröffnet sich ein neues Feld für den Angler. Ich selbst habe zum Beispiel mit tiefgefrorenem Spinat überraschende Fänge gehabt, und zwar deshalb, weil ich in Gefangenschaft gehaltene Tiere damit gefüttert habe und dabei die Entdeckung machte, daß die Fische geradezu gierig danach schnappten.

Zu den Grundködern aus dem Pflanzenreich gehören die verschiedensten Getreidearten sowie Erbsen, Graupen, Hanf und Früchte. Zu den Erbsen sei gleich gesagt, daß die harten, getrockneten Dinger, zu deren Zubereitung unsere Mutter noch Tage benötigte, auch in der Angelei fehl am Platze sind. Sie müssen aufgeweicht sein. Hier empfehlen sich die konservierten Erbsen oder die aus der Tiefkühltruhe. Will man jedoch mit Getreide, zum Beispiel Mais, Weizen, Gerste, angeln gehen, kann man sich die Köder leicht selbst weichmachen, indem man eine Thermosflasche zweckentfremdet. Man gibt die Körner in die leere Flasche und übergießt sie mit kochendem Wasser. Dann schließt man die Flasche und läßt die Körner einige Stunden lang quellen und weich werden, damit sie überhaupt auf den Haken gehen. Wenn man mehr Körner benötigt, muß man sich der Kochkiste vergangener Zeiten entsinnen oder die zum Quellen aufgebrühten und gekochten Körner mitsamt dem Topf ins Bett stellen. Besonders viel Getreide oder Hülsenfrüchte braucht man, wenn man damit die Fische anfüttern will. Allerdings hüte man sich davor, solche Lockmittel pfund- und sackweise ins Wasser zu schütten, denn sie liegen auch Pflanzenfressern und anderen Fischen lange im Magen.

Satte Exemplare gehen aber am Fangtag nicht mehr an den Haken.

Kartoffeln sind nach wie vor der Standardköder, mit dem man, von ausschließlichen Raubfischen abgesehen, allen Arten zu Leibe rücken kann. Besonders geeignet, ja geradezu unübertroffen ist die Kartoffel für die Karpfenangelei. Rohe Kartoffeln taugen nichts; man muß sie stets gekocht verwenden. In manchen Gegenden Deutschlands kommt trotzdem gerade der Anfänger mit diesem Köder nicht zurecht: Mehlige Kartoffeln zerfallen leicht, klitschige sind nicht besonders geeignet. Deshalb verwende man die in Süddeutschland Salatkartoffeln genannte Erdfrucht, die in anderen Gegenden Futterkartoffel heißt. Sie bleibt ziemlich fest und ist leicht wäßrig. Aus der Kartoffel stanzt man sich mit einem Messer oder einem Kartoffelstanzer die benötigten Stücke heraus und steckt sie auf einen feindrähtigen Haken. Die Kartoffel muß so gekocht sein, daß sie weder beim Einschieben des Hakens noch beim Aufprall auf das Wasser sofort zerfällt. Kleine zerbrochene und zerkrümelte Kartoffelstückchen verwendet man zum Anfüttern. Das geschieht kurz vor oder während des Angelns.

Man kann auch breiige Kartoffeln, die sich noch kneten lassen, mit Tiefkühlspinat in kleinen Mengen vermischen und dann als Kugel geformt an den Haken bringen. Der zusätzliche Spinat wirkt nicht nur auf Karpfen und verwandte Arten, sondern auch auf Barben.

Mais hat sich in der Teichfischzucht als Zusatzfutter oder Hauptnahrung schon längst bewährt. Deshalb kann man ihn gequollen und weich gut als Köder verwenden. Ähnlich verhält es sich mit Süßlupine.

Ganz gerissene Angler haben auch mit den käuflichen Nährmitteln für Teichfische ihre Haken beködert und Erfolg gehabt, aber diese Methode klingt mir zu sehr nach Chemie und Technik.

Von den Früchten soll hier nur einigen breiterer Raum gewährt werden. Zu ihnen gehören die Kirschen, Pflaumen, Weintrauben, Stachelbeeren und nicht zuletzt der Holunder oder, wie er in Süddeutschland genannt wird, der Flieder. Von den »Kirschen« wiederum eignet sich die wilde Kornelkirsche am besten, die in manchen Gegenden Weichselkirsche heißt und in Wirklichkeit keine Kirsche ist, sondern zu den Hartriegeln gehört.

Sie hat keinen runden, sondern einen länglichen Stein, und auch die Frucht ist länglich. Wer den Strauch nicht kennt, sollte sich im Frühjahr nach der Schneeschmelze in der Umgebung umsehen,

Lachs, *Salmo salar* (Salm, Rheinsalm, Sämling, Last, Grilse)
Engl.: salmon, holl.: zalm, franz.: saumon, russ.: losos, semga, lokh, schwed.: lax, norw.: laxen, dän.: laks.

Beschreibung: Der kräftige, langgestreckte und torpedoförmige Körper des Lachses zeigt auf dem Rücken eine meist graugrüne bis bräunlichschwarze Färbung. An den Seiten glänzt der Fisch silbern, oft überzogen von einem rötlichen Farbton. Über den Körper ziehen sich dunkle Flecken von unregelmäßiger Gestalt. Erwachsene Tiere besitzen außerdem runde, heller oder farbig eingefaßte Flecke. Die silberne Form nennt man Blanklachs. Wird das Männchen geschlechtsreif, dann entwickelt es am Unterkiefer einen knorpeligen Haken. Man nennt solche Tiere Hakenlachse. Die Tiere sind nur schwer von den Meerforellen zu unterscheiden, doch kann man sie an der Form des Schwanzstieles recht gut erkennen. Er ist nämlich beim Lachs länger und nicht so hoch gebaut. Man spricht davon, daß man einen Lachs am Schwanz festhalten kann, während die Meerforelle aus der Hand rutscht. — Größe: Männchen bis 1,5 m und 35 kg Gewicht, Weibchen 1,20 m und 20 kg Gewicht.

Vorkommen: Das Heimatgebiet unseres Lachses erstreckt sich von der Ostküste Nordamerikas bis zur Westküste Europas, eingeschlossen die Ostsee. Die meiste Zeit seines Lebens verbringt der Lachs im Meer.

Lebensweise: Der Wanderfisch zieht zur Laichzeit in die Flüsse seines Gebietes und überwindet dabei ziemlich umfangreiche Hindernisse. Leider sind die Tiere empfindlich gegen Gewässerverschmutzungen, so daß sie in Mitteleuropa selten geworden sind. Nach dem Laichen sterben die meisten Tiere ab. Die Jungfische wandern nach 1–5 Jahren ins Meer. Sie ernähren sich zunächst von niederen Krebsen, Insektenlarven und Würmern und gehen später zur Fischnahrung über. Junge Lachse erkennt man an der Fettflosse: Sie ist graugrün umrandet. Forellen haben eine rot umrandete Fettflosse. Manche Tiere bleiben Zeit ihres Lebens im Süßwasser, werden dann aber nur Kümmerformen.

Angel: Spinnangel, starke Flugangel. — Schnur: 0,40–0,70, Vorfach. — Haken: Größe 4/0–1, Drillinge, große Fliegen, sogenannte Lachsfliegen. — Köder: In vielen Gewässern nur Fliegen erlaubt. Sonstige Köder sind auch Löffel, Spinner, Wobbler, Regenwürmer, als Zopf.

Fangzeit: Je nach Gewässer verschieden. Während des Aufstiegs beißt der Lachs seltener. In der Regel zwischen März und September. — Laichzeit: Je nach Gewässer September bis Februar. — Schonzeit: sehr unterschiedlich, Erkundigungen sind notwendig.

Meerforelle, *Salmo trutta trutta* (Lachsforelle)
Beschreibung: Das äußere Erscheinungsbild der Meerforelle ähnelt dem Lachs, doch ist ihr Schwanzstiel kürzer und höher. Man kann sie nicht am Schwanz festhalten wie den Lachs. Die Färbung ist grausilbern auf den Seiten, weiß am Bauch und graugrün auf dem Rücken. Jungfische haben eine rot umrandete Fettflosse. — Größe: bis 1,40 m und 50 kg Gewicht, durchschnittlich aber nur höchstens 1 m und 15 kg Gewicht.

Vorkommen: Die Meerforelle lebt an den Küsten Europas vom Nordmeer bis zur Ostsee und Biskaya.

Lebensweise: In ihrer Lebensweise ähnelt die Meerforelle dem Lachs, doch führt sie keine so umfangreichen Wanderungen durch. Auch sie steigt zum Laichen ins Süßwasser, zieht aber meist höher hinauf als der Lachs. Es gibt auch reine Süßwasserformen.

Angel: Spinnangel, Flugangel. — Schnur: 0,40–0,70, Vorfach. — Haken: Größe 4/0–1, Drillinge, große Fliegen. — Köder: Kunstfliegen, Löffel, Spinner, Wobbler, Regenwürmer.

Fangzeit: März–September. — Laichzeit: Dezember–März. Schonzeiten beachten!

Regenbogenforelle, *Salmo gairdneri* (Stahlkopfforelle, Purpurforelle, Teichforelle)

Engl.: rainbow trout, steelhaed trout, holl.: regenboogforel, franz.: truite arc-en-ciel, ital.: trota iridea, arcobaleno, tschech.: pstruh americky duhovy.

Beschreibung: Die Regenbogenforelle besitzt einen kräftigen und langgestreckten Körper, der an den Seiten abgeflacht ist, ohne daß der Fisch flach aussieht. Der Schwanzstiel ist kräftig. Hinter der Rückenflosse befindet sich eine Fettflosse, wie bei allen Salmoniden. Auf dem Rücken zeigt die Regenbogenforelle meist einen graubraunen bis olivbraunen Ton, der nach den Seiten zu aufhellt und oft grünlich überzogen ist. Die Bauchseite geht von einer grauweißen Farbe in reines, glänzendes Weiß über. Entlang der Körpermitte und auf den Kopfseiten zieht sich eine breite violette bis rötliche Zone, die man nicht als Längsband bezeichnen kann. In den meist graugrünen Flossen finden sich viele unregelmäßige dunkle Flecken. Auch der Körper ist mit einer Vielzahl solcher Flecke überzogen. – Größe: bis 70 cm lang und 7 kg Gewicht, durchschnittlich aber nur bis 40 cm lang und 3 kg Gewicht.

Vorkommen: Die Regenbogenforelle hat ihre Heimat im westlichen Nordamerika. Echte Wildfische gibt es bei uns nicht.

Lebensweise: Da die Regenbogenforelle wärmeres Wasser liebt, wird sie gern als Besatzfisch von Angelvereinen gewählt. Sie ernährt sich in der Hauptsache von kleinerem Wassergetier und geht in manchen Gebieten auch an kleinere Fischarten. Sie ist ein Raubfisch, der sich gern in Trupps vereinigt. Die Laichzeit liegt im Winter, und die Jungfische besitzen große dunkle Flecken, die vom Rücken bis zur Bauchseite ziehen.

Angel: Grundangel mit Floß, Spinnangel, Flugangel. – Schnur: 0,20–0,30, Flugschnüre. – Haken: Größe 8–16, Fliegen 8–16, Drillinge. – Köder: Kleinere Regenwürmer, Insektenlarven, Kunstfliegen, kleine Spinner, Löffel, Wobbler, in manchen Gegenden Brot.

Fangzeit: März–September. – Laichzeit: Dezember–Mai. – Schonzeit: etwa 15. November bis 1. April. – Mindestgröße: 20–25 cm.

Bachforelle, *Salmo trutta* forma *fario* (Flußforelle, Weißforelle, Schwarzforelle, Steinforelle, Bergforelle)

Engl.: brook trout, holl.: beekforel, franz.: truite, span.: trucha, ital.: trota die ruscello, trota fario, jugosl.: potocna pastrmka, tschech.: pstruh obecny forma potocnyi, russ.: forel, schwed.: forell, laxöring, norw.: aure, örret, dän.: örred.

Beschreibung: In der Körperform gleicht die Bachforelle der Regenbogenforelle, allerdings besitzt sie nur in der Rückenflosse eine stärkere Punktierung. Auf dem Körper finden sich viele farbige Punkte, die typisch für die Bachforelle sind. Sonst wechselt die Färbung sehr stark nach dem Vorkommensgebiet. Immer ist sie am leicht gelblichen Ton ihrer Bauchseite zu erkennen. Größe: bis 50 cm.

Vorkommen: Die Bachforelle kommt in ganz Europa vor, braucht aber kühle, sauerstoffreiche Gewässer, meist in gebirgigen Regionen.

Lebensweise: Eine der Voraussetzungen für das Auftreten der Bachforelle ist die Versteckmöglichkeit. Gern steht der Fisch unter Steinen oder in ausgewaschenen Höhlen. Das Tier ernährt sich von Kleinlebewesen, aber auch von kleinen Fischen.

Angel: Grundangel ohne Floß, Flugangel, Spinnangel. – Schnur: 0,20–0,30. – Haken: Größe 8–16, Fliegen 8–16, Drillinge. – Köder: Regenwürmer, Tauwurm, Insekten und Insektenlarven, Kunstfliegen, kleine Spinner, Löffel und Wobbler.

Fangzeit: März–September. – Laichzeit: Januar–März. – Schonzeit: etwa 1. November bis 31. März. – Mindestgröße: 20–24 cm.

denn die Kornelkirsche blüht als erster Strauch mit gelben kleinen Blüten, wenn noch keine Blätter zu sehen sind. Die Früchte werden allerdings viel später reif als die Kulturkirschen. Man kann sie essen; wenn man kostet, fällt sofort der sehr süße Geschmack auf. Die Süßigkeit ist ein Lockmittel für viele Fischarten. Ehe wir sie auf den Haken stecken, holen wir den Stein aus der Kirsche, desgleichen bei der Pflaume.

Besondere Aufmerksamkeit verdienen die Holunderbeeren, die so manchen scheuen Döbel davon zu überzeugen vermochten, daß der Angler auch einmal Glück haben darf. Aber trotz der verlockenden Köder dürfen Sie sich nicht so am Ufer aufstellen, daß die Fische Sie sehen können, denn sonst sind die Döbel weg. Lassen Sie den Haken dem Standort der Fische zutreiben. Eine gute Übung für die Fliegenangelei!

Und nun zu den natürlichen Ködern, die eigentlich schon Kunst darstellen. Man könnte freilich auch sagen, daß gekochte Kartoffeln oder Tiefkühlspinat Kunstköder sind, denn kein Fisch bekommt so etwas in der freien Natur. Aber hierbei handelt es sich doch wenigstens noch um Produkte, die man mit natürlichen Substanzen in Verbindung bringt.

Brot kann in verschiedener Weise als Köder dienen. Man kann einfach aus einer Scheibe Graubrot ein Klümpchen herausnehmen und etwas kneten, kann von der Rinde Stücke abbrechen und anbieten. Am besten sind aber doch die präparierten Scheiben. Man legt Weißbrot in Wasser, läßt es gut durchziehen, drückt es kräftig aus und formt sich seine Köderkugeln. Gibt man auf die Brotscheiben noch etwas Zucker, dann erzielen wir den süßen Geschmack, den manche Fische unwiderstehlich finden. Ebenso verhält man sich mit Graubrot. Es gibt eine ganze Reihe von Rezepten für die Zubereitung von Brot als Angelköder, aber ob sie fängiger sind als andere, entscheiden oft genug nur die Fische. Auf ein Rezept möchte ich noch hinweisen, weil es etwas abgewandelt ist. Wenn man harte Brötchen oder Zwieback von der Kruste befreit und dann reibt, kann man bei Wasserzugabe einen dicken Brei daraus kneten. Auch hier ist das Einkneten von Tiefkühlspinat zweckmäßig; in manchen Gegenden wird die Masse dadurch für Rotaugen, Rotfedern, Döbel und Barben fängiger.

Mehlspeisen und Kartoffeln gemischt oder auch Mehlspeisen allein sind ebenfalls gute Köder. Am besten probieren Sie das selbst aus. In südlich der Alpen liegenden Ländern sind Mehlspeisen als Köder durchaus üblich.

Käse gilt seit jeher als guter Köder für Karpfenfische, Barben. Allerdings werden hierzu nur die harten Sorten verwendet, nämlich Edamer, Schweizer und Tilsiter. Man weicht den Käse vorher einige Stunden in kalter Milch ein. Die in Würfel geschnittenen Stücke lassen sich dann leicht kneten und erinnern in ihrer Beschaffenheit an Gummi. Wer den Haken nicht durch den Käsewürfel ziehen will, benutzt einfach eine Ködernadel. Nicht so gut ist nach meinen Erfahrungen der sogenannte Weich- oder Schmelzkäse, der eigentlich nur deshalb gut geeignet erscheint, weil er sich leicht in kleineren oder großen Stücken an den Haken kneten läßt.

Gedärme von Geflügel sind besonders in den kalten Monaten gute Köder für größere Barben, aber auch für manche Raubfische. Man zieht einfach den Darm über den Haken. Oberhalb des Hakens bringt man ein großes Schrotkorn an und bindet mit einem Faden den Darm über dem Schrotkorn fest, so daß er nicht wieder zurückgleiten kann. Da gerade in den kalten Monaten die Gewässer oft sehr klarsichtig sind, kann man, wenn man die Standorte der Barben kennt, solchermaßen bestückte Angeln den Fischen dicht vor das Maul praktizieren. Sie beißen allerdings nicht mehr, wenn die Wassertemperatur sie zur Winterruhe eingeladen hat.

Es gibt natürlich noch viele andere Möglichkeiten und Ködersorten, die hier nicht aufgeführt sind. Viele Sportangler kommen in ihrer Experimentierfreude auf recht ausgefallene Köder, aber Geheimrezepte gibt es nicht. Fische sind, mit ganz wenigen Ausnahmen, nicht auf eine einzige, bestimmte Nahrung spezialisiert und gehen an viele Köder, die ihnen angenehm riechen oder schmecken. Was ihnen gefällig ist, muß letztlich jeder Angler auf eigene Faust herausfinden. Unsere Ausführungen sollen lediglich eine gute Übersicht verschaffen, auf der jeder weiter aufbauen kann. Zum Teil wird man eigene Erfahrungen machen müssen und über die empfohlenen Köder schimpfen, weil sie unter Umständen völlig versagen. Das muß aber nicht unbedingt die Schuld des Köders sein, sondern kann auch an der Jahreszeit, am Geschmack der Fische, an den Gewässerverhältnissen und noch an vielen anderen Gründen liegen. Deshalb sollte man einen sonst fängigen Köder bei einem Mißerfolg nicht für alle Zeiten verbannen, sondern immer wieder einmal probieren. Vielleicht hat man gerade damit eines Tages einen Bombenerfolg. Gottlob gibt es in der Angelei kein Schema F, weil wir es hier mit lebenden

Wandersaibling, *Salvelinus alpinus* (Seesaibling, Rotforelle, Schwarzreuter, Rötel, Ritter)

Engl.: charr, holl.: arctische zalmforel, franz.: omble chevalier, tschech.: sivan, russ.: golets, schwed.: smaröding, norw.: röyr, dän.: fjeldörred.

Beschreibung: Der Wandersaibling oder Seesaibling gehört zu den schönsten Fischen unseres Gebietes. Sein Körper ist torpedoförmig langgestreckt, und seine Seiten sind nicht sehr stark abgeflacht. Eine Fettflosse ist vorhanden. Schön gefärbt sind die Brust-, Bauch- und Afterflosse, denn sie sehen rot aus bis ziegelrot und haben im vorderen Teil einen weißen Saum. Rücken- und Schwanzflosse sind graugrün gefärbt, vor allem die Schwanzflosse oft mit rötlichen Teilen. Der Rücken des Fisches sieht grünlichgrau aus. Auf den Seiten hellt dieser Ton etwas auf. Der Bauch zeigt eine lachsrote, orangefarbene oder ziegelrote Farbe. Das Auge ist gelblich getönt. — Größe: bis 80 cm lang und 10 kg Gewicht, in der Regel aber nur bis 50 cm und 3 kg Gewicht. Manche Zwergformen nahrungsarmer Gewässer werden kaum länger als 20 cm.

Vorkommen: Der Wandersaibling besiedelt die Regionen des nördlichen Eismeeres von Europa, Asien und Nordamerika und geht in Europa bis zu den Seen der oberen Donau. Hier drei Formen.

Lebensweise: Wandersaiblinge sind mit wenigen Ausnahmen Wanderfische, die Jungtiere bleiben zunächst drei bis vier Jahre im Süßwasser und ziehen dann ins Meer. Nach 6—7 Jahren werden sie geschlechtsreif und kommen ins Süßwasser. Hier ernähren sich die Jungen vor allem von Kleintieren und von Anflugnahrung. Ältere Tiere werden Räuber, die sich auf Fische spezialisieren.

Angel: Grundangel, Spinnangel, Flugangel. — Schnur: 0,25 bis 0,60. — Haken: Größe 1—8, Drillinge. — Köder: Lebende Fische, Würmer im Zopf, große Insektenlarven, tote Fische und Fischstücke, Spinner, Wobbler.

Fangzeit: März—September. — Laichzeit: Herbst- und Wintermonate, je nach Gewässer. — Schonzeit: meist keine, aber in manchen Gebieten unterschiedlich.

Bachsaibling, *Salvelinus fontinalis*

Engl.: brook trout.

Beschreibung: Der Bachsaibling ist von der Forelle sofort zu unterscheiden. Brust-, Bauch- und Afterflossen besitzen immer einen deutlichen weißen vorderen Saum. Außerdem sind die roten Flecken auf dem Körper nur selten leicht bläulich eingefaßt, meist gelblichweiß, und die Bauchseite ist immer gelblichrot bis kräftig rot. Auf dem dunkleren Rücken zeigt der Bachsaibling unregelmäßig geformte hellere Flecken. In der Rücken- und in der Schwanzflosse findet man keine Punktzeichnung, sondern eine Bindenzeichnung. — Größe: bis 50 cm, durchschnittlich etwa 35 cm und 1 kg Gewicht.

Vorkommen: Die Heimat ist das östliche Nordamerika. In Europa eingeführt und in Teichwirtschaften vermehrt. Es kommen aber auch wildlebende Populationen vor, die in ähnlichen Gewässern wie die Bachforelle leben und dann oft als solche angesehen werden.

Lebensweise: Der räuberische Fisch ernährt sich als Jungtier von Würmern, niederen Krebsen, Insekten und Insektenlarven, größere gehen auch an kleine Fische. Gern jagt er in der starken Strömung und hält sich weniger in Verstecken auf wie die Bachforelle.

Angel: Grundangel, Spinnangel, Flugangel. — Schnur: 0,20 bis 0,30, Flugschnüre. — Haken: Größe 8—14, Fliegen 8—16, kleine Drillinge. — Köder: Regenwürmer, Tauwurm, Insekten und Insektenlarven, Kunstfliegen, kleine Spinner und Wobbler.

Fangzeit: April—September. — Laichzeit: Oktober—März. — Schonzeit: etwa 1. Oktober bis 31. März. — Mindestgröße: um 25 cm.

Seeforelle, *Salmo trutta* forma *lacustris* (Maiforelle, Lachsforelle, Silberlachs, Illanke, Rheinlanke).

Engl.: lake trout, holl.: meerforel, franz.: truite de lac, truite argentee, ital.: trota di lago, tschech.: pstruh obecny forma sezerni, jugosl.: jezerska pastrmka, russ.: ozernaya forel.

Beschreibung: Unsere Seeforelle ist eine der Formen der Meerforelle, wird aber schwerer. In der Färbung ist das Tier sehr variabel, und man kann kaum eine gültige Beschreibung geben. Das äußere Erscheinungsbild bringt keine Merkmale, an denen man beide Forellenformen unterscheiden könnte. Oft sehen die Tiere auf dem Rücken grauschwarz aus, auf den Seiten heller bleigrau und auf dem Bauch weißlich bis grauweiß. Über den Körper verteilen sich Punkte, von denen ein Teil dunkel ist, ein anderer gelblichbraun bis orangegelb. In den Flossen liegen manchmal schwarze Punkte. Die Flossenfärbung ist graubraun bis grünlichgrau. Sehr auffällig ist die große Fettflosse. Es gibt fast silberweiße Exemplare. Alte Männchen besitzen einen hakenförmigen Unterkiefer. – Größe: bis 1,40 m und 30 kg Gewicht, durchschnittlich bis 60 cm und bis 15 kg Gewicht.

Vorkommen: Der Fisch lebt in den europäischen Süßwasserseen von Nordengland bis nach Asien hinein.

Lebensweise: Die Seeforelle hat ihre Wandereigenschaft auch in den Süßwasserseen beibehalten, denn sie zieht zur Laichzeit aus den tieferen Wasserschichten in die einmündenden Flüsse. Zunächst halten sich die Jungen einige Jahre in den Flüssen auf, wandern dann aber in die Seen selbst ab. Je älter die Tiere werden, desto tiefere Schichten suchen sie auf (Grundforellen). Sie ernähren sich von kleinem Wassergetier (Insekten, niedere Krebse usw.) und gehen im Heranwachsen zur Fischnahrung über.

Angel: Grundangel, Spinnangel, Flugangel (bei Schwebforellen). – Schnur: 0,20–0,35. – Haken: Größe 1–8, Drillinge, Fliegen. – Köder: Regenwürmer, lebende Fische, Insekten, Löffel, Spinner, Blinker, Wobbler, Kunstfliegen (hierbei auch bis zu den Lachsfliegen).

Fangzeit: März–August. – Laichzeit: September–Oktober. – Schonzeit: Sehr unterschiedlich.

Huchen, *Hucho hucho* (Donaulachs, Rotfisch, Heuch, Rothuchen) Jugosl.: mladica, tschech.: hlavata podunajska.

Beschreibung: Der Huchen ist der größte einheimische Lachsfisch. Sein langgestreckter kräftiger Körper zeigt über weite Partien, vor allem Rücken und Hinterkörper, eine ausgesprochen rötliche Färbung. Über den Rücken zieht ein bräunlicher bis grünlicher Ton. – Größe: etwa 1,50 m und über 50 kg Gewicht, meist nur bis etwa 60 cm lang und 2,5 kg schwer.

Vorkommen: Das Heimatgebiet des Huchen ist auf das Gebiet der mittleren Donau beschränkt, er fehlt fast immer in deren nördlichen Zuflüssen.

Lebensweise: Unser Huchen ist ein ausgesprochen revierbildender Fisch, der seinen Standort ungern verläßt. Meist findet man ihn in schnellfließenden Gewässern, die tiefere Stellen besitzen. Gern hält er sich auch hinter Stauanlagen und unter Überhängen auf. Wichtig für ihn sind saubere und sauerstoffreiche Gewässer mit kiesigem Boden. In der Jugend ernährt sich der Huchen von allerlei kleineren Wassertieren, aber mit dem Alter geht er immer mehr dazu über, nur noch Fische anzunehmen. Bevorzugt werden dabei Näsen, Äschen und Elritzen. Daneben nimmt er aber auch Frösche.

Angel: Grundangel, Spinnangel, Flugangel. – Schnur: 0,35 bis 0,70, Vorfach, möglichst Metall. – Haken: Größe 5/0–1, Drillinge, Spinner. – Köder: Große Fliegen, Fische (tot und lebend), große Spinner und Wobbler.

Fangzeit: Oktober–Februar. – Laichzeit: März–April. Schonzeit: unterschiedlich. Vor allem in Gewässern, in denen man die Huchen immer wieder mit Setzlingen einsetzt.

Tieren zu tun haben, die sich selbst innerhalb einer Art je nach Umständen deutlich unterscheiden. Wir wollen die Tiere ja überlisten; Angeln ist ein Sport, der einen Einsatz verlangt. Wenn wir jedoch einen Universalköder hätten, auf den diese oder jene Art todsicher reagiert, dann würde die Angelei keinen Spaß mehr machen.

Wie man angelt

Das Grundangeln

Der Name Grundangelei kann zweifach gedeutet werden, nämlich als auf dem Grund angeln und als grundsätzliches Angeln.
Die eigentliche Bedeutung liegt aber im grundsätzlichen Angeln,
als Basis der gesamten Angelei sozusagen, von der alle anderen
Formen ihren Ausgang nahmen. Jeder Angler fängt mit der
Grundangel an, selbst wenn er sich dessen gar nicht bewußt ist,
denn auch die ersten primitiven Versuche in der Jugend sind
hierher zu zählen. Die verschiedensten komplizierteren Ruten
und Fanggeräte haben die Grenze zu den anderen Gebieten
zwar teilweise verwischt, aber die Grundzüge sind geblieben.
Auch das Angeln auf dem Gewässergrund kann »Grundangeln«
genannt werden, denn genaugenommen handelt es sich dabei
lediglich um Varianten der ursprünglichen Ausrüstung.
Als Zubehör zur Grundangelei gehören die Rute, die Schnur,
der Haken. Dazu kommen heute schon bei Anfängern das Vorfach, die Pose, die Rolle. Daneben gehören aber auch die verschiedensten Bleie, Wirbel, Karabiner usw. zur Ausstattung, die
uns die unterschiedlichsten Möglichkeiten erst eröffnen oder auch
ermöglichen.
Mit der Grundangel kann man eigentlich alles fangen, was es
an Fischen in unseren Gewässern gibt, wenn man die Grund-
ausrüstung entsprechend variiert. Wir wollen uns aber trotzdem
der heute angewendeten Terminologie bedienen, wenn wir die
in sich variablen Hauptgebiete bezeichnen. So gehen wir in der
Regel mit der Grundangel unseren Weißfischen zu Leibe, aber
auch dem Aal, den Barschen oder dem Hecht. Wie vielseitig eine
ganz normale Grundangel mit üblicher Ausstattung ist, erlebt
man am besten im Gewässer selbst. Schon mancher Anfänger
wollte nur einmal etwas stippen und Weißfische fangen und
hatte dann einen ansehnlichen Barsch an der Leine. Ähnliche
Überraschungen erlebt man immer wieder, und sie erst machen
ja das Angeln überhaupt schön.
Zur Grundausstattung gehört die Rute, die in früheren Jahren
fast immer als Bambus- oder Tonkinrute in Längen um 4 bis 5 m
angeboten wurde. Heute nimmt man schon als Anfänger die
Kunstglasruten, die in der Regel kaum länger als 2,5 m sind.

Dieser »Zug der Zeit« ist aber nicht immer sinnvoll (siehe auch Kapitel »Angelruten«). Die Brauchbarkeit einer Rute richtet sich nicht zuletzt nach den Gewässern. Wer offene, nicht verkrautete zur Verfügung hat, der kommt mit einer kurzen Wurfrute aus. Sind die Ufer jedoch mit Wasserpflanzenpolstern verkrautet, die sich vor allem vom Ufer aus in das Gewässer ziehen, wird der Angler bald merken, daß eine lange Rute sich weitaus besser eignet. Mit der langen Grundrute bringt man nämlich den Köder besser über Krautregionen und kann beim Anhieb die Beute leichter dirigieren. Kürzere Ruten sind zwar handlicher, aber sie erfordern vielseitige Manipulationen, wenn man Köder oder Beute um Wasserpflanzenbestände herumführen oder über sie hinwegheben will.

Für die Grundangel eignen sich also beide Rutenarten, und die lange Rute sollte trotz der herrlich anzusehenden kurzen zur Grundausstattung gehören. Hier hat sich die Teleskoprute, die ebenfalls leicht ist und aus Glasfaser besteht, schon heute einen festen Platz in der Angelei gesichert. Viel Ärger erspart man sich, wenn man sich die zu beangelnden Gewässer vorher auf Kraut und andere möglichen Widerstände im Wasser ansieht. Im Zweifelsfalle greife man zur längeren Rute, deren Führung von einer festen Stelle aus besser ist!

Eine lange Rute hat auch ihre großen Vorteile an Gewässerabschnitten, die bei klarem Wasser wenig Deckung besitzen. Mit Hilfe der Rute sind wir nämlich weiter vom Sichtwinkel der Fische entfernt, die auf unbekannte Bewegungen am Ufer oft mit Fluchten reagieren. Ist aber das Ufer stark mit Schilf oder Unterholz bewachsen, so daß ein leichter Überkopfwurf nicht oder nur unter Schwierigkeiten möglich ist, dann empfiehlt sie sich von selbst. Es ist ja logisch, daß an einer langen Rute die Schnur von der Spitze bis zum Griff länger ist, und allein dadurch kommen wir ohne zusätzliche Schnurgabe nur mit leichtem Ausschwingen des Köders viel weiter hinaus.

Normalerweise verwenden wir eine Schnurstärke zwischen 0,20 und 0,35 mm. Je besser die Qualität, desto weniger Ärger. Beim Angeln auf normale Weißfische brauchen wir zwar nicht unbedingt ein Vorfach, es ist aber besser, eines zu verwenden, denn vor Überraschungen sind wir nie sicher.

Die Pose oder der Schwimmer richtet sich nach dem Geschmack und auch nach den Erfordernissen. Eine gute Auswahl steht uns in den Fachgeschäften zur Verfügung. Je besser man aber die

Verhältnisse zwischen Ködergewicht, Bleibeschwerung und Schnur zwischen Pose und Haken ausbalanciert, desto leichter erkennen wir am Spiel der Schwimmer, was sich am Haken tut. Besonders geeignet sind die schlanken Korkschwimmer, Kunststoffposen oder Federkiele. Verteilt man das Gewicht so, daß die Pose zu etwa vier Fünfteln unter Wasser schwimmt und senkrecht steht, dann kann sich kaum ein Fisch am Haken zu schaffen machen, ohne daß wir es merken. Allerdings ist das nur bei ruhigem Wasserspiegel der Fall. Für die Beschwerung einer Grundangel eignet sich gut Bleischrot, das wir im erforderlichen Gewicht an die Schnur klemmen. Die Verteilung der einzelnen Körner hängt vom Köder und den Gegebenheiten ab. Wenn man mit Erbsen oder gar mit Hanf angelt, dann hat ein Schrotkorn in der Nähe des Köders nichts zu suchen, denn wir verführen den Fisch sonst nur, sich mit dem Blei zu beschäftigen und uns an der Pose ein falsches Spiel vorzuführen.

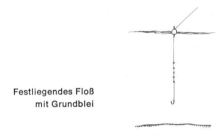

Festliegendes Floß
mit Grundblei

Der Abstand vom Haken zum Schwimmer richtet sich nach dem Gewässer und den Fischen, die man an den Haken bekommen möchte. Will man den Köder im freien Wasser treiben lassen, etwa auf halber Höhe oder eine Handspanne über dem Boden, dann sollte man die Wassertiefe schon vorher kennen. Untiefen, über die bei leicht fließendem Wasser der Köder schleift, rufen an der Pose ähnliches Untertauchen und Zupfen hervor, wie sie auch ein Fisch bei der Berührung verursacht. Ist das Wasser klar, kann man den Köder oft bis in gewisse Tiefe verfolgen, im trüben Wasser aber sollte man kurz ausloten, wo sich der Grund befindet. Ich weiß wohl, daß das nur wenige Angler machen, vor allem der Anfänger nicht, aber in verkrauteten und unregelmäßig gründigen Gewässern lohnt es sich doch.

137

Hat man nun das gesamte Zubehör zusammengestellt, kommt der Köder an den Haken. Was man verwendet, hängt mit dem Fisch zusammen, den man fangen möchte. Allerdings wird der nicht auf spezielle Beute zielende Petrijünger meist zu einem Universalköder greifen, wie wir ihn zum Beispiel im Regenwurm oder in Insekten haben.

Mehr ist bei einer ganz gewöhnlichen Grundangel eigentlich nicht nötig; so haben wir also die Grundausstattung frühester Kinderjahre beisammen, wenn auch mit besserem Zeug. Zur Verfeinerung der Ausrüstung kommen nun noch mechanische Erleichterungen, die die Reichweite und die Variationsmöglichkeit unserer Angel erweitern. Hier hat die Rolle eine wichtige Aufgabe, und ohne sie geht heutzutage selbst ein blutiger Anfänger gar nicht erst aus dem Laden, wenn er sich seine ersten Angelgeräte besorgt. Für die Grundangel eignen sich alle angebotenen Rollen, ob Nottingham-, Stationär- oder Multirolle. Mit ihrer Hilfe verlängern wir die Schnur. Außerdem haben wir die Möglichkeit, verschiedene Schnurstärken sozusagen auf Abruf bereit zu halten. Wir brauchen dann nur die gesamte Schnur mit Trommel auszuwechseln; das kann in wenigen Minuten geschehen. Deshalb ist es vorteilhaft, wenn man Ersatztrommeln mit sich führt, sobald man in unbekannte Gebiete gelangt. Machen Sie aber nie den Fehler, auf eine leichte Rolle zu kräftige Schnur zu nehmen; dann verwickelt sich die Schnur leicht und bereitet Ärger, wenn sich die Rolle weder vor- noch zurückdrehen läßt.

Wir werfen nun die Angel mit leichtem Schwung aus, lassen den Köder untertauchen, warten, bis die Pose sich beruhigt hat, und beobachten sie. Die Jagd beginnt. Jeder Anfänger wird zuerst die Rute in der Hand behalten, weil er natürlich in der Hoffnung gekommen ist, die Fische warteten nur darauf, auf seinen Köder hereinzufallen. Der Muskelkrampf kommt dann mit der Zeit ganz sicher, jedenfalls sicherer als die Beute. Besonders schnell stellt er sich bei langen und schweren Ruten ein. Deshalb ist ein sogenannter Rutenhalter, den es in den verschiedensten Ausführungen zu kaufen gibt, vielfach angebracht. Man kann ihn sich auch am Gewässer aus einer Astgabel selbst herstellen, wenn Holz in der Nähe ist, oder man steckt die Rute in Uferbefestigungen oder mit einer aufsetzbaren Spitze in den Boden. Hat das Wasser eine leichte Strömung, vielleicht entlang einem träge fließenden Fluß, dann treibt die Pose langsam von der

Eintauchstelle fort. Ist die mitgegebene Schnur zu Ende, dann legt sich die Schnur unterhalb der Pose leicht schräg in die Strömung. Jetzt kommt es gern zu flatternden Bewegungen des Köders, der ja in der Strömung bewegt wird. Ziehen Sie die Schnur nicht sofort ein, denn gerade solche taumelnden Bewegungen locken manchen Fisch herbei. Von Zeit zu Zeit hebt man vorsichtig und leicht die Rute an und zieht die Schnur etwas zu sich heran. Erst wenn sich überhaupt nichts tut, dann holt man die Schnur ein und wirft neu aus.

Mit dieser Form der festsitzenden Pose und der gesamten Grundangel fischt man nach den meisten Schuppigen. Nur ausgesprochene Bodenfische wird man auf diese Weise selten oder nur rein zufällig erwischen. Man kann zwar mit der feststehenden Pose auch den Bodengrund abfischen, darf dann aber zweierlei nicht außer acht lassen: die Gewässertiefe und die Gewässerbewegung.

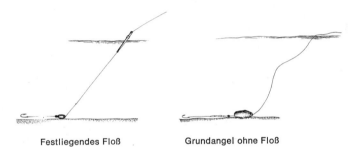

Festliegendes Floß   Grundangel ohne Floß

Die Pose wird in der Höhe, die etwa der Wassertiefe entspricht, befestigt. Über das Vorfach gibt man ein Laufblei, durch dessen weite Öffnung die Schnur ohne Widerstand gezogen werden kann, wenn der Fisch sich mit dem Köder aus dem Staube machen will. Festsitzendes Bodenblei bietet dem Fisch zuviel Widerstand, und wir merken am Schwimmer erst etwas, wenn es zu spät ist. Dennoch eignet sich für die laufende Grundangel besser das Lauffloß, das es in den verschiedensten Ausführungen gibt, von den leichtesten bis zu schweren. Die Ausstattungen der Schnur bleiben im Prinzip die gleichen wie bei einem fest verankerten Schwimmer, nur muß man in der Höhe des Wasserspiegels einen Stopper an der Schnur anbringen, damit das vorsichtige Zupfen mancher Fischarten nicht ohne sichtbare Auswirkung bleibt. Man kann auch ein Lauffloß mit eigener Stoppvorrichtung verwenden,

Finte, *Alosa fallax* (Elben, Elchen, Taparre, Lachstaparre, Stümhering, Staffhering, Boje, Bode, Bayken)
Engl.: twaite shad, holl.: fint, franz.: alose feinte, span.: lacha, ital.: alosa, ceppa, cheppia, sardone, laccia, salacca, jugosl.: lojka, russ.: alosa, schwed.: staksill, dän.: stavsild.
Beschreibung: Die Finte gehört in ihrer Gestalt und Farbe zu den auffälligsten Fischen unserer Gewässer, denn auf dem heringsartig gebauten Körper fallen sofort die meist sehr deutlich ausgeprägten dunklen Flecke auf der unteren Rückenpartie auf, deren Anzahl wechseln kann. Die Oberseite ist dunkel blaugrün bis stahlblau gefärbt, macht dann einer gelblichsilbern bis schmutzigsilbern glänzenden Seite Platz, und die Bauchregion ist weißlich bis silbern gefärbt. Oft überzieht den Fisch ein goldglänzender Ton. Immer vorhanden ist hinter dem oberen Teil des Kiemendeckels ein schwarzer Fleck. Meist sehen die Flossen rauchgrau bis grünlichgrau aus, und die Brustflossen sind schwärzlich. – Größe: bis 55 cm, 2 kg Gewicht, durchschnittlich aber kaum mehr als 40 cm.
Vorkommen: Der Fisch bewohnt die europäischen Küstengebiete bis zum Bosporus. Fehlt im nördlichen Skandinavien. Daneben reine Süßwasserformen, vor allem in Oberitalien, die nicht mehr ins Meer wandern.
Lebensweise: Finten sind Schwarmfische, die sich entlang der Küsten vor allem in den unteren Flußgebieten aufhalten und meist nicht ins weite Seewasser vordringen. Zur Laichzeit wandern die Fische die Flüsse hinauf. Erst im Herbst wandern dann die Jungen zum Meer. Leider sind die Tiere in unseren Gewässern seltener geworden, weil sie die Gewässerverschmutzung ausweichen.
Angel: Grundangel, Floß. – Schnur: 0,20–0,35. – Haken: Größe 3–12. – Köder: Vor allem Regenwürmer, aber auch Insekten und Schnecken.
Fangzeit: April–Oktober. – Laichzeit: Juni–Juli.

Sehr ähnlich sieht der Maifisch oder Alse aus, *Alosa alosa*. Seine Lebensweise und der Fang sind gleich. Allerdings wird der Fisch etwas größer.

Mairenke, *Chalcalburnus chalcoides* (Schiedling, Seelaube, Seelauge). In Deutschland kommt die Unterart *Chalcalburnus ch. mento* vor. In der Literatur oft als *Alburnus mento* beschrieben.
Russ.: schemaja.
Beschreibung: Die Mairenke sieht unserem Ukelei sehr ähnlich, hat aber im Vergleich zu ihm eine kürzere Afterflosse. Das Maul ist oberständig, die Rückenflosse ist hinter der Körpermitte eingelenkt. Rücken in dunkelgrüner bis olivblauer Färbung. Seiten glänzend silbrig, Bauch weiß. Die Flossen zeigen meist eine grünlichschwarze Farbe, sind aber sehr durchscheinend. – Größe: bis 40 cm und 125 g Gewicht, meist nur bis 25 cm.
Vorkommen: Schwarzes Meer, Kaspisches Meer und die einmündenden Flüsse. In Deutschland nur im Donaugebiet.
Lebensweise: Innerhalb des Verbreitungsgebietes bilden die Mairenken zahlreiche Unterarten, die sich in ihrer Lebensweise gleichen. Es sind Schwarmfische, die sowohl das Seewasser als auch das Süßwasser bewohnen. Zur Laichzeit unternehmen sie Laichwanderungen und treten dann oft in sehr großer Anzahl auf. Mairenken ernähren sich vor allem von bodenbewohnenden Kleintieren, wie z. B. Würmern, Insektenlarven, kleinen Schnecken. Daneben nehmen die Mairenken aber auch Anflugnahrung, doch nicht in dem Maße wie der Ukelei.
Angel: Grundangel, Flugangel, Spinnangel. – Schnur: 0,15 bis 0,30. – Haken: Größe 8–14. – Köder: Kleine Regenwürmer, Köcherfliegenlarven, Insekten, Teig, Brot, Kunstfliegen, kleinste Spinner und Löffel.
Fangzeit: April–September. – Laichzeit: Mai–Juni.

Äsche, Thymallus thymallus (Mailing, Springer, Perpel, Spalt)
Engl.: grayling, holl.: flagsalm, franz.: ombre commune, ital.: temolo, jugosl.: lipljen, tschech.: lipan podhorni, russ.: charius, schwed.: harr, norw.: harr, dän.: stalling.

Beschreibung: Langgestreckter, seitlich abgeflachter Körper. Auffällig und charakteristisch ist die hohe, schön gezeichnete, fahnenartige Rückenflosse. Spitzer Kopf mit leicht unterständigem Maul. Fettflosse vorhanden. Im Gegensatz zu den Lachsfischen haben die Äschen weniger und größere Schuppen entlang der Seitenlinie. Färbung braungrau bis schmutzig rötlichgrau oder blaugrau. Flossen schmutzig braunrot bis graubraun. — Größe: bis 60 cm und 3 kg Gewicht, durchschnittlich nur 35 cm und 300 g schwer.

Vorkommen: England, Wales, Benelux-Länder (ohne Küstengebiet), Frankreich, Mitteleuropa nördlich der Alpen, Oberitalien, östlich bis Westrußland, Baltikum, Finnland, Schweden, Südost-Norwegen, Mitteldänemark, mitunter auch in Brackwasser.

Lebensweise: Die Äsche gehört zu den ortstreuen Fischen, die sich gern in kleineren oder auch größeren Trupps zusammenhält. Sie bevorzugt ziemlich rasch fließende Flüßchen, in denen sie gern hinter kleineren Fällen in ausgespülten Kolken steht und bei Gefahr in Unterständen oder zwischen Treibholz verschwinden kann. Scheu. Als Jungfisch lebt die Äsche hauptsächlich von bodenbewohnenden Insektenlarven, Würmern, Schnecken. Aber auch Anflugnahrung. Ältere gehen auch an kleine Fische.

Angel: Grundangel, Flugangel, Spinnangel. — Schnur: 0,20 bis 0,35. — Haken: Größen 8–20. — Köder: Blutwurm, Wasserinsektenlarven, Insekten, Regenwürmer, Kunstfliegen, kleinste Spinner und Löffel.

Fangzeit: besonders Herbst und Winter, auch Mai bis Juni. — Laichzeit: März-April. — Schonzeit: etwa 1. März bis 30. April. — Mindestgröße: ca. 35 cm.

Orfe, Leuciscus idus (Aland, Nerfling, Bratfisch, Elte, Kühling, Jese)
Engl.: ide, holl.: vinde, franz.: ide melanote, jugosl.: jaz, tschech.: jelec jesen, russ.: jasj, schwed.: id, norw.: vederbuk, dän.: rimte.

Beschreibung: Die Orfe ist ein schlankes, stark seitlich abgeflachtes, silbern glänzendes Fischchen, das mit zunehmender Größe dunklere, leicht schmutzigrote Flossen zeigt. Rükken braungrün, Seiten manchmal mit gelblichem Anflug. In kleineren Exemplaren ist die Orfe auf den ersten Blick nicht von anderen Weißfischarten zu unterscheiden. — Größe: bis 70 cm und 6 kg Gewicht. Meist nur bis 40 cm und 1,5 kg schwer.

Vorkommen: Vom Einzugsgebiet des Rheins bis nach Asien nördlich der Alpen und der Donau. Skandinavien, Dänemark.

Lebensweise: Die Orfe ist ein ausgesprochener Schwarmfisch, der sich oft in großen Gesellschaften zusammenfindet. Zur Laichzeit wandern sie stromauf. Sie besiedeln alle ihnen zusagenden Gewässertypen, vom Brackwasser bis zu Seen und Flüssen. Halten sich vorwiegend in den freien Wasserbezirken auf und fressen in der Hauptsache Kleinkrebse, Würmer, Insektenlarven und Anflugnahrung. Nehmen aber auch Pflanzenkost.

Angel: Grundangel, Floß, Flugangel, Spinnangel. — Schnur: 0,20–0,35. — Haken: Größe 4–14. — Köder, Regenwürmer, Insektenlarven, Insekten, Erbsen, Weizen, Kunstfliegen, kleine Spinner und Löffel.

Fangzeit: Von März bis in den Winter. Bei starker Kälte Ruhezeit. — Laichzeit: April bis Juni, je nach Gegend. Männchen mit Laichausschlag. Färbung meist goldig. — Laichwanderung. — Schonzeit: keine. — Mindestgröße: keine. In manchen Gebieten trifft man auch auf sogenannte Goldorfen, das sind Zuchtprodukte, die für Zierteiche gezüchtet wurden und aus den Züchtereien entkamen. Auf dem Rücken zeigt diese Form ein kräftiges Goldrot, das nach den Seiten zu aufhellt.

die es in verschiedenen Formen gibt. Hierbei braucht man die Tiefe nicht auszuloten, denn ein Lauffloß mit Stoppvorrichtung stellt sich automatisch in Höhe des Wasserspiegels ein und zeigt den Biß gut an.

Eine dritte Methode ist die der Schnur ohne Floß. Die Rute wird genauso hergerichtet wie bei der Posenangel, nur bleibt eben die Pose weg. Der Biß zeigt sich nach dem Auswerfen an der Schnur selbst. Sobald keine Schnur mehr von der Rolle geholt wird, weil das beschwerende Blei den Boden erreicht hat, zieht man mit der Hand noch etwas Schnur von der Rolle und gibt sie frei. Dadurch liegt die freie, unbelastete Schnur auf der Wasseroberfläche in lockeren Bögen. Man kann auch eine andere Methode anwenden, indem man die Schnur vom Wasserspiegel bis zur Rutenspitze ziemlich gerade verlaufen läßt, die Schnur entlang der Rute aber in lockeren und kürzeren Schlingen zwischen den Ringen fallen läßt. Da die Spannung zwischen Pose und Rute fehlt, hängt die Schnur ziemlich locker, je nach der Höhe der Rute in größeren oder kürzeren Bögen.

Bei dieser Methode muß man die Schnur beobachten, die auf der Wasseroberfläche oder entlang der Rute führt. Macht sich nämlich ein Fisch an dem auf dem Gewässergrund liegenden Köder zu schaffen, oder nimmt er ihn auf und zieht langsam seines Weges, dann taucht immer mehr Schnur ins Wasser ab, bis sie schließlich bei kürzeren Ruten eine gerade Linie zwischen Rutenspitze und Wasseroberfläche bildet. Sobald man am Eintauchen der auf der Wasseroberfläche liegenden Schnur merkt, daß am Haken etwas los ist, bereitet man sich auf den Anhieb vor. Zur zusätzlichen Beobachtung solcher Grundangeln mit auf dem Gewässerboden liegenden Ködern eignet sich gut ein Glöckchen, das man an der Rutenspitze anklemmt. Allerdings hat man dann gegen die Verführung anzukämpfen, die Rute sich selbst zu überlassen. Das hat dann manchmal ein Abknabbern des Köders zur Folge, ohne daß der Fisch gehakt werden kann. Solche Glöckchen eignen sich besonders für die Grundangelei auf Aale, wenn man gleichzeitig noch andere Ruten auswirft.

Schnüre ohne Schwimmer kann man auf alle Fischarten einsetzen, die ihre Nahrung vom Boden aufnehmen, also auch auf Bleie, Barsche, Güstern, Karauschen, ja selbst manche andere, sonst im freien Wasser schwimmende Fischart bekommt man an den Haken. Vor allem eignet sich diese Methode auch für scheue Arten, so zum Beispiel den Döbel.

Eine weitere gute Möglichkeit bietet die schwimmerlose Angel bei Gewässern, deren Tiefe schlecht auszuloten ist, weil sie zu rasch wechselt. Dabei soll das Laufblei in stärker strömendem Wasser weiterrollen, es muß also Olivenform haben. Nur beim Angeln auf Standfische, deren Unterschlupfe man einigermaßen sicher ansprechen kann, verwendet man festliegende Bleie.

Will man die Beute zeitig genug bemerken, dann kann man die Schnur auch über den Zeigefinger laufen lassen; man fühlt dann die angenommenen Köder durch den verstärkten Zug. Diese Art und Weise hat auch noch den Vorteil, daß man mit einem leichten Fingerzucken den Köder sanft bewegt. Darauf reagiert mancher Fisch mit beschleunigtem Biß, weil die Beute scheinbar zu verschwinden sucht. Mit dem Finger arbeitet man auch immer dann, wenn die Wasseroberfläche so unruhig ist, daß man keine sichere Anzeige durch die wieder eintauchende Schnur erhält.

Schwieriger ist es, wenn man mit Würmern ködert, und auf Aale aus ist. Kleinere Exemplare »lutschen« sich förmlich den Wurm entlang, bis sie dann wirklich geschluckt haben. Dieses vorsichtige Annehmen des Köders zeigt sich aber auch an der Schnur. Man sagt dann: Der Fisch spielt mit dem Haken. Durch vorsichtiges leichtes Anziehen der Schnur kann man manchen Aal dazu bewegen, sich mit der Annahme des Wurmes zu beeilen. Oft beißt er dann einfach in den Wurm, ohne den Haken mitzunehmen. Große Aale gehen mitunter ziemlich gierig an den Wurm und fassen fest zu. Sie ziehen auch schnell ab und oft ziemlich kräftig. Die Schnur verschwindet also von der Wasseroberfläche. Kleine Aale schieben sich gern am Wurm entlang, bis sie die Hakenspitze spüren, dann beißen sie den Wurm einfach ab. Aber man kann eben am Abtauchen der Schnur nur manchmal feststellen, wie stark oder wie groß der Beutefisch ist. Dennoch ist das Vergnügen groß, und man erlebt atemlose Augenblicke, wenn man das Absinken der Schnur kritisch verfolgt.

Eine einfache Grundangel, die auch heute noch manchmal angewendet wird, besteht lediglich aus einem kurzen Stock, der an einer Seite zugespitzt ist, aus der Schnur und dem Haken. Je nach der erforderlichen Tiefe wird die beköderte Schnur im Pendelwurf ausgelegt, dann rammt man den Stock fest in den Erdboden. Hat der Köder den Grund erreicht, nimmt er ja keine Schnur mehr nach. Zur besseren Kontrolle legt man noch etwas Schnur in losen Schlingen zwischen Stock und Wasser aus. Macht sich ein Fisch mit dem Haken davon, dann nimmt er die losen

Sterlet, *Acipenser ruthenus*

Tschech.: jeseter malý, russ.: sterljad.

B e s c h r e i b u n g : Zu den merkwürdigsten Fischgestalten der europäischen Süßgewässer gehören die Störe. Ihr langgestreckter Körper ist am Schultergürtel am kräftigsten und nimmt dann recht gleichmäßig zur Schwanzflosse hin ab. Auf dem Rücken stehen bezahnte große Schuppen, und die Schwanzflosse erinnert an die eines Haies. Die Schnauze ist lang ausgezogen und sieht schnabelförmig aus. Auf der Unterseite dieses Schnabels stehen Bartfäden mit Fransen. Die Färbung ist ein tiefes Dunkelblau oder ein Braunschwarz mit bläulichem Anflug. Auch die Flossen sind grauschwarz bis braunschwarz gefärbt. Das Maul ist rüsselartig vorstülpbar. – Größe: bis 80 cm, meist jedoch nur bis 40 cm, Gewicht bis etwa 10 kg.

V o r k o m m e n : Donaugebiet, Zuflüsse des Schwarzen Meeres und des westlichen Kaspischen Meeres, Gebiet der russischen Ostsee.

L e b e n s w e i s e : Der Sterlet gehört zu den reinen Süßwasserfischen, und er geht nur am Kaspischen Meer in Brackwasserbereiche. Während der Laichzeit wandert der Fisch stromaufwärts. Da seine Nahrung in der Hauptsache aus Insektenlarven, Kleinkrebsen, Würmern und Schnecken besteht, sucht er gern Gebiete auf, in denen er einen weichen Bodengrund vorfindet. Der Sterlet hält einen Winterschlaf, zu dem er sich an tiefe Stellen zurückzieht. Während dieser Zeit frißt er nicht.

A n g e l : Grundangel. – Schnur: 0,25–0,40, Vorfach. – Haken: Größe 1–8. – Köder: Vor allem Wurm, aber auch Fischstücke und große Insektenlarven. In manchen Gegenden nimmt man auch größere Muscheln und Schnecken, die man zerdrückt und vom größten Teil der Schalen befreit. Offenbar ist dieser Köder aber nicht überall fängig.

F a n g z e i t : Juli–September. – Laichzeit: Mai–Juni.

Stör, *Acipenser sturio*

Engl.: sturgeon, holl.: steur, franz.: esturgeon, span.: esturion, ital.: storione comune, jugosl.: jesetra, tschech.: jeseter velký, russ.: baltiiskii osetr, schwed., norw. und dän.: stör.

B e s c h r e i b u n g : Der Stör unterscheidet sich vom kleineren Sterlet durch die Schnauzenbildung und durch die Form der Beschuppung. Die Schnauze ist kürzer und breiter, und die Schuppen sind größer und zahlreicher. Besonders auffällig sind die des Rückenfirstes und der Körperseiten. Die Barteln sind nicht gefranst. Meist ist die Farbe des Störes ein schmutziges Graubraun, doch kann sie auch schwärzlichblau sein. Von dieser Färbung stechen die gelbbraunen Schuppen stark ab. Außerdem ist der Stör in seiner Gestalt kräftiger. – Größe: bis 6 m und 400 kg Gewicht. Bei uns werden die Tiere aber kaum länger als 2,5 m. Durchschnittlich messen die gefangenen Tiere zwischen 1 und 2 m.

V o r k o m m e n : Der Stör lebt in den europäischen Meeren vom Nordkap bis zum Schwarzen Meer und wandert zur Laichzeit in die Süßgewässer ein.

L e b e n s w e i s e : Wie alle Störe ist auch diese Art ein typischer Bodenbewohner, der sich seine Nahrung mit Hilfe des ausstülpbaren Maules vom Boden holt. Die Nahrung besteht vor allem aus Würmern, Insektenlarven, Schnecken, aber die Tiere nehmen auch Fische, wenn sie ihrer habhaft werden. Heute gibt es in den mitteleuropäischen Flüssen kaum noch Störe, denn die Stauanlagen und die Gewässerverschmutzung sind große Hindernisse. In Schleswig-Holstein werden sie wieder langsam zahlreicher.

A n g e l : Grundangel, Bodenblei, Laufblei. – Schnur: 0,35–0,70, Vorfach. – Haken: Größe 1–4, Drillinge. – Köder: Würmer im Zopf, Fischstücke, große Muscheln.

F a n g z e i t : Juli–September. – Laichzeit: Juni–Juli.

In Deutschland sollten die Bestände geschont werden. Der Fang von Störfischen ist oft rein zufällig beim Grundangeln.

Dorsch, *Gadus morhua* (Kabeljau, Stockfisch, Klippfisch, Laberdan, Pomuchel)

Engl.: cod, holl.: kabeljau, franz.: cabillaud, port.: bacalao, schwed.:torsk, norw.: skrei, dän.:torsk.

Beschreibung: Alle Dorschfische besitzen drei Rückenflossen. Der Dorsch ist ein langgestreckter, im Vorderkörper kräftig gebauter und im Schwanzteil schlanker Fisch, der zu den wichtigsten Speisefischen aus dem Meer gehört. Sein Rücken ist graugrün bis graubraun gefärbt, die Seiten hellen auf, und der Bauch zeigt eine silberweiße Farbe. Über den ganzen Fisch sind dunklere, unregelmäßige Flecke verteilt, die dem Fisch ein marmoriertes Aussehen geben. Die Grundfarbe wechselt mit den Vorkommensgebieten. Rotdorsche stammen aus Algengebieten und sehen rötlich bis bräunlich aus. Grünlich gefärbte Tiere leben in Seegraswiesen und heißen Grasdorsche. Die grauen Exemplare nennt man Sanddorsche, weil sie aus sandigen Gebieten oder tieferen Wasserschichten stammen. Am Kinn besitzt der Dorsch einen Bartfaden. Zwei Afterflossen sind vorhanden. – Größe: bis zu 1,5 m und 40 kg Gewicht, in der Regel bis etwa 1 m und 15 kg Gewicht.

Vorkommen: Das Verbreitungsgebiet des Dorsches erstreckt sich im nördlichen Atlantik von Amerika bis Island und Spitzbergen. An der europäischen Westküste bis in die Biskaya. Ostsee.

Lebensweise: Der Dorsch ist das noch nicht geschlechtsreife Tier, wird es fortpflanzungsfähig, nennt man es Kabeljau. Der Schwarmfisch hält sich in allen Wasserschichten von etwa 5 m Tiefe bis 600 m auf, bleibt aber gern in der Nähe des Bodengrundes. Dennoch zieht er auch in freie Wasserschichten. Er ist ein Räuber, der sich meist von Heringen und ähnlichen Fischen ernährt.

Angel: Schwere Grundangel, Schleppangel, Pilkangel. – Schnur: 0,30–0,70, Vorfach. – Haken: Größe 1–4, Drillinge,

Pilker, Blinker. – Köder: Vor allem Fischfleisch, z. B. Hering, Makrele, Tobiasfische, aber auch Muscheln und Krebse, Pilker.

Fangzeit: Ganzjährig. – Laichzeit: Meist Frühjahr. – Mindestgröße: 30 cm. Ausgezeichneter Köderfisch für andere Raubfische.

Schellfisch, *Melanogrammus aeglefinus*

Engl.: haddock, holl.: schelvis, franz.: hadot, schwed.: kolja, dän.: kuller.

Beschreibung: Auch beim Schellfisch sind drei Rückenflossen und zwei Afterflossen vorhanden. Man erkennt das Tier aber sofort an der schwarzen Seitenlinie und dem schwarzen Schulterfleck, die immer sichtbar sind. Der Rücken ist graubraun bis grünlich schwarz gefärbt, die Seiten glänzen meist silbern und der Bauch weiß. Der Bartfaden am Unterkiefer ist sehr klein. – Größe: bis zu 1 m und 12 kg Gewicht, in der Regel etwa bis 60 cm.

Vorkommen: Nordatlantik an der Nordostküste Nordamerikas und an der Westküste Europas von Spitzbergen bis in die Biskaya. Westliche Ostsee.

Lebensweise: Der Schellfisch ist ein schwarmliebendes Tier, das sich meist dicht über dem Bodengrund aufhält. Dabei durchstreifen die Fische große Entfernungen, und sie ziehen im Verlaufe der Wintermonate zu bestimmten Laichplätzen. Ähnlich wie der Dorsch ernährt sich auch der Schellfisch vorwiegend von Fischen, geht aber auch gern an Würmer, Seesterne, Schnecken, Muscheln und an Fischlaich. Vorwiegend trifft man ihn in Tiefen von 10–200 m an.

Angel: Grundangel. – Schnur: 0,30–0,70, Vorfach. – Haken: Größe 1–5, Drillinge. – Köder: Fischstücke, z. B. Hering, Makrele, Dorsch, Muscheln, Wattwürmer, Krebse, Pilker.

Fangzeit: Ganzjährig, beste Zeit Frühsommer und Winter. – Laichzeit: März–Juni. – Mindestgröße: 27 cm.

Schlingen mit, die Schnur strafft sich, und man weiß: Er hat angebissen. Besonders verbreitet fand ich diese Methode in Norddeutschland beim Angeln auf Zander und Aale in tieferen Ausspülungen der Ufer, die oft eine Tiefe von mehr als zehn Metern hatten. Wir haben hier praktisch die älteste Methode der Angelei vor uns, die sich aber nur anwenden läßt, wenn das Wasser nicht von Pflanzen am Ufer verkrautet ist.

Von einer laufenden Grundangel spricht man, wenn man keine Pose verwendet und den beköderten Haken der Strömung überläßt. Das Wasser nimmt den Köder mit und treibt ihn langsam oder schneller stromab. Diese Methode wendet man gern bei Fischen an, deren Standorte man gut kennt, die aber scheu sind und wegen mangelhafter Deckung am Ufer zu leicht flüchtig werden und ihre Aufenthaltsorte verlassen. Dann stellt man sich in einiger Entfernung stromauf hin, und läßt die Schnur zum Köder treiben. Natürlich kann man das nur machen, wenn der Gewässerboden einigermaßen eben ist und nicht durch Wasserpflanzenpolster verkrautet. Größere Steine, zwischen denen das Wasser genug Platz zum Durchfließen hat, stören nicht. Schwieriger ist es mit sehr starkem Kieselgrund, wo sich das Laufblei, das zu dieser Angel gehört, ständig hinter und unter den Einzelsteinen verhakt und verklemmt.

Am besten arbeitet es sich mit der laufenden Grundangel in kleineren Bächen, das heißt in solchen, die nicht zu breit sind. Haben solche Gewässer dann noch einen durchweg kiesigen Grund ohne Widerstände, so ist dies ideal. Mit der Rute wirft man die Schnur etwa in dem Abstand vom Ufer, der sie an den Unterständen im Ufer oder innerhalb des Baches entlanglaufen läßt. Damit das nicht zu schnell geschieht, und der Fisch die Beute auch gut wahrnehmen kann, sollte man in flachen Bächen eine Beschwerung anbringen. Das Blei richtete sich nach den örtlichen Gegebenheiten. Bei flachen, kiesigen und nicht zu schnell strömenden Gewässern genügen schon kleinere Schrotkörner. Ist dagegen die Strömung ziemlich stark oder erweist sich das Wasser als zu tief für leichte Köder, dann wendet man schwerere Bleie an. Bleioliven, deren Öffnung der Schnur ungehindertes Spiel ermöglicht, rollen über den Bodengrund. Gutes Spiel der Schnur ist wichtig, damit wir den Anbiß merken. Da aber die Olive träger ist als die Schnur mit dem Köder – sie muß ja den Reibungswiderstand des Bodens überwinden – kann es vorkommen, daß auf größere Entfernung der Abstand zwischen Beschwerungsblei und Haken so groß wird, daß an eine sichere Handhabung nicht mehr zu denken ist. Deshalb sollte man immer einen Stopper an der Schnur anbringen, der entweder aus Gummi, Wolle oder bei der laufenden Grundangel auch aus einfachem Bleischrot besteht. Die Entfernung vom Köder sollte zwischen 30 und 50 cm liegen, kann aber dann etwas größer sein, wenn das Wasser durch seinen Strömungsverlauf von einem zum anderen Ufer stärker umschlägt. Dann flattert der Köder lebhafter und nicht so abgehackt wie bei sehr kurzer Beschwerungsentfernung.

Gern werden bei reinem Kiesgrund auch breite Laufbleie verwendet, die dem weichen Boden mehr Widerstand entgegensetzen und deshalb nicht zu schnell mitrollen oder gleiten. Hierfür dienen die verschiedenartigsten Ausführungen, darunter auch solche, bei denen zusätzliche kurze »Spinnenbeine« angebracht sind, die sich im Boden verhaken.

Als weitere Methode für die laufende Grundangel bieten sich Seitenbeschwerungen an, bei denen die Bleie nicht an der Angelschnur unmittelbar angebracht sind, sondern mit Hilfe von Schlaufen oder Ringen an einer Seitenschnur. Durch die Anbringung der Seitenschnur zieht sich die Schnur leicht hindurch und kann mit der Strömung treiben, während das Seitenblei den Haken in wechselnder Folge höher und tiefer im Wasser hält.

In Gewässern, deren Boden feinkörnig ist, kann man den Haken ohne weiteres an der Schnur befestigen. Für solche Gewässer, in denen größere Steine, Kiesel, abgesunkene Baumteile und so weiter im Bodengrund verankert sind, empfehle ich jedoch, ein Vorfach einzuschalten, und zwar eines, das dünner ist als die Hauptschnur. Es ist nämlich vorteilhaft, bei festsitzenden Hängern die Vorfächer durch starken Zug einfach abzureißen, ohne erst mit viel Bewegungen und Unruhen am Ufer Lösungsversuche zu unternehmen. Gerade in durchsichtigen Gewässern verscheuchen wir mit solchen Methoden leicht unsere Beute und müssen länger auf sie warten, als uns lieb ist. Vorfächer sind aber im Handumdrehen wieder an der Schnur befestigt.

Wollen wir das Blei möglichst an einer bestimmten Stelle auf dem Grund liegen lassen, dann verwendet man sogenannte Grundbleie. Ganz gleich, welcher Fischart wir dabei nachstellen – am bekanntesten ist diese Methode wohl beim Aal- und Barbenfang –, der Punkt, an dem die Fische stehen, läßt sich recht genau anwerfen, denn das schwere Blei erlaubt uns ziemlich treffsichere Würfe.

Steinbutt, *Psetta maxima*

Engl.: turbot, holl.: tarbot, franz.: turbot, span.: rodaballo, ital.: rombo chiodato, jugosl.: buturac, oblic, schwed.: piggvar, dän.: pighvarre.

Beschreibung : Am auffälligsten ist beim Steinbutt der scheibenförmige und fast runde Körper. Über die Oberfläche des Fisches sind große Knochenhöcker verteilt. Das Maul ist groß und reicht bis hinter die Augen. Fast immer ist der Fisch braungrau bis olivgrau gefärbt und erinnert an einen Stein. Durch seine runde und kräftige Gestalt ist er leicht von den anderen verwandten Fischen zu unterscheiden. Die Flossenfärbung ist braungrau, manchmal mit schmutzigroten Flecken. Der Fisch liegt mit der rechten Körperseite auf dem Boden. – Größe um 1 m und 12 kg Gewicht, durchschnittlich etwa 60 cm, in der Ostsee meist unter 50 cm.

Vorkommen : Das Verbreitungsgebiet des Steinbuttes erstreckt sich entlang der europäischen Küsten von Mittelnorwegen bis zum Schwarzen Meer. In der Ostsee zieht der Fisch bis Südfinnland.

Lebensweise : Der Steinbutt gehört zu den Einzelgängern, und man trifft ihn häufig über sandigem und kiesigem Grund an. Dabei schwimmt er gern im freien Wasser und geht auch in Brackwasserzonen. Jungfische ziehen das flachere Wasser vor, während sich die älteren bis in Tiefen von 70 m zurückziehen. Bemerkenswert ist, daß es offenbar sehr viel mehr Männchen als Weibchen gibt. Die Nahrung besteht vor allem aus Fischen, z. B. Grundeln, Sprotten, kleinen Heringen und Dorschen. Junge Tiere gehen auch an Garnelen und anderes.

Angel : Grundangel, Legangel. – Schnur: 0,30–0,50, Vorfach. – Haken: Größe 1–6. – Köder: Fische, Fischstücke, Sandaale, Krebse, Muscheln, manchmal auch Wattwürmer im Zopf.

Fangzeit : Ganzjährig am besten zwischen April–August. – Laichzeit: April–August, je nach Gebiet. – Mindestgröße: um 30 cm.

Heilbutt, *Hippoglossus hippoglossus* (Riesenscholle, Pferdezunge, Hilligbutt, Heiligbutt, Hellbutt)

Engl.: halibut, franz.: fletan, holl.: heilbot, port.: alabote, span.: hipogloso, schwed.: hälleflundra, norw.: kveiter, dän.: helleflynder.

Beschreibung : Man erkennt den Heilbutt sofort an seiner langgestreckten Gestalt und an seinem verhältnismäßig langen und schlanken Schwanzstiel. Das Tier liegt auf der linken Körperseite. Das Maul reicht bis hinter die Augen und ist mit scharfen und spitzen Zähnen besetzt. Fast immer zeigt sich der Heilbutt in einem dunkelbraunen bis leicht rötlichbraunen Kleid, auf dem vereinzelt hellere Fleckchen liegen können. Die Flossenfärbung gleicht der Körperfarbe. Im Unterschied zu den anderen Plattfischen ist die Schwanzflosse leicht eingebuchtet. – Größe: bis 4 m Länge und 300 kg Gewicht, meist nur bis höchstens 2 m.

Vorkommen : Der Heilbutt bewohnt das nordöstliche Gebiet vor Nordamerika bis zum östlichen Atlantik. In der südlichen Nordsee und in der Ostsee fehlt er. An der französischen Küste geht er bis zur Biskaya.

Lebensweise : Unser Heilbutt gehört zu den Raubfischen, der nicht selten umfangreiche Wanderungen innerhalb seines Vorkommensgebietes unternimmt. Normalerweise hält er sich in größeren Tiefen (bis zu 200 m) auf, aber während der Sommermonate zieht er auch ins flache Wasser. Seine Nahrung besteht vor allem aus Fischen, wie z. B. Dorsch, Schellfisch, Heringe, Sandaale, aber auch aus Tintenfischen und Krebsen.

Angel : Grundangel, Legangel. – Schnur: 0,35–0,70. – Haken: Größe 1–5, Drillinge. – Köder: Fische, Muscheln, Tintenfischstücke, Krebse.

Fangzeit : Ganzjährig. – Laichzeit: Dezember–April. – Mindestgröße: um 50 cm. – Achtung: Es gibt internationale Schonbezirke!

Meeräsche, *Mugil chelo*

Engl.: thick-lipped grey mullet, holl.: harder, franz.: muge à grosse levre, span.: albore, ital.: muggine chelone, jugosl.: skocac putnik, schwed.: tjockläppad multe, dän.: multe.

B e s c h r e i b u n g : Auf die Meeräschen, für die hier nur die Art *Mugil chelo* aufgeführt ist, trifft allgemein zu, daß sie zwei Rückenflossen besitzen, von denen die erste und kurze etwa in der Körpermitte steht, während die zweite gegenüber der Afterflosse vor Beginn des Schwanzstieles eingelenkt ist. Die Färbung der langgestreckten, seitlich nicht sehr stark abgeflachten Fische ist auf dem Rücken normalerweise ein schwärzliches Grüngrau bis Bleigrau. Auf den Körperseiten hellen die Farben etwas auf, und der Bauch ist weiß bis silbern. Mitunter findet man auf den Tieren auch gelbliche bis goldfarbene Töne. Im Mittelmeer kommt die braungoldene Goldmeeräsche vor. Die Flossen sind rauchgrau bis schwärzlich gefärbt. – Größe: bis 60 cm und 4,5 kg Gewicht.

V o r k o m m e n : Vom Schwarzen Meer entlang der Mittelmeerküsten bis nach England und Norddeutschland. Seltener bis nach Skandinavien.

L e b e n s w e i s e : Die Meeräschen gehören zu den Kleintierfressern, die sich ihre Nahrung aus dem Wasser mit Hilfe dichter Kiemenfilter heraussieben. Daneben fressen sie aber auch pflanzliches Material. Man trifft Meeräschen nur selten außerhalb eines Schwarmes an. Sie wandern gern ziemlich weit nach Norden.

A n g e l : Grundangel, mit Floß, flach einstellen. – Schnur: 0,20 bis 0,30. – Haken: Größe 10–14. – Köder: Muschelfleischstücke, Schnecken, Garnelenschwänze, Pflanzen, Insekten.

F a n g z e i t : Ganzjährig. – Laichzeit: Frühjahr bis Frühsommer. – Am besten fängt man die Tiere mit Netzen. Die Meeräsche ist ein schmackhafter Speisefisch. Gut geeignet als Köderfische. Oft trifft man die Tiere auch in Flußmündungen und im reinen Süßwasser an.

Roter Knurrhahn, *Trigla lucerna* (Petermann)

Engl.: sapphirine gurnard, holl.: rode poon, franz.: grondin perlon, span.: lucerna, ital.: cappone gallinella, jugosl.: lastavica velika, schwed.: fenknot, dän.: röd knurhane.

B e s c h r e i b u n g : Zu den auffälligsten Vertretern der Meeresfische gehören die Knurrhähne. Abgesehen von ihrem großen Kopf mit dem gewaltigen Maul und dem sich nach hinten verjüngenden Körper, sind es besonders die Brustflossen mit ihrer eigenartigen Gestalt, die immer auffallen. Die untersten 3 Strahlen sind nämlich frei beweglich und dienen dem Tier zum Laufen und Schmecken, die oberen sind fast flügelartig. Zwei Rückenflossen sind vorhanden, von denen die vordere kurz, die hintere lang ist. Beim Roten Knurrhahn ist der Körper auf dem Rücken braunrot bis gelblichrot gefärbt, die Seiten sehen heller rot aus. Der Bauch ist weiß. – Größe: bis 75 cm, meist um 40 cm.

V o r k o m m e n : Das Verbreitungsgebiet erstreckt sich vom mittleren Norwegen entlang der europäischen Westküsten bis ins Schwarze Meer. Der Fisch fehlt in der mittleren und östlichen Ostsee und in der nördlichen Adria.

L e b e n s w e i s e : Der deutsche Name Knurrhahn stammt daher, daß die Fische mit Hilfe ihrer Schwimmblase und bestimmter Muskeln knurrende, aber deutlich hörbare Geräusche hervorrufen können. Normalerweise halten sich die Tiere auf dem Bodengrund auf. Sie schwimmen nicht besonders gut, sondern ihre Bewegungen sehen ruckartig aus mit gleitendem Schweben. Manchmal springen sie auch. Die Nahrung besteht aus Fischen und Bodenbewohnern.

A n g e l : Grundangel, mit langer Schnur. – Schnur: 0,35–0,80. Vorfach, möglichst Metall. – Haken: 1–3, Drillinge. – Köder: Fische, Fischstücke, Muscheln, Krebse, manchmal auch im Flachwasser Wattwürmer im Zopf.

F a n g z e i t : Ganzjährig, am besten April–August. – Laichzeit: April–Juli.

Diese Methode eignet sich auch vorzüglich in Gewässern, in denen Pflanzenpolster über den Boden verteilt sind. Ebenfalls wendet man sie in größeren Flüssen an, in denen das Wasser trübe ist oder in denen man weit vom Ufer in die Strommitte gelangen möchte. Aber auch hier empfiehlt es sich, sowohl die Bleidurchbohrung für das freie Spiel der Schnur zu beachten als auch einen Stopper anzubringen, damit nicht zuviel Schnur vor dem Blei liegt.

Hebt man mit einer kurzen Rute solche schweren Grundbleie über ein Wasserpflanzenfeld, das sich am Ufer entlang erstreckt, dann hat man beim Einholen der Schnur häufig viel Mühe; das große Blei verfitzt sich im Kraut und bietet zu viel Widerstand. Manchmal reißt dann auch die Schnur, und die Beute verschwindet mitsamt Haken auf Nimmerwiedersehen. In solchen Gewässern empfiehlt sich eine lange Rute, ganz gleich, ob Teleskop oder Bambus, mit der man den Haken über die Wasserpflanzen hinwegheben kann!

Es gibt noch viele Möglichkeiten, das Blei an der Schnur zu befestigen oder die Bleiform zu wählen, doch wird sich jeder Angler im Laufe seiner Praxis zu bestimmten Methoden bekennen und auf sie schwören. Dennoch sollte man dabei bedenken, daß unter Umständen für einen anderen Gewässertyp andere, bisher nicht beachtete Möglichkeiten eine Rolle spielen. Die wachsende Erfahrung wird hier dem Angler zur Seite stehen.

Die Paternosterangel

Genaugenommen gehört die Paternosterangel zu den Grundangeln, denn ihr Aufbau gleicht diesen, wenn sie auch in der endgültigen Zusammensetzung vom normalen und gewohnten Bild abweicht. Man setzt die Paternosterangel vor allem mit großem Vorteil da ein, wo sich der Gewässerboden für ein normales Abangeln nicht richtig eignet. Ist eine verhältnismäßig dicke Schlammoder Krautschicht kurzer Wasserpflanzen am Boden, dann sinken mit der normalen Bodenangel Köder und Haken zu leicht ein und bieten keinen ausreichenden Anreiz für die Fische. Außerdem verwendet man diese Angelform auch bei sehr tiefem Wasser, wo man den hier lebenden Fischen nur nachstellen kann, wenn man Köder in den verschiedensten Wassertiefen anbietet.

Das Prinzip ist sehr einfach. Man nimmt eine normale Schnur

und befestigt in gewissen Abständen Seitenschnüre, an denen der Haken mit dem Köder sitzt. Am unteren Ende der Hauptschnur ist das Bodenblei angebracht. Damit ist eigentlich alles gesagt; wer aber zum erstenmal mit einer solchen Paternosterangel ans Gewässer zieht, wird bald merken, mit welcher Tücke sie ausgestattet ist. Verfitzungen sind an der Tagesordnung, solange man sich noch nicht mit ihr vertraut gemacht hat.

Je nach den örtlichen Umständen bringt man den ersten Seitenhaken in einem Abstand von ungefähr 20 bis 50 cm an. Ausschlaggebend ist der Bodengrund. Ist er sehr weich, dann sinkt das Blei stärker ein. Geht man auf bodenbewohnende Fische aus, dann sollte natürlich der Köder möglichst dicht über dem Grund bleiben. Will man in Bodennähe lebende Arten fangen, dann kann der Seitenhaken etwas über dem Grund angebracht sein.

Die Befestigung der Seitenhaken kann einfach dadurch geschehen, daß man sie mit einer festsitzenden Schlaufe um die Hauptschnur wickelt. Das hat aber einen nicht zu übersehenden Nachteil. Geht uns nämlich ein Fisch an den Haken, dann kann er beim Einholen sich mitsamt dem Seitenhaken um die Hauptschnur wickeln. Besser ist es deshalb, wenn man zum Einhängen

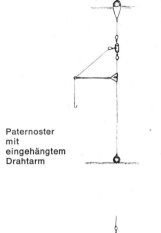

Paternoster
mit
eingehängtem
Drahtarm

einfaches
Paternoster

Umlauf

festliegendes Paternoster

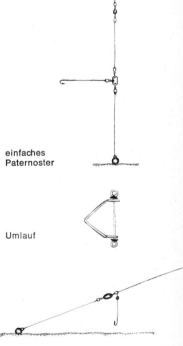

der Seitenschnur in die Hauptschnur Wirbel verwendet, so daß die Hauptschnur durch die Wirbel unterbrochen ist. In diesen Wirbel hängt man dann mit Hilfe eines Karabinerwirbels die Seitenschnur ein. So kann sie sich drehen und um den Hauptstrang bewegen.

Ein weiterer Nachteil bleibt aber trotz alledem noch bestehen. Auch jetzt noch kann sich der Fisch mit der Schnur verheddern. Man vermeidet dies, indem man oberhalb oder unterhalb der Seitenschnur ebenfalls mit Hilfe eines Wirbels ein Stück Stahldraht anbringt, das gewissermaßen als Träger für die Seitenschnur dient und sie von der Hauptschnur weghält. In den Fachgeschäften werden geeignete Drähte angeboten, man kann sie sich aber auch leicht aus dunklem Draht selbst herstellen.

Noch besser ist es, das eine Ende eines Drahtwinkels in der Hauptschnur zu befestigen, und zwar oberhalb des Hakens und in einigem Abstand davon; der kürzere Schenkel besitzt am Ende eine Öse, durch die die Schnur verläuft. Im Drahtwinkel bringt man dann mit einem Stück Schnur den Senker, das heißt das Blei an. Auf diese Weise verwendet man bei einer einfachen Paternosterangel keine Seitenschnur, sondern nur die Hauptschnur. Befischt man ein größeres Gewässer mit beträchtlichen Tiefen, so kann man die Paternosterangel auch erweitern, indem man zwei, drei oder gar mehr Seitenschnüre anbringt. Allerdings sollte man immer bedenken, daß ein solches Gerät nicht mehr mit einem Wurf aus dem Handgelenk zu bewältigen ist. Am besten angelt man dann vom Boot aus. Mehrstufige Paternosterangeln werden auch im Bodensee auf Maränen oder Blaufelchen eingesetzt.

Für die Bedienung einer Paternosterangel sind eigentlich nur zwei Dinge wichtig, die aber ziemlich genau beachtet werden müssen. Baut man sich eine mehrstufige Paternoster zusammen, in der die Seitenschnüre nicht durch Stahldraht abgestützt sind, so muß man auf jeden Fall darauf achten, daß die Entfernung zwischen den einzelnen Seitenzweigen groß genug ist, damit sie beim Herausziehen, aber auch im Wasser nicht miteinander in Berührung kommen. Weiter ist zu bedenken, daß man vom Ufer eines Gewässers aus die Paternosterangel nur dann mit einigem Erfolg einsetzen kann, wenn man die Angel nicht zu weit wirft, denn je weiter hinaus man gelangt, desto schräger wird der Winkel zwischen Bodenblei und Rutenspitze. Ist aber der Winkel zu spitz, dann berührt man mit dem Seitenwinkel den Boden, und die Wirkung, die wir uns versprochen haben, ist dahin.

Es empfiehlt sich auch hier wieder eine lange Rute, die vor allem dann einen gewaltigen Vorteil bietet, wenn man vom Ufer aus einige Entfernung überbrücken will. Alles andere Zubehör wählt man den Verhältnissen entsprechend, also Schwimmer, Schnurstärke, Hakengröße. Man kann jedoch auch auf eine Pose verzichten, wenn man die Angel mit der Hand bedient oder aber an einer bestimmten Stelle festlegt und dann nur von Zeit zu Zeit kontrolliert.

Paternosterangeln lassen sich vielfach verändern und zusammenstellen, so daß man praktisch für alle Bereiche zu geeignetem Fanggerät kommt.

Heben und Senken

Der Anfänger wird sich von dieser Angelmethode mit einem künstlichen Köder, wie wir ihn im Kosak oder Jucker haben, also dem in der Meeresangelei üblichen Pilker ähnlichen, zunächst kaum etwas versprechen. Man kann sich anfangs tatsächlich kaum vorstellen, daß ein solcher Metallköder nur durch ruckartiges Heben und Wiedersinkenlassen Fische an den Haken bringt. Und doch ist diese Methode gut geeignet, wenn auch weniger verbreitet, denn für den Uferangler eignet sie sich nicht so gut wie für den Kahnbesitzer am See. Dennoch ist Heben und Senken praktisch überall da möglich, wo das Wasser tief genug ist und größeren Fischen genügend Lebensraum bietet.

Das Prinzip ist recht einfach. Man bindet am Schnurende den Jucker an oder hängt ihn besser mit Karabiner und Wirbel ein, und schon ist die Angel fertig. Als Rute verwende man je nach Gewässer kräftiges Material. In Seen, in denen man die Umgebung des Bootes abfischen möchte, genügen schon kürzere Ruten, dagegen sollte man bei der Arbeit vom Ufer aus doch mindestens eine 3 m lange benutzen. Früher verwendete man in einigen Gegenden vorzugsweise die Nottingham-Rolle, aber auch hier hat die Stationärrolle ihren Siegeszug fortgesetzt.

Man wirft nun den Köder dorthin, wo man sich einen Biß erhofft, und dann beginnt die eigentliche Angelei. Immer wieder ziehen wir ein Stück Schnur an und heben gleichzeitig langsam mit der Rute den Köder an. Dann läßt man den Jucker wieder sinken und beginnt das Spiel von neuem. Durch die ruckartigen Bewegungen sieht der Köder wie ein kranker Fisch aus, der an

Schwimmblasenstörungen leidet und ein sogenannter Bauchrutscher ist, der sich immer wieder auf den Bodengrund sinken lassen muß. Da die gängigen Köder ziemlich eckig geformt sind und aus glänzendem Material bestehen, blitzen sie bei einigermaßen ausreichendem Licht deutlich auf und machen manchen Räuber auf sich aufmerksam. Mit der Zeit kommt das Schnurende immer näher heran, dann nimmt man den Köder heraus und wirft erneut aus.

Diese Angelmethode läßt sich sehr gut anwenden, wenn man ziemlich stark mit Wasserpflanzen bestandene Gewässer abfischen will. Man geht dann einmal am Ufer entlang, schaut sich die Schneisen in den Pflanzenbeständen an und zielt dann genau dazwischen. Auch die Steilufer mancher ausgewaschener Flußschleifen, in denen sich viele Unterstände finden, sind für diese Methode geeignet. Nicht nur Hechte oder Quappen, sondern auch Barsche halten sich hier auf.

Aus Osteuropa kommend hat sich bei uns in den letzten Jahren auch eine andere Methode eingebürgert, bei der nicht die raubenden Arten das bevorzugte Ziel sind, sondern Schwarmfische, die hin und wieder auch kleine Fische annehmen. Diese Methode ist das Angeln mit einer Bleiperle, der sogenannten Mormyschka. Selbst unsere westlichen Nachbarn angeln schon seit langer Zeit mit Metallperlen als Lockmittel. Auch hier ist die Methode die gleiche wie bei der bereits geschilderten, allerdings sollte man nicht mit großen Hebern arbeiten, sondern mit kleineren, mehr zitternden. Das ergibt sich übrigens ganz von selbst, wenn man beim Eisangeln diese Methode anwendet. Dann hat man aber entweder gar keinen Stock oder nur einen sehr kurzen.

Vorzugsweise im Alpengebiet wendet man die sogenannte Hegene an, die im Grunde genommen eine Paternosterangel ist, aber für das Heben und Senken abgewandelt. Das lange Vorfach wird dazu seitlich mit mehreren kurzen Seitenschnüren versehen, die nicht länger als 5 bis 8 cm sein sollten, damit sie sich nicht gegenseitig behindern und verfitzen. Als untersten Teil bringt man entweder ein Blei an, oder man kann einen Jucker nehmen. Es läßt sich aber auch hier ein Haken befestigen, der unterhalb des Bleies sitzt. Hegenen eignen sich sehr gut zum Fang von im Schwarm lebenden Fischen, wie zum Beispiel Barschen oder Felchen.

Die Beköderung dieser Hegene kann auf unterschiedlichste Weise erfolgen. Meist verwendet man keine Naturköder, sondern künstliche, von Perlen und Kunstinsekten über Stanniolpapier (!) bis zu den sogenannten Gummi-Nuggis. Zu den beliebtesten Kunstködern gehören die Gummischläuche, die man sich selbst zurechtschneidet. Das von der Schnur wegweisende Ende schneidet man schräg, und zwar so lang wie möglich, und schlitzt es etwa bis zum Beginn der schräg verlaufenden Fläche ein. Der Schlauch wird nun so weit über den Haken geschoben, bis das Hakenende wieder frei aus dem Schlauch hervorsieht, das freie Schlauchende aber immer noch leicht zur Hakenspitze gebogen bleibt. Wie wir wissen, reagieren die Fische nicht zu allen Zeiten und in allen Gewässern auf die gleichen Farben. Deshalb sind verschiedene Schlauchfarben stets ein Vorteil. Gummiwarengeschäfte bieten ein vielseitiges Sortiment an. Im übrigen kann man das Vorfach ohne Schwierigkeiten fertig montiert mitführen, man braucht nur nach dem Angeltag die Schlauchenden über die Hakenspitze zurückzuziehen, dann stechen diese nicht mehr in die übrigen Utensilien.

Wenn Sie mit Hegene angeln wollen, dann versuchen Sie es am besten in Gebieten, in denen sie in Gebrauch ist, denn hier können Sie die Angelmethode am besten lernen.

Die Spinnangel

Unter der Spinnangelei versteht man eine Methode, bei der der Köder so weit wie möglich ausgeworfen und dann unter ständigem Aufrollen der Schnur eingeholt wird. Das bedeutet: Der Köder ist in ständiger Bewegung. Obwohl man zu dieser Angelart auch natürliche Köder verwenden kann, nimmt man doch fast immer künstliche, die man in unglaublicher Auswahl in den Fachgeschäften angeboten bekommt. Diese Köder taumeln unter den einholenden Bewegungen des Anglers hin und her, steigen und fallen, drehen und wenden sich. Für einen Fisch, der eine solche Bewegung sieht, benimmt sich der Köder völlig abnorm, er spinnt. Daher stammt wohl auch der Name. Spinnende Fische sind aber immer in irgendeiner Weise krank, verletzt oder sonst nicht in Ordnung. Sie sind es, die in der Regel der Gesundheitspolizei unserer Gewässer, den Raubfischen, zum Opfer fallen. Mit den Spinnern, Wobblern und so weiter ahmen wir diese kranken Fische nach.

Wenn man zum erstenmal mit dem Gewicht des Spinners am

Seebarsch, *Roccus labrax* (Wolfsbarsch)

Engl.: common bass, holl.: zeebaars, franz.: bar, loup, span.: lubina, ital.: branzino, spigola, pesce lupo, jugosl.: smudat, brancin, lubin, schwed.: havsabborre, dän.: bars.

Beschreibung: In der Körperform erinnert der Seebarsch an einen kräftig gebauten Zander. Er gehört in die Familie der Zackenbarsche. Die vordere Rückenflosse ist kurz, aber sehr kräftig bestachelt, die hintere hat weiche Strahlen. Die Schwanzflosse ist eingebuchtet. Auf dem Rücken sieht der Fisch graugrün bis braunschwarz aus, die Seiten werden bräunlichgrau mit einem oft grünlichen oder bläulichen Schimmer, und der Bauch ist weiß gefärbt. Alle Flossen zeigen einen olivgrauen bis schwarzen Farbton. Auffällig ist der lange Schwanzstiel. Das Maul besitzt kleine scharfe und spitze Zähne. Auf dem hinteren Winkel des Kiemendeckels befindet sich ein unregelmäßig geformter schwarzer Fleck. – Größe: bis 1 m und 12 kg Gewicht, in der Regel bis 80 cm und etwa 6 kg Gewicht.

Vorkommen: Verbreitet ist der Seebarsch vom südlichen Norwegen entlang der europäischen Westküsten durch das gesamte Mittelmeer bis ins Schwarze Meer. In der westlichen Ostsee kommt er gelegentlich vor. Küstenfisch.

Lebensweise: Seebarsche sind Raubfische, die sich gern in kleinen Schwärmen vereinigen und bevorzugt die felsigen Küsten mit Versteckmöglichkeiten besiedeln. Aber sie gehen auch ins Brackwasser und ziehen in Flußmündungen. Oft findet man sie in Hafenanlagen. Während der warmen Jahreszeit hält sich der Seebarsch in flacheren Wasserschichten, während des Winters zieht er sich in tiefere Wasser zurück. Seine Hauptnahrung besteht aus Sardinen und anderen heringsartigen Schwarmfischen. Er kann seine Beute oft regelrecht jagen.

Angel: Grundangel, Spinnangel, Floß. – Schnur: 0,35–1, Vorfach, möglichst Metall. – Haken: Größe 0–3, Doppelhaken, Drillinge. – Köder: Fische, auch Fischstücke, Spinner, künstliche Fliegen, Krebse, Tintenfisch, Kunstköder.

Fangzeit: April–August, in manchen Gebieten auch ganzjährig gute Erfolge. – Laichzeit: Mai–August.

Ährenfisch, *Atherina*-Arten

Engl.: sandsmelt, silverside, holl.: korenaarvis, franz.: cabasson, souclet, span.: cabasuda, xuclet, agnella, ital.: latterino sardaro, laterina comune, laterina capoccione, jugosl.: zelenis siljan, zelenis batelj, russ.: aterinka,

Beschreibung: Die Ährenfische sind mit einer Ausnahme unscheinbar gefärbte Tiere, deren Hauptton aus einem schmutzigen Grau besteht. Die Seiten hellen auf, und der Bauch ist silbern. Oft zeigen sie entlang der Körpermitte einen glänzenden Streifen. Sie besitzen zwei Rückenflossen, von denen die vordere kleiner ist. – Größe: 12 bis 15 cm.

Vorkommen: Von den Britischen Inseln entlang der europäischen Westküsten durch das gesamte Mittelmeer bis ins westliche Schwarze Meer.

Lebensweise: Ährenfische sind Schwarmbewohner, die sich gern entlang der Küsten aufhalten, oft aber auch in die Flußmündungsgebiete einwandern. Manchmal besiedeln sie auch Lagunen oder Süßwasserseen. Gern halten sie sich über klarem, sandigem Bodengrund auf. Man trifft sie meist dicht unter der Wasseroberfläche an. In der kalten Jahreszeit ziehen sie sich in tiefere Wasserschichten zurück. Die Ährenfische ernähren sich in der Hauptsache von kleinen Krebstieren, gehen aber auch an Anflugnahrung.

Angel: Leichte Grundangel mit Floß, Flugangel. – Schnur: 0,10–0,20, schwimmende Schnüre. – Haken: Größe 14–16. – Köder: Garnelenschwänze, Blutwurm, Fliegen.

Fangzeit: Ganzjährig. – Laichzeit: April–Juli. – Man fängt Ährenfische normalerweise nicht mit der Angel, sondern mit Netzen und Senken. Sie sind gute Köderfische.

Goldbrasse, *Sparus auratus*

Engl.: gilthead, franz.: dorade, span.: dorada, ital.: orada, jugosl.: konsarca, lovrata.

B e s c h r e i b u n g : Die Brassen haben einen charakteristischen Körperbau, bei dem die größte Körperhöhe zu Beginn der Rückenflosse liegt. Der Kopf steigt vom Maul bis zur Rükkenflosse in einem gleichmäßigen Bogen an. Die Rückenflosse ist lang, die Afterflosse höchstens halb so lang. Der Schwanzstiel ist schlank gebaut. Bei der Goldbrasse weist das Maul zwar nach vorn, aber es liegt am Unterteil des Kopfes. Zwischen den Augen besitzt das Tier eine goldfarbene bis silbern glänzende Binde. Der Rücken ist hellgrau bis schmutzig blaugrau gefärbt, die Seiten hellen auf und sind mit goldgelblichen und braungrauen Längsstreifen geziert. Am hinteren oberen Rand des Kiemendeckels liegt ein braunschwarzer bis grauschwarzer Fleck. — Größe: bis 60 cm.

V o r k o m m e n : Die Goldbrasse findet man von den Britischen Inseln entlang den europäischen Westküsten durch das gesamte Mittelmeer. Küstenfische.

L e b e n s w e i s e : Fast immer findet man die Goldbrasse in Schwärmen, solange die Tiere jung sind. Erst die großen Exemplare werden zu Einzelgängern, die Versteckmöglichkeiten lieben. Innerhalb des Verbreitungsgebietes besiedelt die Goldbrasse sowohl felsige Regionen als auch Seegraswiesen. Die Nahrung besteht in der Hauptsache aus Muscheln, Schnecken, Seepocken, Würmern und Krebsen. Daneben gehen die Tiere zeitweilig auch an Pflanzenkost. Goldbrassen sind häufige Küstenfische, die von der eingeborenen Bevölkerung viel gefangen werden.

A n g e l : Grundangel, mit Floß. — Schnur: 0,20—0,35, Vorfach, für große Tiere möglichst Metall. — Haken: Größe 5—10. — Köder: Regenwürmer, Muscheln, Krebse, Garnelen, manchmal auch kleine Spinner und Löffel.

F a n g z e i t : Ganzjährig. — Laichzeit: Oktober—Dezember.

Geißbrasse, *Diplodus sargus*

Engl.: base, franz.: sargue de rondelet, span.: sargo, ital.: sarago, sargo, jugosl.: sarag.

B e s c h r e i b u n g : Die Geißbrasse zeigt den typischen Körperbau ihrer Familie mit gewölbter Stirnpartie und schmalem Schwanzstiel. In der Färbung ist sie unauffälliger als die Goldbrasse, denn der Grundton des Körpers besteht aus einem bräunlichen Ton, der ziemlich hell sein kann. Vom Rücken her ziehen sich einige dunkle bis kräftig schwarze Querbänder unterschiedlicher Breite bis über die Körpermitte. Auf dem Schwanzstiel liegt ein immer sichtbarer dunkler bis tiefschwarzer Fleck, dessen Form rund ist und der nicht viel über die Schwanzstielmitte hinausgeht. Andere, ähnlich aussehende Brassen haben größere Flecke. Die Flossen besitzen schwärzliche Säume. — Größe: bis etwa 50 cm, in der Regel fängt man die Tiere in Größen um 25 cm.

V o r k o m m e n : Die Geißbrasse findet man im ganzen Mittelmeerraum, an der Küste Portugals. Sonst östliche atlantische Küsten bis Angola.

L e b e n s w e i s e : Schwarmfisch wie seine Verwandten. Oft findet man die Tiere auch in Brackwasser und in Flußmündungen. Hafenbecken besiedeln sie ebenfalls. Am liebsten suchen sie felsige Regionen der Küste auf. Ihre Nahrung besteht in der Hauptsache aus kleinen Krebstieren, Schnecken und Muscheln, aber sie gehen auch an ins Meer geschwemmte Nahrungsstoffe tierischer Herkunft.

A n g e l : Grundangel mit Floß, Spinnrute. — Schnur: 0,20—0,35, Vorfach, für größere Exemplare möglichst Metall. — Haken: Größe 5—10. — Köder: Fischstücke, Muscheln, Regenwürmer, Meereswürmer, Garnelen.

F a n g z e i t : Ganzjährig. — Laichzeit: April—Juli. — Brassen gehören zu den Brotfischen des Mittelmeeres und sind in oft gewaltigen Stückzahlen zu erbeuten. In den Mittagsstunden kaum Fang.

Ende die Angel auswirft, wird man von der Weite angetan sein, die sich erreichen läßt. Aber das ist zunächst gar nicht so wichtig; viel wichtiger ist es, wirklich zu wissen, wie das Gewässer beschaffen ist. Beherbergt es nur Friedfische, dann ist alle Mühe umsonst; ist es verkrautet, dann haben wir zwar viele Wasserpflanzen am Haken, aber die Fische sehen durch diese Tarnung unseren Blinker nicht mehr. Deshalb ist es notwendig, daß wir das zu beangelnde Gewässer kennenlernen und dabei möglichst die Standplätze der Hechte oder anderer Raubfische erkennen. Dann können wir den Spinner am Aufenthaltsort immer wieder vorbeiführen. Das hört sich vielleicht entmutigend an, ist aber einfacher, als man glaubt.

Für den Aufbau des Angelgerätes ist es wichtig, daß wir uns eine Tatsache zunächst einmal vor Augen führen, dann werden wir den Sinn der Spinnangel in allen abgewandelten Situationen verstehen. Der Köder, ganz gleich welcher Art, soll in ungewöhnlichen Bewegungen durchs Wasser ziehen. Das wird dadurch erreicht, daß die Spinner leicht oder auch stark gebogen sind und so von sich aus schon taumelnde oder drehende Bewegungen vollführen. Am Köder angebrachte, schräg eingesetzte Flügel können den gleichen Effekt hervorrufen. Mit diesen Bewegungen wirken sie aber auf unsere Schnur ein, das heißt, sie wird durch die Eigenbewegungen des Blinkers verdreht und verliert mit der Zeit an Haltbarkeit. Deshalb ist das Einknüpfen eines Wirbels außerordentlich wichtig, wenn die Köder nicht von sich aus schon einen Wirbel besitzen. Nun kann sich der Blinker um seine eigene Achse drehen, kann taumeln und alle möglichen anderen ungeschickten Bewegungen ausführen, ohne daß die Schnur strapaziert wird. In der Regel bringt man den Köder direkt an der Schnur an, für die Jagd auf Hechte oder auch auf Seebarsche sollte man sich aber ein Metallvorfach wählen, denn die scharfen Zähne der Fische reiben mitunter eine Schnur durch, wenn sie den Blinker nicht richtig gefaßt haben.

Ein weiterer wichtiger Punkt für die Spinnangelei ist das Tempo, in dem man den Köder dem Räuber vorsetzt. Wer einmal kranke Fische beobachten konnte, lernt eigentlich am meisten davon. Sie benehmen sich tatsächlich völlig »unmöglich«. Neben langsamen, trudelnden und taumelnden Bewegungen kommen plötzliche, geradezu schießende Fluchten vor; dann lassen sie sich absinken oder jagen zur Wasseroberfläche. Alles in allem schwimmt ein kranker Fisch aber relativ langsam, am Raumgewinn gemessen.

Genau das müssen wir beim Führen des Spinnköders auch beachten. Es hat kaum einen Zweck, mit großem Tempo oder mit großer Übersetzung die Schnur einzuholen, so daß die scheinbare Beute zu schnell wieder aus dem Blickfeld des Gejagten verschwindet. Andererseits soll es auch nicht so langsam geschehen, daß sich der Fisch gemütlich mit dem Köder zu schaffen machen kann und dann feststellt, auf was er da hereinfallen soll. Man darf in diesem Fall die Lernfähigkeit der Fische nicht unterschätzen!

Dazu kommt noch das Gewässer selbst. Im fließenden Wasser reagiert der Spinner anders als im stillstehenden. Man muß die Rute anders halten, den Köder anders führen! Man muß Wasserfarbe, Tiefe usw. beachten. Kurz: Man muß so beweglich und anpassungsfähig wie nur irgend möglich bleiben.

Diese Beweglichkeit schafft man mit modernem Gerät. Die langen Grundruten eignen sich wenig, sie bleiben eben zu unhandlich. Hier sind die kurzen handlichen Spinnruten das Richtige. Heute gibt es kaum noch gesplißte Ruten, eher verstärkt sich die Tendenz zur Hohlglasrute. Aber auch die kräftigen Vollglasruten haben ihren ständigen Platz, zumal sie ziemlich universell eingesetzt werden können. Für die Grundangel habe ich schon auf sie hingewiesen, ihre eigentliche Bedeutung aber haben sie beim Spinnangeln.

Dazu kommt die Rolle. Man kann zwar alle Arten einsetzen, und häufig hängt die Verwendung einer bestimmten Rolle von der Art des Angelns ab, immer breiteren Raum nimmt jedoch die Stationärrolle ein, und das zu Recht. Mit ihr kann man gefühlvoll arbeiten, wenn man an sie gewöhnt ist. Eine Frage aber muß man sich gleich zu Anfang stellen: Welche Rolle ist richtig? Nehmen Sie die beste Rolle, die Sie sich leisten können, und fallen Sie nicht auf billige Importware herein. Es ist sehr wichtig, daß die Schnur gleichmäßig und sauber aufgewickelt wird, daß keine Schlaufen und Fitzungen auftreten, daß sich der Bügel bei schwerem Anhieb nicht gleich verbiegt oder gar hochspringt. Ob Sie eine Kapselrolle oder eine normale Stationärrolle nehmen, bleibt dem Geschmack überlassen, aber wenn Sie billig wählen wollen, dann eben eine Nottingham!

Selbstverständlich muß die Schnur der Rolle angepaßt sein. Eine leichte Rolle kann schwere Schnur nicht halten, dagegen können Sie auch mit einer schwereren Rolle leichte Schnur auswerfen und sauber zurückwinden. Als Schnur verwendet man heute die ver-

Makrele, *Scomber scombrus*

Engl.: common mackerel, holl.: makreel, franz.: maquereau, span.: caballa, ital.: scombro, lacerto, maccarello, jugosl.: skusa, schwed.: makrill, dän.: makrel.

Beschreibung: Der Körper der Makrele ist torpedoförmig langgestreckt und seitlich nur wenig abgeflacht. Man sieht dem Fisch förmlich seine große Schwimmleistung an. Zwei Rückenflossen sind vorhanden, von denen die hintere in 5 kleine Flößchen hinter der Hauptflosse aufgelöst ist. So sieht auch die Afterflosse aus. Der Schwanzstiel reicht weit in die tief gegabelte Schwanzflosse hinein. Die Brustflossen sind hoch am Körper eingelenkt. Auffällig ist der kräftige Kopf mit der großen Maulspalte. Auf dem Rücken findet man meist eine dunkelblaue bis stahlblaue Färbung, die nach den Seiten zu einem grünlichen Ton Platz macht. Der Bauch ist weißlich. Den Fisch kann ein schöner rötlicher Ton überziehen. Vom Rücken her ragen unregelmäßig geformte Binden bis über die Seitenmitte. An dieser Zeichnung erkennt man unsere Makrele sofort. – Größe: bis 50 cm, durchschnittlich etwa 30 cm.

Vorkommen: Die Makrele besiedelt die Küstengewässer des nordöstlichen Nordamerika und die Meeresgebiete entlang der Westküste Europas, das Mittelmeer und das Schwarze Meer.

Lebensweise: Makrelen sind typische Bewohner der offenen Wasserzonen, die sie in oft großen Schwärmen nicht tief unter der Oberfläche durchziehen. Während der kühleren Monate halten sie sich stärker von den Küsten fern, in der warmen Jahreszeit kommen sie bis unter die Küste. Die Makrelen ernähren sich von Kleinlebewesen, z. B. Schwimmschnecken, Krebsen, aber auch von Fischen, z. B. Heringen, Sprotten.

Angel: Grundangel, mittelschwer bis schwer, Schleppangel, Stockangel. – Schnur: 0,30–0,50. – Haken: Größe 1–5, Pilker. – Köder: Fischstücke, Hering, Salzhering, Makrele, glänzende Spinner, Pilker, Kunstfliegen.

Fangzeit: April–November. – Laichzeit: Mittelmeer März bis April, Nordsee Mai–Juni.

Hornhecht, *Belone belone* (Grünknochen, Geepen, Hornfisch, Horngiepe, Sturmfisch, Hurnheekt)

Engl.: garpike, holl.: geep, franz.: orphie, port.: agulha, span.: aguja, ital.: aguglia commune, jugosl.: iglica, schwed.: näbbgädda, horngädda, hornfisk, dän.: hornfisk.

Beschreibung: Der Hornhecht fällt mit seiner schlanken Gestalt und den lang ausgezogenen Kiefer sofort auf. Rücken- und Afterflosse liegen weit hinten, und die Schwanzflosse ist tief gegabelt. Das Maul besitzt zahlreiche kleine und scharfe Zähne. Es wirkt schnabelförmig. Meist ist der Rücken dunkelgrün gefärbt, und die Seiten hellen auf. Die Gräten und manchmal auch das Fleisch zeigen eine grünliche Farbe, deswegen verachten manche Menschen diesen herrlichen und wohlschmeckenden Speisefisch! – Größe: bis 90 cm, meist nur bis 70 cm und 1 kg Gewicht.

Vorkommen: Hornhechte leben entlang der europäischen Westküsten von Island bis zum Mittelmeer, im Mittelmeer und im Schwarzen Meer.

Lebensweise: Fast immer trifft man die Hornhechte in Schwärmen dicht unter der Wasseroberfläche an. Sie wandern in ihrem Verbreitungsgebiet. Während des Winters ziehen sie über tiefere Gebiete, während sie im Laufe der Sommermonate bis an die Küste kommen. Sie ernähren sich von Kleintieren, gehen aber mit dem Heranwachsen zur Fischnahrung über, wobei sie nicht einmal vor Stichlingen haltmachen.

Angel: Stockangel, Spinnangel. – Schnur: 0,30–0,40. – Haken: Größe 5–8. – Köder: Fischfleisch.

Fangzeit: April–August. – Laichzeit: März–Juni, je nach Gebiet.

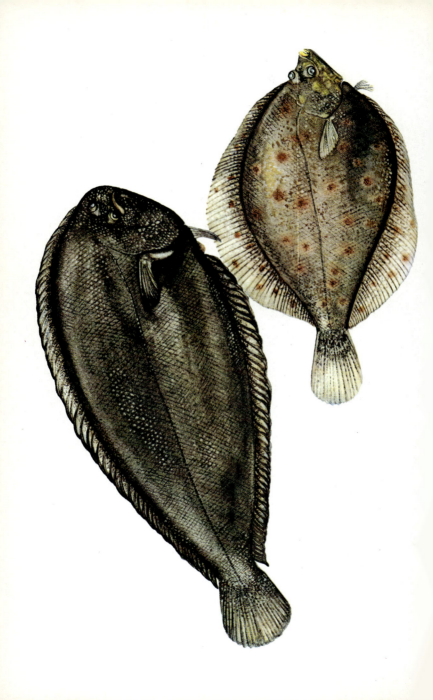

Scholle, *Pleuronectes platessa* (Goldbutt, Butt, Schull)

Engl.: plaice, holl.: schol, franz.: plie carrelet, span.: platusa, ital.: passera di mare, jugosl.: iverak zlatopjeg, tschech.: platys maly, schwed.: rödspotta, dän.: rödspätte.

Beschreibung: Unsere Scholle ist in der Regel grünlichbraun bis bräunlichrot gefärbt und besitzt über den ganzen Körper und die Flossen verteilt zahlreiche recht große rötlichgoldene Flecke, die ihr zu dem Namen Goldbutt verholfen haben. Beide Augen liegen auf einer Körperseite. Die Unterseite des Fisches ist weiß. Man kann den Fisch von der Flunder unterscheiden an den weniger starken Goldflecken und der körnigen Oberseite der Flunder. – Größe: bis 90 cm und 7 kg Gewicht, durchschnittlich aber nur 40 cm.

Vorkommen: Die Scholle besiedelt die Küstengewässer, die nicht zu tief sind, vom Süden Grönlands entlang der europäischen Westküste bis etwa in die Gegend von Genua. In der Ostsee nur etwa bis Ostpreußen.

Lebensweise: Wie alle Plattfische ist auch die Scholle ein ausgesprochener Bodenbewohner, der sich nur ungern vom Boden abhebt und im freien Wasser schwimmt. Normalerweise hält sie sich bis zu Tiefen von etwa 15 m auf, geht aber auch bis 200 m tief. Sie rüttelt sich gern in den weichen Bodengrund ein und schaut nur mit den aufstellbaren Augen heraus. Unsere Scholle kann sich dem Bodengrund in der Färbung recht gut anpassen. Auf hellem Boden ist sie heller gefärbt, auf dunklem Boden dunkler. Sie schwimmt mit kurzen ruckartigen Stößen und Sätzen, bewegt sich aber im freien Wasser mit wellenförmigen Bewegungen ihres Körpers. Die Nahrung besteht aus allen bodenbewohnenden Tieren, von Schnecken und Würmern bis zu Kleinkrebsen. Nachts sind die Schollen aktiv und gelangen leicht in Wattpfützen.

Angel: Grundangel, Legangel. – Schnur: 0,25–0,35. – Haken: Größe 6–10. – Köder: Garnelen, Regenwürmer, Krabbenfleisch, Wattwurm, Pierwurm, Muscheln.

Fangzeit: Ganzjährig, am besten zwischen Mai und September. – Laichzeit: Nordsee Januar-Juni, Ostsee November bis Juni. – Mindestgröße: 25 cm.

Seezunge, *Solea solea* (Zunge, Tung, Zungenbutt)

Engl.: common sole, holl.: tong, franz.: sole, span.: lenguado, ital.: sogliola, jugosl.: list, schwed.: tunga, dän.: tunge.

Beschreibung: Man kann die Angehörigen der Zungen sofort an ihrem Flossensaum erkennen, der weniger breit ist als der der Schollen, und in der Regel hat man den Eindruck, daß sich sowohl der Rücken- als auch der Afterflossensaum mit der Schwanzflosse verbindet, obwohl das nicht stimmt. Die Augenseite ist dunkelbräunlich gefärbt, oft mit leicht rötlichbraunem Schein. Insgesamt macht der Fisch einen recht einfarbigen Eindruck. Die Spitze der Brustflosse ist schwarz. – Größe bis 60 cm und 3 kg Gewicht. In der Regel ist das Tier bis 40 cm lang und wiegt etwa 350 g.

Vorkommen: Europäische Westküsten von Südnorwegen bis zum westlichen Schwarzen Meer. Vor allem in küstennahen Gebieten. Westliche Ostsee.

Lebensweise: Meistens trifft man die Seezunge über sandigem oder schlickigem Bodengrund an. Oft geht das Tier dabei bis 60 m tief, hält sich aber auch gern in flacheren Gebieten auf. Nachts wird die Seezunge munter und geht auf Nahrungssuche. Ihr Futter besteht vor allem aus Krebsen, Garnelen, Würmern und Muscheln. Aber sie nimmt auch kleine Fische, z. B. Sandaale und Grundeln. Gern rüttelt sich das Tier während der Tagesstunden in den Bodengrund ein.

Angel: Grundangel, Legangel. – Schnur: 0,20–0,35.– Haken: Größe 6–10. Köder: Fischfleisch, Grundeln, Sandaal, Wattwürmer, Garnelen, Regenwürmer, Krebsfleisch.

Fangzeit: Ganzjährig, am besten zwischen April und September. – Laichzeit: Februar–Juli, je nach Gebiet. – Mindestgröße: 24 cm.

schiedenen Fabrikate der Perlonindustrie, das heißt, die geflochtenen Seidenschnüre kommen kaum mehr in Betracht. Ähnliches gilt auch für das Vorfach, mit der Einschränkung, daß man je nach der Bezahnung des Fisches doch zu Metallvorfächern greifen sollte, die stärkere mechanische Abnutzungen aushalten, ohne indessen starr zu sein.

Welche Köderform Sie für den Fang wählen, hängt nicht nur vom Fisch ab, sondern auch vom Wetter, vom Gewässer, und nicht zuletzt von der Erfahrung. Es gibt viele Angelfreunde, die auf ein bestimmtes System schwören und auch Erfolg damit haben; aber Gäste im gleichen Gebiet hatten Erfolge auch mit anderen Ködern. Deshalb ist man gut beraten, wenn man sich eine Reihe verschiedener Blinker, Spinner, Löffel, Wobbler usw. zulegt, selbst wenn man sie nicht alle auf einmal einsetzt. Aber zur Abwechslung an einem scheinbar glücklosen Angeltag stehen sie dann auf Abruf bereit, und vielleicht bringen gerade sie den bis dahin ausgebliebenen Biß.

Über die Spinnangelei sind schon viele Einzelwerke erschienen, die sich mit der Gesamttechnik auseinandersetzen. Interessant dabei bleibt, daß man von Sportsfreund zu Sportsfreund andere Erfahrungen erwarten darf. Das zeigt die Vielseitigkeit dieser Sportart. Am ehesten ist sie noch mit dem Schachspiel zu vergleichen, in dem die Beherrschung des Eröffnungsspieles schon den halben Sieg bedeuten kann. Unsere Eröffnung ist nun einmal der Wurf. Wenn wir die Grundregel beachten, daß der Köder nie dem Fisch an seinem Standort vor die Nase geworfen werden darf, dann haben wir schon viel gelernt! Jeder Hecht macht sich nach einigen klatschenden Eintauchern des schweren Köders aus dem Staube, und jagende Schwarmräuber, wie Barsche, spritzen mit großer Geschwindigkeit aus der Richtung. Deshalb setzen wir den Köder hinter dem Räuber an und ziehen ihn dann am Fisch vorbei. Die erforderliche Entfernung richtet sich nach dem Gewässer. In stark getrübten Fluten sollte er dichter kommen als in lichtdurchfluteten oder gar glasklaren. Dennoch darf auch hier der Köder nicht zu weit weg ziehen; denn wenn der Räuber erst eine ganze Strecke schwimmen muß, bis er zur Beute gelangt, dann überlegt er es sich vielleicht, seinen Schlupfwinkel zu verlassen, es sei denn, er hat großen Hunger. Und gerade der Hunger ist bei den Raubfischen nicht so besonders groß. Sie vertilgen ganz allgemein weniger Nahrungsfische, als man glaubt.

Ist der Köder im Wasser untergegangen, dann bewegt man die

Rolle in dem Tempo, das man zunächst für angemessen hält. Dabei muß man beachten, daß bei schnelleren Drehungen der Köder zur Wasseroberfläche steigt, also aus dem Gesichtskreis eines tiefstehenden Räubers verschwinden kann. Will man auch in einiger Tiefe spinnen, dann muß der Köder schwerer sein oder beschwert werden.

Den Anhieb setzt man dann, wenn ein deutlicher Ruck an der Schnur zu spüren war. Der Fisch erfaßt die Beute mit den Augen, wenn er sie auch nicht scharf ausmachen kann. Seine Geschmacksnerven liegen aber im und um das Maul verteilt. Packt er zu, dann entdeckt er den Betrug sofort. Mit unserem Anhauen ziehen wir also nur die Haken tiefer ins Fleisch. Wir können aber annehmen, daß der Fisch den Köder im Maul hat, und das Maul geschlossen, wenn wir den Biß spüren. Hat der Fisch den Köder falsch gepackt, das heißt, hat er den Haken nicht im Maul, dann ist es nicht schlimm, wenn wir durch unseren Anhieb leer ausgehen, denn der Fisch hätte auch bei längerem Warten nicht weiter zugepackt, sondern den falschen Fisch wieder fahrenlassen. Es kommt aber auch unter solchen Umständen vor, daß man den Haken von außen in den Körper treibt. Ich erwischte auf diese Weise einmal einen kleinen Hecht in der Schwanzwurzel, und der kämpfte anschließend so stark, daß ich auf gewaltige Beute schloß!

Deshalb ist es auch wichtig, Rute und Schnur so zu halten, daß man beim ersten Anzeichen ohne lange Überlegung anhauen kann. Man halte die Rute nicht steil, sondern möglichst weit zum Köder geneigt, ohne dabei aber mit Schnur und Rute eine gerade Linie zu bilden. Und beim Anhieb reiße man nicht wie ein Verrückter die Schnur mitsamt dem Köder aus dem Wasser. Natürlich ist man bei den ersten Malen vom Jagdfieber gepackt, aber was nutzt der beste Beutefisch, wenn man ihm bei nur geringer Hakfläche den Haken aus dem Maul reißt. Ein verwundeter Fisch wird aber nicht tollkühn, sondern sucht zunächst für einige Zeit das Weite. Besonders ruhig bleibe man zum Beispiel bei Zandern, die sich oft geradezu schlafmützig benehmen.

Wenn man sich eine Zeitlang mit der Spinnangelei befaßt hat, kommt man von selbst darauf, daß man noch weniger als bei der normalen Grundangel die Flinte zu zeitig ins Korn werfen darf. Unter Umständen wirft man immer und immer wieder in den verschiedensten Richtungen aus, und nicht ein einziger Schwanz macht einen Beißversuch. Wenn man aber nach einiger Zeit am

Dornhai, *Squalus acanthias*

Engl.: common spiny dogfish, piked dogfish, holl.: doornhaai, franz.: aiguillat, span.: agullat, ital.: spinarolo, jugosl.: pas kostelj, schwed.: pigghaj, dän.: pighaj.

Beschreibung: Die langgestreckte Gestalt der Haie ist wohl jedem bekannt. Dazu kommt die eigenartig geformte Schwanzflosse, deren oberer Lappen größer ist als der untere. Das Maul liegt auf der Kopfunterseite, und das Auge ist längsoval. Zwei Rückenflossen sind vorhanden, vor denen beim Dornhai je ein kräftiger spitzer Stachel steht, der dem Fisch seinen deutschen Namen gegeben hat. Auf dem Rücken ist das Tier graugrün bis schwärzlich gefärbt, die Seiten sehen etwas heller aus, und der Bauch ist weiß. Über den Körper verteilen sich unregelmäßige hellere Fleckchen, die oft nicht besonders auffallen. Die Rückenflossendorne sind mit Giftdrüsen ausgerüstet. — Größe: bis 1,20 m und 10 kg Gewicht.

Vorkommen: Das Verbreitungsgebiet erstreckt sich im Atlantischen Ozean von der nordöstlichen Küste Nordamerikas bis zur Westküste Europas und Westafrikas. Außerdem kommt der Dornhai im Skagerrak, Mittelmeer und Schwarzen Meer vor.

Lebensweise: Dornhaie sind Schwarmfische, die gern recht umfangreiche Wanderungen unternehmen und dabei beträchtliche Entfernungen zurücklegen können. Sie bewohnen sowohl das Flachwasser als auch Tiefen bis etwa 400 m, ziehen aber schlickigen Bodengrund vor. Die Weibchen bringen lebende Junge zur Welt, weil die Jungtiere noch im Eileiter schlüpfen. In der Hauptsache ernähren sie sich von Fischen, wie z. B. Heringen, Dorschen, nehmen aber auch Krebse.

Angel: Schwere Grundangel, schwere Spinnrute. — Schnur: 0,70—1, Vorfach, Metall. — Haken: Große Haihaken, Zwillinge und Drillinge. — Köder: Große Fischstücke, z. B. frische Makrelen, Dorsch, Schellfisch, große Krebse.

Fangzeit: Ganzjährig, am besten vom späten Frühjahr bis Frühherbst.

Hundshai, *Galeorhinus galeus* (Grundhai)

Engl.: tope, holl.: ruwe haai, franz.: milandre, haut, span.: tolla, ital.: canesca, galeo, jugosl.: pas butor, schwed.: grahaj, dän.: graahaj.

Beschreibung: Der Hundshai ähnelt in der äußeren Gestalt dem Dornhai, doch erkennt man ihn sofort daran, daß vor den beiden Rückenflossen keine Stacheln stehen. Die Färbung ist fast immer ein recht kräftiges Grau bis Bleigrau, das nur an der Bauchseite weiße Töne besitzt. — Größe: bis 2 m.

Vorkommen: Westküsten Europas von Island bis Nordafrika. Mittelmeer, westliches Schwarzes Meer, westliche Ostsee (selten).

Lebensweise: Der Hundshai gehört zu den bodenorientierten Arten, die sich meist dicht über dem Bodengrund aufhalten und auch ihre Nahrung hier finden. Oft treten die Fische in Schwärmen auf. Die Weibchen bringen lebende Junge zur Welt. Jungtiere halten sich in flacheren Wasserschichten, die Alttiere gehen bis zu 100 m Tiefe und finden sich gern in Schollen- und Schellfischgebieten ein. Der Raubfisch kann großen Schaden anrichten.

Angel: Schwere Grundangel, schwere Spinnrute. — Schnur: 0,70—1,20, Metallvorfach 1,50 m, am besten Stahldraht. — Haken: Haihaken, Doppelhaken, Drillinge. — Köder: Große Fischstücke, z. B. Makrelen, Schellfisch, Dorsch, Schollen, Butte, manchmal Krebse und ähnliche Bodentiere.

Fangzeit: Ganzjährig, am besten Mai—Oktober. — Laichzeit: Juni—September.

In deutschen Gewässern fängt man Haie in der Umgebung von Helgoland. Für die organisierten Fangfahrten stellen viele Veranstalter das Angelzeug zur Verfügung. Am besten wendet man sich an die Helgoländer Fischer.

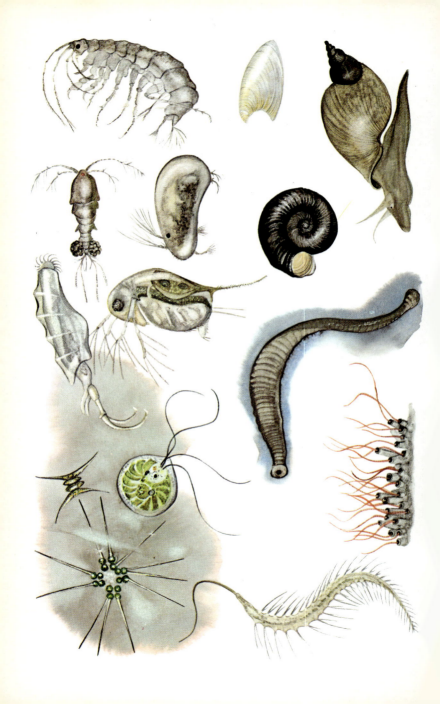

Nährtiere der Fische

Grünalgen und Geißeltierchen (obere Reihe, von links). Diese mikroskopischen Lebewesen dienen vor allem der Fischbrut als Nahrung. Deshalb kann man gute Gewässer auch am Gehalt der Mikrofauna und -flora erkennen. Außerdem dienen diese Lebewesen auch etwas größeren Nährtieren als Nahrung. Zu ihnen gehören die *Rädertierchen* (oben Mitte), die *Wasserflöhe* (darunter), die *Muschelkrebse* (rechts daneben), die *Hüpferlinge* (darüber) und die *Flohkrebse* (rechts außen). Von diesen Tieren kann man nur die Flohkrebse als Köder an feindrähtigen Haken verwenden, denn sie werden etwa einen Zentimeter groß, ähnlich wie die größeren Wasserasseln. Flohkrebse findet man in fast allen Gewässertypen, doch muß man dazu das am Boden liegende Laub oder die Steine umdrehen und flink sein. Die Tiere liegen mit einer Körperseite der Unterlage an und bewegen sich mit zusammenkrümmenden Bewegungen schnell fort. Trotz ihrer harten Schale sind sie gute Köder für kleinere Arten. Man kann sie auch zu mehreren auf einen Haken ziehen. Übrigens kann man an diesen Tieren den Gewässertyp bestimmen. Wo es viele Wasserflöhe gibt – sie treten in oft gewaltigen, rötlichen oder bräunlichen, wolkenartigen Schwärmen auf –, halten sich kaum Fische, die Ansprüche an das Wasser stellen. Dagegen sind Karpfen, Karauschen und Schleien hier anzusiedeln und wachsen gut. Das Fleisch der Fische schmeckt dann aber oft etwas modrig. Deshalb wässert man die lebenden Tiere in einem sauberen Wasser, möglichst mit fließendem Wasser. *Borstenwurm* (untere Reihe, von links). Im Süßwasser spielen die Würmer keine Rolle als Köder, dagegen ist der Pier- oder Wattwurm in der Meeresangelei ausgezeichnet zu verwenden. Er lebt in selbstgegrabenen Röhren im Boden und muß ausgegraben werden. Am besten bei Ebbe, wenn die Würmer über ihren Röhren kleine Sandhäufchen aufwerfen. Achtung: Man braucht einen festen Spaten (Feldspaten), weil der Wattboden viel härter ist, als man zunächst ahnt! *Bachröhrenwürmer, Tubifex* (links unten). Wo diese Würmer den schlammigen Bodengrund überziehen, sollte man sich nicht mit der Angel versuchen, denn sie zeigen schlechtes Wasser an, das vielfach ausgesprochen belastet ist mit giftigen Abwässern. Man erkennt den Wurm sofort an der rötlichen Tönung des Bodens. Er ist haardünn und verschwindet sehr schnell in seiner Wohnröhre, wenn Gefahr im Verzuge ist. Oft sind gewaltige Flächen mit diesen Würmern übersät. Auch in sauberen Bächen kommen manche Formen vor, doch stets ist Vorsicht geboten. *Pferdeegel* (unten Mitte). Unser weitverbreiteter Pferdeegel ist ein ausgezeichneter Köder für viele Fische, und zwar als Einzeltier auf den Haken gebracht, wie z. B. Regenwürmer, aber auch im Zopf. Viele Angler nehmen ihn nicht gern, weil sie an einen Blutsauger denken. Dabei kommen die medizinischen Blutegel bei uns nur sehr selten an bestimmten Stellen vor. Man erkennt den Pferdeegel leicht an seiner braunschwarzen Farbe mit den gelben bis orangegelben Binden. Der Blutegel ist dunkel mit grünen Zeichnungselementen. Pferdeegel ernähren sich von allerlei anderen Würmern und Niederen Tieren. Fischegel, meist sehen sie gelbbraun aus und haben einen schlanken Körper mit auffällig großen Saugnäpfen, sind keine Ködertiere. Sie schmarotzen an Fischen und hängen oft zahlreich in Bögen am Fisch. Kleine Fische können hier viel Schaden erleiden. *Schnecken* (unten, rechte Gruppe). Tellerschnecke oder Posthornschnecke, Mützenschnecke und Spitzhorn- oder Schlammschnecke. Nur die großen Arten sind als Köder zu verwenden. Abgetötete Tiere von Schalen befreien. In der Meeresangelei ist die große Wellhornschnecke ebenfalls ein ausgezeichneter Köder, z. B. für Bodenfische.

gleichen Tag dieselben Zonen wieder abspinnt, kann alles ganz anders aussehen. Plötzlich beißen die Fische. Das kann aber auch daran liegen, daß man den Blinker, Löffel oder Wobbler auswechselt.

Für stark verkrautete Gewässer, in denen das Spinnen nicht immer eine reine Freude ist, weil man mehr Pflanzen zieht, als man Fische zu sehen bekommt, hat man eine Blinkerform entwickelt, die einen Sicherungsbügel besitzt, mit dessen Hilfe der Köder glatter durch Pflanzen gleitet. Besonders gut kann man diese Form bei Fischen einsetzen, die sich ins Kraut zurückgezogen haben. Daß trotzdem das Spinnangeln in pflanzenreichen Gewässern vorsichtig und überlegt ausgeführt werden will, ist wohl selbstverständlich.

Eine gute Hilfe für den Angler sind die exzentrischen Beschwerungsbleie, mit deren Hilfe wir den Verdrehungen der Schnur vorbeugen. Ganz verhindern können wir sie zwar auch so nicht, doch das Schlimmste läßt sich vermeiden!

Wichtig ist noch die Wurftechnik. Wenn wir zu Anfang den Köder auswerfen, dann klatscht er mit lautem Geräusch auf das Wasser, und das um so lauter, je größer und je schwerer er ist. In kleinen Gewässern, etwa in den räumlich stark begrenzten freien Wasserflächen eines Torfstiches, berührt das laute Geräusch praktisch den gesamten Teich. Dann empfiehlt es sich, den Blinker eine Zeitlang auf dem Grund liegen zu lassen, und erst dann mit dem Einholen zu beginnen, wenn wieder etwas Ruhe eingekehrt ist.

Anders sieht es aus in fließenden Gewässern, die in sich schon eine Wasserunruhe haben und in denen das Geräusch des Wassers ziemlich stark ist. Hier kann man sofort mit dem Einziehen des Köders beginnen. Aber immer muß man darauf achten, daß man sowenig wie möglich Geräusche macht. Zu den Prinzipien der Spinnangelei gehört auch, daß man zunächst nicht mit den weitesten Würfen beginnt, also sozusagen das jenseitige Ufer anvisiert, weil man der Meinung ist, der Weg des Köders sei auf diese Weise länger und könne von mehr Fischen angenommen werden, sondern zunächst mit den Zonen beginnt, die dem Standpunkt am nächsten liegen. Und von hier »fächert« man aus, geht auch vorsichtig am Ufer entlang und probiert es aus einer anderen Richtung mit den gleichen Zielpunkten. Dann wirft man immer weiter, bis man schließlich den Bezirk gut durchgeforstet hat. Erst danach sollte man mit der gleichen Methode von vorn beginnen.

Der zielsichere Wurf ist eine reine Übungssache. Wer nicht am Wasser selbst üben möchte, kann den Trockenwurf mit den verschiedensten Wurftechniken auch auf einer Wiese oder am Ufer üben. Trotz des Gewichtes des Köders ist es überraschend, wo überall der Blinker landet, an Zielen, die wir gar nicht angepeilt haben. Zum guten Abangeln eines Gewässerbezirkes gehört nun aber einmal, daß wir möglichst genau die Punkte erreichen, von denen wir ausgehen möchten. Pech hat man, wenn man den schweren Köder so ins Wasser bringt, daß fast gleichzeitig mit dem Eintauchen des Blinkers ein Fisch erschreckt aus dem Wasser springt, weil wir ihm sozusagen den Köder direkt auf den Kopf geworfen haben. Aber auch dieser Fisch beruhigt sich wieder, wenn er merkt, daß keine Gefahr für ihn durch diese ungewohnte und im ersten Augenblick feindlich erscheinende Aktion entsteht.

Überraschungen erfährt man auch bei der Fischgröße. Nicht immer sind es die großen Standfische, die anfangs an den Haken gehen. Oft sind es die kleinen, für die sich das Auswerfen kaum lohnt. In Fließgewässern hat man immer wieder Ärger – und nicht nur mit der Grundangel – mit den sogenannten »Rotzbarschen«, kleinen Kaulbarschen, die ihr für ihre Größe geradezu gewaltiges Maul in einen vor ihnen herlaufenden Blinker schlagen. Lassen Sie es sich nie verdrießen, auch weiterhin die gleiche Stelle abzufischen, denn mancher große Brocken hat es im Laufe seines Lebens gelernt, daß man abwarten muß, und erst beim zweiten oder dritten Versuch läßt er sich dazu herab, nach dem Köder zu schauen. In klarem Wasser kann man manchmal den Fisch sehen, wie er mit gleitenden Bewegungen dem Köder folgt, ihn mißtrauisch anvisiert und doch zu keinem Biß zu bewegen ist. Werden Sie dann, wenn Ihnen der Köder schon zu nahe erscheint, nicht etwa langsamer in Ihren Bewegungen, denn ein erfahrener Hecht etwa merkt nun schnell, was hier gespielt wird. Lieber versuchen Sie es immer und immer wieder in Abständen an der gleichen Stelle. Erfolge lassen sich auch mit den Ihrer Meinung nach schönsten, teuersten oder naturgetreuesten Ködern nicht erzwingen.

Im Kapitel über die Angelschnur bin ich schon darauf eingegangen, daß man nicht unbedingt die dickste Schnur nehmen soll, weil man mit riesigen Hechten rechnet. Unsere heutigen Schnüre haben trotz ihrer geringen Dicke eine gewaltige Tragkraft, so daß wir mit einer Schnurstärke zwischen 0,20 und 0,30 mm gut auskommen. Dafür hat mehr Schnur auf der Rolle Platz.

Die Flugangel

Die Grundangelei und die Spinnangelei bilden gewissermaßen das ABC der gesamten Angelkunst. Für die Grundangel in ihrer einfachsten Form brauchen wir weder große Übung, noch bedarf es besonderer Geschicklichkeit. Ein blindes Huhn findet auch einmal ein Korn. Dagegen ist der Umgang mit der Fliegenrute und der Kunstfliege, ja selbst mit natürlichen Ködern an der Spitze, das Große Einmaleins des Angelsportes. Der Anfänger vergießt viel Schweiß beim Erlernen dieser Kunst. Wenn wir uns mit ihr befassen wollen, dann gehört neben dem geeigneten Gerät auch ein geeignetes Gewässer dazu. Man kann zwar an allen Gewässertypen die Fliegenangel einsetzen, aber die Lachsfische, zu denen ja unsere Forellen gehören, ziehen ihre eigenen Gewässer vor, und die anderen Arten bekommt man in der Regel auch mit der normalen Grundangel. So ist die Fliegenangelei vor allem auf die Gebiete beschränkt, die über ausreichende Forellengewässer verfügen, also gebirgigen oder alpinen Gegenden.

Man kann über die Flugangelei viele Bücher lesen, es gibt aber kein Werk, das auch nur die Grundzüge für die Praxis vermitteln könnte. So soll an dieser Stelle nur auf einige Voraussetzungen hingewiesen werden, denn der Anfänger muß sich für den Umgang mit der Flugangel selbst schulen oder sich schulen lassen. Dazu eignet sich nichts besser als der verständnisvolle Unterricht durch einen erfahrenen Sportsfreund, dem diese Kunst geläufig ist. Viele Angelvereine der alpinen und voralpinen Gebiete sind in der Lage, dem »Zugereisten« Hilfestellung zu geben. Wer sich mit dieser Wildwasserangelei befassen möchte, der wende sich an sie.

Boshafte Zungen haben einmal behauptet, das Angeln mit der Kunstfliege sei nur deshalb erfunden und in manchen Gegenden die einzige genehmigte Fangart geworden, damit der Fischbestand geschont werde. So ganz unrecht haben diese Lästerzungen nicht. Aber das Fischen mit der Flugangel läßt uns eine andere Einstellung finden: Wir werden zu ausgesprochenen Sportlern. Wer das nicht glaubt, der versuche sich. Schon bald wird er merken, daß der eigene Körper doch nicht so durchtrainiert ist, wie er glaubte. Die Schwierigkeit liegt vor allem darin, daß die Kunstköder mit ihrem geringen Gewicht oft dorthin fliegen, wo man sie gar nicht haben wollte. Mit Blei am Ende kann auch der Anfänger noch gewisse Weiten erreichen, aber ohne Blei sieht die

Sache schon anders aus. So ist es kein Wunder, daß der Kreis der Flugangler immer etwas exklusiv bleiben wird und daß seine Mitglieder nicht zu Unrecht als die Meister des Angelsports angesehen werden. In diese Gruppe einzubrechen wird nur dem gelingen, der viel Zeit und Mühe und nicht zuletzt manchen ersparten Pfennig aufwendet.

Zur Ausrüstung gehört die leichte Fliegenrute, die einhändig zu bedienen sein muß, also kein großes Gewicht besitzt und gut bewegt werden kann. Dazu bieten sich die kurzen Hohlglasruten und gesplißten Bambusruten an, die praktisch eine Verlängerung des Armes bilden. Mit ihnen kann man wegen ihrer Handlichkeit alle Bewegungen ausführen, die auch der Arm auszuführen in der Lage ist. Man peitscht die Schnur in die gewünschte Richtung, ohne dabei den knallenden Schnalzer einer Pferdepeitsche hervorzurufen. Die Bewegungen bleiben also weicher. Sonst hat man nämlich das Vergnügen, dauernd neue Fliegen anbinden zu müssen, weil man sie mit elegantem Riß abgesprengt hat. Gerade zu Anfang erreicht man noch keine besonderen Weiten, weil das geringe Endgewicht nicht genügend Schnur abzieht.

Als Rolle empfiehlt sich auf jeden Fall die leichte Fliegenrolle oder Flugrolle. Sie gibt die Schnur leicht frei, und die besseren Typen besitzen sogar eine Automatik, bei der auf einen Druck hin die Schnur durch eine Feder wieder aufgerollt wird. Auch hier gilt wieder das für alle Rollentypen Gesagte, nämlich lieber etwas mehr Geld für gutes Gerät ausgeben als sich mißmutig mit schlechtem herumzuärgern.

Als Schnur verwendet man die Keulen- oder Torpedoschnüre, die durch ihre Form ein größeres Eigengewicht mitbringen und besser zu werfen sind. Normale Perlonschnüre oder solche aus geflochtener Seide sind entweder Notbehelf oder für Fortgeschrittene.

Als Köder für die Flugangel eignen sich die an und in den Gewässern selbst vorkommenden Insektenarten und ihre Larven. Das sind vor allem Steinfliegen, Köcherfliegen und Maifliegen, aber auch Eintagsfliegen. Welche dieser Arten in einem Gewässer am stärksten vertreten ist, kann man leicht feststellen, wenn man sich die Ufer ansieht oder unter den im Wasser liegenden Steinen nachschaut. Da die Insektenlarven im ziemlich stark strömenden Wasser Schutz suchen, halten sie sich gern an Versteckplätzen auf, also meist hinter oder unter Steinen.

Der sportlichste Köder aber wird heute von den künstlichen Fliegen gebildet, deren Formenvielfalt geradezu unglaublich ist. Grundsätzlich unterscheidet man zwischen Naß- und Trockenfliegen. Die Trockenfliege erkennt man am sichersten daran, daß sie ziemlich »stachelig« gebunden ist, so, als liefe eine Mücke oder ein Wasserläufer mit seinen dünnen Beinen auf der Wasseroberfläche. Sie sinkt nicht unter, sondern treibt auf dem Wasserspiegel. Dagegen ist die Naßfliege so gebunden, daß sie zum einen weniger »Stachelbeine« oder Hecheln besitzt, zum anderen aber leichter untersinkt.

Von diesen Fliegentypen gehen wir aus, wenn wir mit der Flugangel arbeiten. Ich möchte aber noch einmal betonen, daß man ein Gewässer schon recht gut kennen muß, wenn man mit wenigen Typen auskommen will. Sonst muß ausprobiert werden, bis man die Fängigkeit beurteilen kann. Bei der Trockenfliege, die auf dem Wasserspiegel treibt, ist es wichtig, daß die Schnur gefettet wird, damit auch sie nicht untergeht. Ein kurzes Stück des Vorfaches dagegen soll unter den Wasserspiegel sinken. Der Grund dafür ist die Sehweise des Fisches. Der Fisch sieht die Fliege auf dem Waserspiegel und beurteilt ihre Form. Zieht aber ein langer Schlauch von der Fliege weg, in diesem Falle also die Schnur, dann wird der gesamte Eindruck verfälscht. Irgend etwas stimmt an dem Köder nicht mehr. Diesen Teil der Schnur hält man also fettfrei.

Bei der nassen Fliege kann die Schnur ruhig an ihrem Vorderende untertauchen, ja sie muß sogar, wenn man den natürlichen Vorgang nachahmen will. Nun sinkt die Fliege aber trotz ihres oft relativ hohen Eigengewichtes nicht immer sofort ab, solange sie noch zu trocken ist. Deshalb feuchtet man die Fliege an, taucht sie also vor dem Einsatz entweder ins Wasser, bis sie naß genug ist, oder man nimmt die eigene Spucke zu Hilfe. Nehmen Sie die Fliege aber nicht in den Mund, denn der Haken in den weichen Mundschleimhäuten ist äußerst schmerzhaft.

Trockenfliegen bietet man mit möglichst genauem Zielwurf dem Fisch in möglichst geringem Abstand an, das heißt, man zieht die Aufmerksamkeit des Fisches für die Wasseroberfläche auf die Fliege. Hinter dem Fisch eintauchende Fliegen nutzen nicht viel, besser ist es, sie treffen vor dem Fisch auf die Wasseroberfläche und treiben dann je nach Strömung auf ihn zu. Ob der Köder die Aufmerksamkeit erregt hat, kann man in den meisten klaren Forellengewässern leicht an den Bewegungen des Fisches feststellen. Er wendet oder steigt dann nämlich zur Oberfläche. Selbst auf größere Entfernung erkennt man an den plötzlichen Strudeln, daß der Fisch mit dem Rücken der Wasseroberfläche nahe gekommen ist.

Auch die nasse Fliege bietet man dem Fisch so an, daß sie auf ihn zutreibt. Dabei muß die Entfernung nicht so kurz sein wie bei der Trockenfliege. Auch in der freien Natur treiben die abgesunkenen Fliegen nicht nur kurz, während ein auf das Wasser gefallenes Insekt in der Regel schnell wieder versucht, in die Lüfte zu steigen.

Die Wurfrichtung für beide Fliegenarten ist am besten die stromaufwärts, weil man dann als Angler im toten Winkel steht, oder doch wenigstens in der Richtung, in der der Fisch kurzsichtig ist! Allerdings hat diese Methode immer einen Nachteil, der einem beim Versuch bewußt wird. Die Schnur treibt nämlich auch mit dem Wasser mit und wird ziemlich schnell zu lang für einen sofortigen Anhieb, da sie ja auf den Standort des Anglers zutreibt. Deshalb sollte man da, wo es die Breite des Gewässers zuläßt, in schräger Richtung stromaufwärts werfen. Mit dieser Methode können wir die Schnurlänge schnell verkürzen. Am leichtesten ist es natürlich, mit der Stromrichtung zu arbeiten, denn die Schnur bleibt straff.

Für die Anordnung der nassen Fliegen gibt es noch eine andere Möglichkeit, nämlich sozusagen einen Fliegenpaternoster zusammenzustellen. Ich nenne diese Möglichkeit hier nur, weil zwei technische Ausdrücke damit verbunden sind. Der »Strecker« ist die Endfliege, der »Springer« eine in 50 bis 60 cm Entfernung angebrachte Fliege, die an einem 5 bis 8 cm langen Schnurstück oder Zwischenfach angebracht ist. Mit dieser Methode hat man die Auswahl, zwei oder drei nasse Fliegen zu verwenden, die gern unterschiedliches Aussehen haben dürfen, doch kann man auch nasse und trockene Fliegen kombinieren, wobei man für den Springer die trockene wählt.

Diese kurzen Ausführungen sollen hier genügen, denn in diesem Buch sollen ja keine speziellen Techniken, zu denen das Flugangeln nun einmal gehört, behandelt werden, sondern die Grundregeln für unsere allgemeinen Angelfreuden. Interessenten seien auf die umfangreiche Literatur hingewiesen und vor allem auf die Möglichkeiten, die sich durch Sportsfreunde ergeben, die mit dieser Angelmethode besonders vertraut sind.

Natürliche Köder

Frosch (ganz links). Für viele Raubfische sind Frösche gute Köder, dagegen meiden sie Kröten. Das Anbringen des Hakens ist allerdings nicht jedermanns Sache. Man braucht dazu eine Ködernadel, die man durch die Rückenhaut führt und durch einen Oberschenkel der Hinterbeine. Dann zieht man das Vorfach durch. Die Haken bleiben frei. Stets die Frösche vor dem Anködern abtötet! Ruckartig im Wasser bewegen. Kleinere bis mittlere Tiere besser geeignet als große. Gut geeignet für Hecht, Huchen, Döbel, Welse. *Blutwurm* (obere Reihe links) die Larve der Zuckmücke. Lebt im Schlamm des Gewässerbodens. Wird von vielen Fischen gern am kleinen Haken genommen. Man ziehe immer mehrere auf (zopfartig). Man fängt den Blutwurm durch Aussieben des Schlammes. *Garnele* (oben Mitte). In der Meeresangelei gern und vielseitig verwendeter Köder. Fang mit Netzen. Auch im Süßwasser zu verwenden. Selbst die gekochten Schwanzteile, die man als »Krabben« in Feinkostgeschäften erhält, eignen sich gut. *Rattenschwanzlarve* (oben rechts) Jauchemade. Man findet diese Fliegenlarve oft zahlreich an den unappetitlichsten Örtlichkeiten, z. B. Jauchelachen, Kloaken, verstunkenen Regentonnen. Guter Köder für viele Weißfische und Salmoniden, Äschen. Feindrähtige Haken vorsichtig unter der Haut durchführen! Gut eignen sich die Köder auch im Winter. In mit Jauche angefeuchtetem Sägemehl aufbewahren und kühl stellen. *Regenwurm* (mittlere Reihe links). Viele verschiedene Arten, je nach Gewässer und Gegend unterschiedliche Annahme durch Fische. Vielseitigster Köder überhaupt. Man bringt die Regenwürmer einzeln oder zu mehreren an den Haken (Zopf). Für alle Jahreszeiten geeignet. Zucht auch in der Wohnung möglich. *Muscheln* (Mitte). Sie sind in allen Arten gute Köder, doch muß man sie vom größten Teil der zertrümmerten Schale befreien. Der Haken läßt sich am besten im Fuß einführen. Sind noch kleinere Schalenreste vorhanden, merkt der Fisch den Haken nicht sofort. Muscheln lassen sich nicht besonders gut über einen längeren Zeitraum hältern. Abgestorbene erkennt man schlecht, weil sie in der geschlossenen Schale bleiben. Aber sie verderben das Hälterwasser schnell. Deshalb ist es besser, Ködermuscheln frisch zu fangen. *Heuschrecke* (Mitte unten) daneben Heuschrecken-Larve. Fertiges Tier und Larve unterscheiden sich einfach durch die Flügelbildung. Die Larve hat nur kurze Stummel. Als Köder eignen sich beide, die Larve ist aber noch etwas weicher. Von großen ausgewachsenen Exemplaren entferne man die Flügel und die kräftigen hinteren Sprungbeine. Als Köder eignen sich alle Arten, und man wählt am besten die in der Umgebung des Wassers vorkommenden, die den Fischen bekannt sind. Auch die *Grillen* sind gute Köder. Der Haken kann auf verschiedene Weise eingeführt werden, doch empfiehlt es sich, ihn von vorn durch den Kopf-Brust-Teil zu ziehen. Fang am besten mit einem Streifkescher, wie er von Entomologen benutzt wird. Nicht nur Äschen, Forellen oder Weißfische gehen an diesen Köder, sondern auch Döbel, gelegentlich Hechte und Huchen. *Krebs* (rechts außen). Das Fleisch dieser gepanzerten Ritter unserer Gewässer schmeckt nicht nur uns, sondern auch den Fischen. Besonders das Fleisch der Schwänze und Scheren ist fest, aber auch das Brustfleisch kann man verwenden. Mieterkrebse nennt man solche, die gerade ihre Schale häuten. Sie halten sich fast immer sehr versteckt unter Uferüberhängen auf. Auch alle anderen Krebse, Taschenkrebse, Strandkrabben, Wollhandkrabben usw., sind für uns gut verwendbar. Selbst in Gewässern ohne eigenständige Krebse kann man gekochtes Fleisch verwenden.

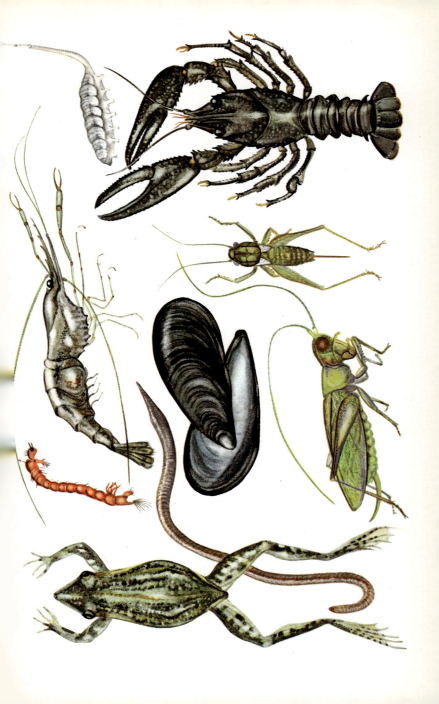

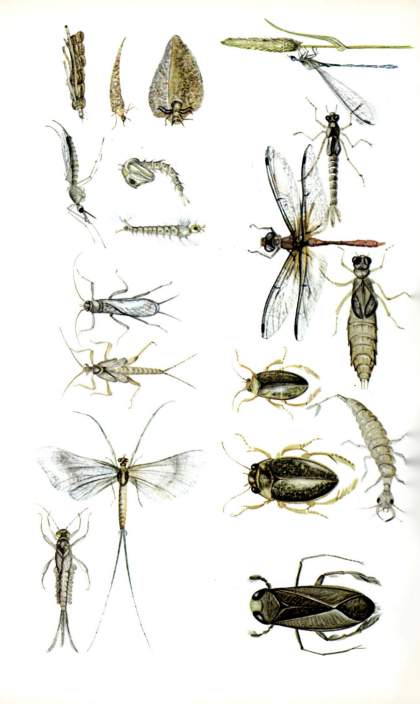

Natürliche Köder

Eintagsfliege und ihre Larve (obere Reihe links). Die Eintagsfliegenlarve kommt in den verschiedensten Gewässern vor und ist eine beliebte Fischnahrung, weil sie sehr weich ist. Ähnlich sieht die Larve der *Wasserjungfern* aus (rechts unten), doch kann man sie beide leicht unterscheiden. Eintagsfliegenlarven haben hinten drei mehr borstenförmige Anhängsel, Libellenlarven fächerförmige. Außerdem sitzen bei der Eintagsfliegenlarve am Hinterkörper seitlich noch Kiemen. Das fertige, flugfähige Insekt wird in der Anglersprache oft mit den kuriosesten Namen belegt. Maifliege ist allgemein, dazu kommen noch alle möglichen Farbbezeichnungen, wie Augustbraune, Gelbe, Märzbraune, Blaßwasserfarbene usw. Sie alle eignen sich ausgezeichnet und haben bei den Kunstfliegen viele Nachahmungen gefunden. *Steinfliege und Larve Perla* (oben Mitte). Die Larve lebt vor allem unter Steinen und erreicht beträchtliche Größen. Guter Köder für Salmoniden, aber auch für andere Fischgruppen. Da sie zu manchen Jahreszeiten in großen Schwärmen auftreten können, kann man sich ihrer gut bedienen. Alle Fische lassen sich hier verführen. *Mücke und Mückenlarve mit Puppe* (oben, zweite Gruppe von rechts). Die uns beim Angeln am stärksten peinigenden Insekten sind die Stechmücken, die auch den Fischen als Nahrung dienen. Leider sind die meisten Arten viel zu zart, als daß sie sich an den Haken bringen ließen. Nur große Arten, wie die Schnaken, sind oft gut zu handhaben, zumal sie auch von den Fischen gern von der Wasseroberfläche genommen werden. Besser eignen sich ihre Verwandten, die Fliegen, von denen viele Arten gute Köder und dazu noch erfolgreiche sind, ähnlich verhält es sich mit den Fliegenmaden. *Köcherfliegenlarven, Sprock* (oben, rechts außen). Je nach Art baut die Köcherfliegenlarve ein spezielles Gehäuse, mit dem sie ihren weichen Körper umgibt. Sandkörnchen, Pflanzenteile, kleine Schneckengehäuse und

vieles andere sind Baumaterialien. Nur der Kopf und die Brust schauen hervor. Zum Anködern entfernt man den Köcher und zieht die Larve auf einen feindrähtigen Haken. Sprock ist das ganze Jahr über ein ausgezeichneter Köder für die verschiedensten Fischgruppen. *Ruderwanze, Rückenschwimmer, Wasserzikade* (untere Reihe, rechts außen). Diese Wasserwanzen sind bei den meisten Fischen unbeliebt und eignen sich nur in Ausnahmefällen als Köder. Sie können nämlich mit ihrem kräftigen und langen Rüssel empfindlich stechen. Auch der Mensch wird gestochen, und er bekommt ziemliche Schwellungen. *Wasserkäfer* (unten, zweite Gruppe von links), darunter Gelbbrandkäferlarve. Auch die Wasserkäfer werden nur ungern als Köder genommen, weil ihre Schale außerordentlich hart ist. Nur in Hungerzeiten wird man mit ihnen Erfolg haben. Dagegen kann man ihre Larven verwenden, denn sie sind viel weicher. Viele Wasserkäfer sondern außerdem einen weißlichen Schutzstoff ab, der sie vor dem Gefressenwerden schützt. *Libellen und ihre Larven* (unten rechts). Große Libellen eignen sich in manchen Gebieten durchaus als Köder, an denen sich Döbel, Rapfen und große Weißfische versuchen, ja sogar Forellen. Die Flügel sollte man aber entfernen, denn sie sperren zu stark. Dagegen sind alle Libellenlarven ein guter Köder, den die meisten Fische ohne viel Federlesens annehmen. Die Larven der großen Arten werden sehr groß und sind viel härter als die der Wasserjungfern (ganz rechts), die den Eintagsfliegenlarven ähneln. Große Libellenlarven knickt man am Kopf an, damit sie den Fisch anlocken. Bei kleinen Libellenlarven nur feindrähtige Haken verwenden.

Steht man mit vorbereiteter Angel am Gewässer, dann will man ja nicht für ein Erinnerungsfoto posieren, sondern endlich auch etwas an den Haken bekommen. Dazu muß der Haken aber erst einmal im Wasser verschwunden sein. Jedem Anfänger erscheint es geradezu lächerlich, daß man sich über die Technik des Werfens unterhalten soll. Für ihn ist es die einfachste Sache der Welt, die Rute zu schwenken und die Schnur ausrollen zu lassen. Daß es nicht ganz so einfach ist, merkt er bald; es geht ihm wie einem Kutscherlehrling, der mit der Peitsche knallen soll. Deshalb ist es wichtig, sich einmal in Ruhe mit einigen Wurfübungen zu befassen.

Der Sinn von Wurfanweisungen liegt ja darin, daß der Anfänger lernt, den Köder ins Wasser zu bringen, ohne daß er auf dem Wege dorthin sich selbständig macht oder in irgendeinem Baum landet.

Die Sache ist einfach, wenn man eine Schnur zur Verfügung hat, die nicht länger ist als die Rute. Dann kann man mit einem entsprechenden Pendelschwung, bei dem die Rute von unten nach oben geführt wird, den Haken mit dem Köder aus der Hand freigeben und dorthin pendeln lassen, wo er eintauchen soll. Das ist wirklich kinderleicht. Dieser Pendelwurf bildet aber die Grundlage für manchen anderen Wurf; wir werden nämlich bald sehen, daß mit dieser Methode der Köder nicht vom Haken reißt, daß er nicht zu laut auf das Wasser klatscht, ja daß wir viel Gefühl hineinlegen können und recht treffsicher anvisierte Punkte erreichen.

Selbst mit einer langen Bambusrute von 5 oder 6 Meter Länge läßt sich dieser Pendelwurf gut ausführen. Da man außerdem nicht zuviel Platz benötigt, um die Rute hochzuziehen und dadurch der Schnur freies Spiel zu lassen, kann er auch in Gehölzen oder an baumbestandenen Ufern gut angewendet werden. Nur beim Vorhandensein von Schilfgürteln, die ein Auspendeln der Schnur nicht recht zulassen, wenden wir bei gegebener Schnurlänge den Überkopfwurf an, bei dem wir die Rute nach oben halten, die Schnur mit Haken hängen lassen und dann wie eine Peitsche mit weicher Bewegung nach vorn reißen. Jetzt vollführt die Schnur einen weiten Bogen über die Rutenspitze hinaus und wird in die Richtung dirigiert, in die die Spitze zeigt. Hierbei muß man aber beachten, daß sich die Schnur leicht in den Zweigen von Bäumen verheddern kann. Der Überkopfwurf ist also nur dann wirklich angebracht, wenn keine Äste stören. Mit etwas Geschick kann man auch von einem verhältnismäßig begrenzten Standort aus diesen Wurf anwenden, solange man nicht die Rute zu weit nach hinten beugt und dann mit dem Haken im Gras hängen bleibt.

Da man mit der langen Rute von vielleicht 6 m und einer Schnur gleicher Länge eine Gesamtdistanz von rund 10–11 m überbrücken kann – die Schnur von der Pose zum Haken abgerechnet – erreicht man bereits eine gute Entfernung. Große Entfernungen schafft man seit der Einführung der Stationärrollen.

Sowohl der Pendelwurf als der Überkopfwurf läßt sich auch mit der kurzen Rute und einer Rolle anwenden. Der einzige Unterschied liegt darin, daß man den Fangbügel der Stationärrolle zurückklappt und die Schnur auf der Rolle freigibt. Da jetzt aber der schwerere Köder die Schnur sofort von der Rolle ziehen würde, müssen wir sie festhalten, indem wir mit dem Zeigefinger der Wurfhand die Schnur einfangen und an der Rute festklemmen. Im Augenblick des Nachvornpendelns, wenn also der Köder bereits in die Richtung des Zieles schwingt, geben wir gleichzeitig durch Strecken des Zeigefingers die Schnur frei, und das Gewicht der Schnurspitze holt sich bis zum Auftreffen auf dem Bodengrund die benötigte Schnur von der Rolle. Dann bewegen wir mit der anderen Hand die Kurbel der Rolle, der Bügel klappt zurück und läßt keine Schnur mehr ablaufen. Durch kurzes Anziehen der Schnur straffen wir sie und drehen überflüssiges Material wieder auf.

Genauso halten wir die einsatzbereite Angel bei der Überkopftechnik. Die Schnur wird mit einem Finger festgehalten; nachdem der Bügel zurückgeklappt ist, kann sie ablaufen. Beim Vorwärtsschlagen der Rute streckt man den Finger, und schon geht die Schnur mit. Daß sich dies zwar leicht und einleuchtend anhört, aber dennoch zu manchen Überraschungen führen kann, wird jeder Anfänger bald merken, wenn er den richtigen Zeitpunkt zum Strecken des fixierenden Fingers verpaßt. Dann kann der Köder mit herrlichem Geräusch in wenigen Metern Entfernung vor dem Standort des Werfenden aufklatschen und was dergleichen Späße mehr sind. Kurz, man muß sich auch mit dieser Technik erst vertraut machen, bis man sie im Schlaf beherrscht.

Es gibt eine abgewandelte Technik des Pendelwurfes, bei der man nicht pendelt, sondern die Rutenspitze als Katapult benutzt.

Löffel, Blinker, Pilker

Ein Laie kann sich überhaupt nicht vorstellen, daß die zwar glänzenden, zum größten Teil aber völlig fremdartig aussehenden Kunstköder der Spinnangelei einen Fisch überhaupt täuschen können. Und doch ist es so, denn sonst würden wir heute nicht über eine derart große Auswahl dieser unterschiedlich geformten Köder verfügen. Es gibt seit Jahrzehnten bewährte Formen, z. B. die *Heintzblinker* (rechts in der zweiten Reihe von oben), die nur geringfügige Abwandlungen erfahren haben, aber es tauchen doch immer wieder Neuerungen auf, die, wenn man den Prospektanweisungen glauben will, geradezu sensationelle Fangergebnisse liefern. Leider ist das nicht der Fall, denn die Fängigkeit eines Kunstköders richtet sich nicht nur nach seiner Form und Schönheit, sondern auch nach dem Gewässer, den Fischen usw. Deshalb sorgt der Spinnangler für ein ausgewogenes Sortiment, das er sich im Laufe seiner Angeljahre nach seinen Erfahrungen zusammenstellt. Die hier abgebildeten Blinker sind nur ein geringer Ausschnitt aus der vielfältigen Menge angebotener Formen. Dem Anfänger sei auf jeden Fall zu den Heintzblinkern geraten, die ihre Feuerprobe bestanden haben. Da man mit Blinkern den Raubfischen nachstellt, muß man die Größe der Köder den zu erwartenden Exemplaren anpassen. So erhält man fast jede Form in unterschiedlichen Größen und Gewichten. Immer aber liegen die Spinnköder nicht ruhig im Wasser, sondern führen irgendwelche Bewegungen aus. Die einen taumeln, andere drehen sich um ihre eigene Achse, wieder andere kombinieren beide Bewegungen. In sehr hellen Gewässern kann man gut die *Mausblinker* einsetzen (ganz links unten). Diese schwarzen Ungetüme locken manchen Hecht aus seiner Reserve. Dagegen eignen sich die hellen, silbern glänzenden Köder gut für dunklere Gewässer. Hier ergeben sich Kombinationen zwischen den helleren und dunkleren Seiten und den verschiedensten Farbmustern. Bewährt haben sich auch die *Effzett-Blinker* (links, dritter von oben), die einen in sich gewölbten Löffel besitzen und ein flatterndes rotes Plättchen am hinteren Ende. *Schwingende Löffel* (links, vierter von oben) eignen sich besonders in flachen Gewässern. Neben dem schwingenden Löffel ist ein neueres Modell einer Firma abgebildet, auf dessen Löffel bunte Perlen angebracht sind. Wer in sehr verkrauteten Gewässern spinnen will, der kann zu den sogenannten *Krautspinnern* greifen, bei denen vom Vorderende des Köders eine Doppelfeder bogenförmig nach hinten zieht, die verhindern soll, daß sich der Spinnköder zu stark mit Kraut behängt, weil die Feder nun das Kraut vorbeigleiten läßt. Doch auch hier braucht man Übung (dritte Reihe von oben, rechts). Man kann auch Löffel, meist Perlmutt, mit Fliegen kombinieren. Sie sind für Forellen, aber auch Döbel und manchen anderen Raubfisch gut geeignet. Zu empfehlen ist eine Auswahl, die der hier abgebildeten etwa entspricht, und später stellt man sich dann spezielle Kombinationen zusammen. Zwei *Pilker* findet man ebenfalls abgebildet. Sie sind sehr schwere Blinker, die in der Meeresangelei, besonders für Makrelen und Dorsche, eingesetzt werden. Ganz oben links ist ein üblicher Typ, den es ebenfalls in den verschiedensten Ausführungen gibt, während rechts unten ein neuartiges Modell zu sehen ist, das aus einer Halbkugel besteht, die außen stark metallisch glänzt, während sie innen in verschiedenen Farben bemalt ist. Der Haken hängt an einem kurzen Vorfach und wird gesondert beködert. Allen Spinnködern ist aber gemeinsam, daß ein beißender Fisch sofort merkt, daß er betrogen wird und den Köder ausspuckt. Deshalb sofortiger Anhieb.

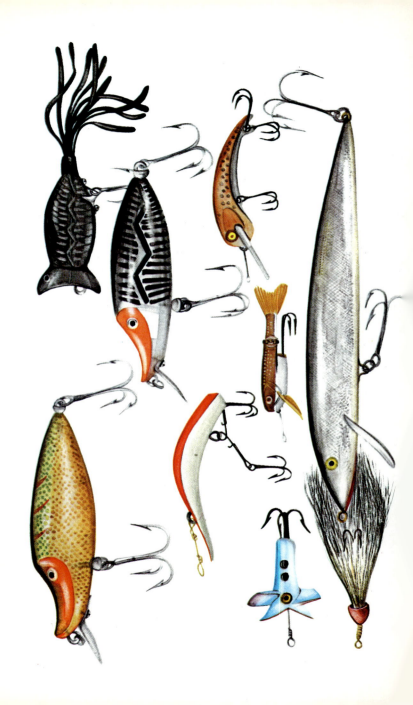

Wobbler

Zu den augenfälligsten Kunstködern gehören zweifellos die bunten und oft bizarren Wobbler. Sie stammen aus Amerika, und der Name bedeutet übersetzt etwa »schwabbeln, flattern, hin und her schwanken«. Die Übersetzung sagt über die Bewegungen dieser entweder aus Holz oder aus Plastik bestehenden Köder eigentlich alles aus. Man sollte gar nicht glauben, zu welchen Bewegungen diese Kunstprodukte fähig sind. Im Prinzip täuschen sie alle einen unregelmäßig schwimmenden, kranken oder flüchtenden Fisch vor, dessen anomale Bewegungen die räuberischen Fischarten auf sich aufmerksam machen sollen. Und sie tun es tatsächlich, selbst wenn ihre Form so irregulär ist, daß man kaum noch erkennen kann, wie sich ein Fisch von solchen krummen Dingern 'reinlegen läßt. Wir haben im Kapitel über »Unsere Fische« bereits gehört, daß es mit dem genauen seitlichen Sehen der Raubfische nicht weit her ist, und seitlich vorbeiziehende Wobbler täuschen sogar erfahrene Exemplare. Leider überschätzt sich der Anfänger, wenn er gleich zu Anfang ein Sortiment der ihm am besten gefallenden Wobbler kauft, denn die Fängigkeit hängt nicht zuletzt vom Gewässer, vom Erfahrungsschatz der Fische und von der Technik der Wobblerführung ab. Wundermittel, die einen garantierten Fang liefern, sind auch die teuersten und schönsten Wobbler nicht. In ihrer Ausführung unterscheidet man zunächst einteilige und gegliederte Wobbler. Auf unserer Farbtafel findet man die einteiligen, die man sich gut zweiteilig vorstellen kann, wenn sie in der Mitte unterteilt und dreigeteilt sind. Wirft man einen Wobbler – er muß immer mit einem Wirbel am Vorfach oder der Schnur befestigt werden – auf das Wasser, dann schwimmt er. Mit Hilfe der angebrachten Tiefenschaufel drückt er dann in tiefere Wasserschichten, wie ein Fischchen, das den rettenden Bodengrund aufsuchen möchte. Dabei flattert der Köder in den verschiedensten

Ebenen. Ob er nun einen Doppelhaken oder Drilling oder gar zwei oder drei besitzt, spielt keine so große Rolle, denn die vorn liegenden »Kopfhaken« sollen die von vorn zustoßenden Räuber festhalten. Da Fische über einen guten Geschmackssinn verfügen, merken sie den Betrug meist sofort, wenn sie zufassen, und spucken den Wobbler wieder aus. Deshalb muß man aufpassen und den Haken einzuschlagen versuchen, sobald der Fisch zufaßt. Wobbler mit einer vorn angebrachten Tiefenschaufel sinken immer tiefer, je schneller man die Schnur einholt. Bei langsamer Führung kann man sie im Oberflächenbereich halten. Das ist z. B. bei Forellen wichtig, für die man die kleinsten Wobbler nimmt (mittlerer Wobbler über dem langen untersten). Es gibt die verschiedensten Namen für diese Kunstköder. Wichtig ist noch der Begriff *Bananenwobbler*, von dem hier zwei abgebildet sind (Mitte links und rechts). Sie erinnern kaum noch an Fische, taumeln aber geradezu aufreizend durch das Wasser. Das liegt an ihrer Gestalt. Besonders eignen sich die Wobbler für Hechte. Auch an unübersichtlichen Stellen kann man sie gut einsetzen, denn sie können mit einer langen Grundrute gut dirigiert werden. Zu den neuen Erfindungen gehören die Turbler, die eigentlich hohle Wobbler sind, die an den Seiten Öffnungen besitzen, durch die das mit dem Schnurzug eintretende Wasser wieder austritt. Da sie sich außerdem drehen, soll durch den Wasserstrom, der auf die Seitenlinienorgane der Fische wirkt, die Aufmerksamkeit stärker angesprochen werden. Ein Wobbler ist links unten über dem langen Hechtwobbler abgebildet.

Man faßt den Köder, hält mit der anderen Hand die freie Schnur fest und zieht dann am Köderteil. Dadurch biegt man die Rutenspitze nach unten, man spannt sie bogenförmig. Glaubt man, genug Spannung zu haben, läßt man den Köderteil mit einem leichten Aufwärtsschwung los, und die Schnur schießt gewissermaßen in Richtung des Zieles. Wer das zum erstenmal probiert, der sollte die Köderhand schnell genug öffnen und nicht etwa den Köder mit etwas Schnur hinter der Hand hängen lassen. Man angelt sich nicht gern selbst, und welche Kraft in einer dünnen Rutenspitze sitzt, erfährt man dann am eigenen Leibe.

Eine gute Methode ist auch der seitliche Wurf, bei dem man die Rute in der Wurfhand hält, nach hinten in Bodennähe führt und dann nach vorn und gleichzeitig schräg nach oben bewegt, sich also ähnlich verhält wie beim Tischtennis, wenn man mit der Rückhand schmettert. Auch bei diesem Wurf soll die Bewegung vor allem aus dem Handgelenk kommen. Dafür ist es aber notwendig, daß die Rute wenig Gewicht hat, denn schwere Ruten lassen eine leichte und flüssige Bewegungsfolge nicht zu. Im Augenblick des Freigebens der Schnur von der Rolle soll die ungefähre Richtung des beabsichtigten Fluges erreicht sein. Auch dieser Wurf, so einfach er sich anhört, soll geübt werden.

Jeder Angler kann nun nach eigenem Geschmack seine Wurftechnik variieren und wird es auch tun, ja es kann so weit kommen, daß er zu einer bestimmten Technik findet, die ihm so in Fleisch und Blut übergeht, daß er sie immer anwendet und lieber seinen Standort wechselt, wenn sich der Wurf nicht ausführen läßt. Trotz aller Vorliebe sollte er aber doch eine Reihe anderer Würfe kennen und auch wenigstens hin und wieder üben, wie eben jeder gute Sportler über ein Repertoire verschiedenster Techniken verfügen muß.

Wichtig ist vor allem, bei den schwingenden Bewegungen nicht so stark zu reißen, daß man den Köder bereits auf dem Weg zum Wasser verliert oder gar die Schnurspitze abschlägt. Im großen und ganzen sind die Wurftechnik und die Übungen dazu ausgezeichnet geeignet, die eigene Körpermuskulatur kennenzulernen. Ganz so einfach, wie man es sich zu Anfang vorstellt, ist es eben doch nicht, und noch nie ist ein Meister vom Himmel gefallen. Ich habe deshalb auch beim Kapitel »Angelruten« darauf hingewiesen, daß man seine Wahl sorgfältig treffen und schon im Laden ausprobieren soll, welche Rute einem am besten in der Hand liegt.

Wer einmal gesehen hat, mit welchen Verrenkungen und Bewegungen ein reiner Sportangler mit der Flugschnur arbeitet, der braucht nicht gleich die Flinte ins Korn zu werfen, weil er glaubt, das niemals zu lernen. Sicher braucht man kein Weltmeister im Fliegenzielwurf oder Weitwurf zu werden, aber die Technik ist prinzipiell die gleiche. Da die Schnurspitze nicht mit Blei beschwert werden kann, ist auch nur wenig Gewicht zum Abziehen der Schnur vorhanden. Selbst eine geringe Reibung entlang der Trommelkante kann den Wurf verkürzen. Aus diesem Grund nimmt man vor dem Werfen eine den Umständen entsprechende Schnurlänge von der Rolle und legt sie in lockeren Windungen, sogenannten Klängen, so auf den Boden, daß sie sich nicht gegenseitig verfitzen und ohne zusätzliche Reibung abgehen kann. Man kann die Klänge auch in der Hand behalten, die dann offen bleibt. Liegt sie am Boden, dürfen keine Grashalme, die zunächst sehr weich erscheinen mögen, um die Schnur sein. Am besten legt man sie auf seinen Mantel oder eine Zeltbahn. Trotzdem bleibt es dabei: Die richtige Wurftechnik für die Flugangelei kann man nur vom Zusehen und mit viel Übung lernen. Es gibt eine Reihe Anweisungen, bei denen man die Uhr als Hilfsmittel für das Vor- und Zurückschwingen der Rute genommen hat. Diese Darstellung ist zwar recht eindrucksvoll, zu lernen ist das aber dennoch nicht einfach.

Will man also seine Schnur mit der leichten Fliege vorn möglichst lang haben, dann muß man mehrere Leerwürfe in die Luft machen, wobei man bei jedem Vor- und Zurückschwingen neue Schnur mitnimmt, bis man den Köder auf dem Wasser aufsetzt. Was bedeutet das in der Praxis? Es bedeutet Übung, Übung und nochmals Übung. Und mancher lernt es nie und dann noch unvollkommen.

Für die meisten Angler genügt es aber, wenn sie die Fliege mit dem normalen Überkopfwurf werfen, vor allem bei Rückenwind, der mithilft, die Schnur zu tragen. Gegen den Wind hat ein Fliegenwurf kaum Sinn, die Schnur kommt sonst schneller zurück als hinaus. Der Peitschenwurf, wie im Kapitel »Flugangel« beschrieben, ist für den Anfänger die beste Möglichkeit, sich mit der Materie vertraut zu machen. Mit der Übung kommt dann die Meisterschaft.

Fangtechnik

Hört man erfahrenen Anglern zu, dann fallen immer wieder die Worte Anlanden, Drill, Anhieb. Hat man wenig oder gar keine Erfahrung im Angeln, scheint es einem recht selbstverständlich, wie man einen Fisch aus dem Wasser holt – bis man eigene Erfahrungen macht. Dann merkt man schnell, wie schwierig es mitunter sein kann, den Fisch sicher am Haken zu behalten. Natürlich hängt das auch mit der Fischart zusammen, aber ebenso mit den grundsätzlichen Einzelheiten, die man wissen sollte.

Nehmen wir einmal an, ein Fisch hat den Schwimmer unter die Wasseroberfläche gezogen und sich offenbar selbst gehakt. Dann ist man häufig geneigt, die Rute mit einem gewaltigen Zug anzuhauen und den Fisch mit dem gleichen Schwung auf das Ufer zu schleudern. Dabei kann es aber leicht passieren, daß man dem Fisch den Haken wieder aus dem Maul reißt, vor allem dann, wenn er ziemlich weiche Lippen oder den Haken nur zart erfaßt hat. Nach den ersten Mißerfolgen wird man ruhiger und sanfter in den Bewegungen werden. Wichtig ist es, dem Fisch den Haken so einzutreiben, daß er sicher daran hängt. Oft muß der Anhieb sofort nach dem Abtauchen des Schwimmers erfolgen; dazu ist es notwendig, daß die Schnur nicht zuviel Spielraum zwischen Rutenspitze und Haken hat. Deshalb läßt man nur so viel Schnur von der Rolle, bis sie in ganz leichtem Bogen hängt oder auf der Wasseroberfläche treibt. Je kürzer der Weg zwischen der Rutenaktion und dem Haken, desto sicherer können wir dem Fisch den Haken einziehen. Brauchen wir erst einige Zeit – Sekunden genügen oft schon – bis die Aktion der Rute oder Rolle sich auf den Haken überträgt, hat der Fisch entweder an der beginnenden Unruhe der Schnur gemerkt, was los ist, und spuckt den Köder samt Haken wieder aus, oder er schluckt den Haken so tief, daß seine Entfernung zu einer wirklichen Mühe wird.

Hält man die Rute in der Hand, dann zieht man in der Regel die Schnur senkrecht hoch, sobald man der Meinung ist, ein Fisch hänge am Haken. Zu beachten ist, daß man nicht genau senkrecht anhaut, sondern möglichst mit einem leichten seitlichen Schwung. Diese Bewegung ist gefühlvoller und weicher, außerdem kann man so seine eigenen Bewegungen schneller variieren.

Hat man einen schwereren Burschen am Haken, vielleicht einen großen Blei, dann schafft man es in der Regel nicht, den Fisch mit einem einzigen Schwung auf das Land zu schleudern. Die Rutenspitze biegt sich, weil der Fisch natürlich Fluchtbewegungen mit ganzer Kraft hinter seine Aktionen setzt. Zwar sind die Vollglasruten recht widerstandsfähig und halten ziemliche Gewichte aus, aber warum soll man einen Bruch des Gerätes oder ein Reißen der Schnur riskieren? Dann beginnt der Drill des Gefangenen, das heißt, man läßt den Fisch sich müde toben. Dazu genügt es aber nicht, den Fisch straff an der Leine zu halten, man muß sich mit ihm beschäftigen.

Jede Rolle besitzt eine Bremse, die man so einstellt, daß bei Zug des Fisches noch etwas Schnur abgezogen werden kann, wenn auch nicht in schneller Fahrt, sondern mit Kraft. Heben Sie die Rutenspitze an und senken Sie diese wieder. Sobald die Schnur so etwas lockerer wird, rollen Sie Schnur ein. Passen Sie aber auch auf, daß sich der Fisch nicht in irgendwelche Unterstände oder Krautpolster zurückzieht, die es ihm ermöglichen, ungeahnten Widerstand zu leisten. Mit langsamem Einholen der Schnur bringen Sie den Fisch immer näher an das Ufer. Sie sehen selbst in einem trüben Gewässer am Schnurverlauf, wie nahe das Tier inzwischen ist. Kämpft es immer noch stark, dann geben Sie lieber wieder etwas Schnur, denn das Gewicht des Fisches wird sehr viel größer, sobald er aus dem Wasser geholt werden soll, und ein starker Fisch reißt dann unter Umständen schnell vom Haken oder geht mit Vorfach und Haken auf und davon. Ist der Fisch aber müde – manche Arten halten nicht lange durch –, dann läßt er sich leicht landen.

Das Landen selbst hat auch seine Tücken. An einem flachen Uferabschnitt zieht man den Fisch am besten auf das flache Ufer, bis er relativ festliegt. Lassen Sie aber immer die Schnur straff, sonst passiert es Ihnen, daß der Fisch mit einer kräftigen Körperbewegung sozusagen im Sprung sich vom Haken löst; denn seine eigenen kräftigen Bewegungen und die der Rute haben die Wunde im Maul vergrößert und dadurch den Haken gelockert.

Fällt das Ufer aber sofort steil ab, dann kommt man mit dieser Methode nicht weiter. Hier setzt nun die Arbeit mit dem Kescher oder mit dem Landegaff ein. Mit der rechten Hand halten wir die Rute, mit der linken, die sich bisher mit der Rolle beschäftigte, ergreifen wir das Netz und heben den Fisch mit dem Netz aus dem Wasser. Übrigens hört sich das leichter an, als es getan ist! Aber Sie erwerben schon bald die notwendige Übung.

Schlecht ist es, wenn man von einem recht hohen Ufer aus angelt oder am Meer, zum Beispiel von einer Mole. Dann reicht der Kescherstiel nicht bis zum Wasser hinunter. Hier hebt man den Fisch vorsichtig (!) senkrecht hoch und bedient die Rolle so lange weiter, bis der Fisch über den Steilabfall sicher auf das Land gehoben werden kann. Ein müder Fisch läßt sich das meist gefallen und hängt wie ein nasser Schuh an der Schnur. Ist die Beute aber nur scheinbar müde, dann beginnt sie häufig wieder zu zappeln und zu schlagen. Deshalb achten Sie immer darauf, daß Sie nirgends anstreifen, sei es am Ufer selbst oder an Schilf, Ästen oder sonstigen über Wasser stehenden Gegenständen. Zur Unterstützung können Sie auch hier den Kescher zu Hilfe nehmen, indem Sie ihn unter den an der Schnur hängenden Fisch halten und anheben.

Noch schwieriger wird der Fischfang beim Blinkern. Hier darf möglichst kein Spiel zwischen der Schnur und der Rute bestehen. Wir wissen ja schon, daß der Fisch mit seinem gesamten Maul schmecken kann. Faßt er aber einen metallischen Köder, dann erkennt er sofort, daß er betrogen worden ist, und versucht, ihn wieder auszuspucken. Wie schnell das gehen kann, wird jeder bald aus eigener Erfahrung merken. Sobald man also beim Blinkern – hierunter versteht man auch die Angelei mit Löffeln und Wobblern – den Biß des Fisches spürt, weil man ja die Rolle mit der linken Hand betätigt und die Schnur im Gefühl hat, haut man an. Gerade bei Hechten zum Beispiel ist das Maul recht hart, so daß man den Ruck ziemlich scharf setzen muß, um die Haken durch das Fleisch und die Knochen zu treiben. Hat man den Fisch nicht festgehakt, dann ist das weiter kein Unglück; der Anhieb kam zu spät, und der Fisch hätte sowieso losgelassen, weil er den Braten bereits gerochen hatte.

Hechte und andere Raubfische können eine gewaltige Kraft entwickeln, wenn sie am Haken festsitzen. Sie versuchen, sich auf die unmöglichste Art und Weise zu befreien. Wir müssen also den Fisch tatsächlich ermüden, wollen wir ihn sicher an Land bringen. Das kann lange dauern. Aber die Geduld dürfen Sie keinesfalls verlieren, denn wenn Sie es mit Gewalt versuchen, haben Sie schneller, als Sie glauben, einen Rutenbruch oder einen Schnurriß! Stellen Sie die Bremse Ihrer Rolle so ein, daß diese etwas weicher geht, als die Reißfestigkeit Ihrer Schnur verträgt. Außerdem muß die Rücklaufsperre stets eingeschaltet sein. Beginnt der Kampf des Fisches, dann halten Sie die Rollenkurbel fest und versuchen, genau wie beim Drill eines Friedfisches, durch leichtes Anheben und Senken der Rutenspitze Schnur aufzurollen, und zwar immer in dem Augenblick, in dem die Schnur für ganz kurze Zeit zwischen den Aktionsbewegungen lockerer ist. Läßt sich der Fisch nicht auf Ihre Zugbewegungen ein, sondern versucht, durch kreuz und quer verlaufende Fluchten Raum zu gewinnen, dann geben Sie ihm wieder etwas Schnur, achten aber darauf, daß es nicht genug zur Flucht in ein sicheres Versteck ist. Dabei ist es wichtig, die Rute und damit den Fisch nicht durch senkrechte Bewegungen in die gewünschte Richtung zu dirigieren, sondern durch möglichst seitliche. Trotzdem hebt und senkt man die Spitze ständig in Richtung des Fisches und kurbelt, was das Zeug hält, um dem Fisch keine Zeit zur Erholung zu lassen. Im Grunde genommen verhält man sich bei der Rutenführung ähnlich wie bei Hängern. Man gibt die Schnur nach dem Heben immer wieder so in Richtung des Hakens, daß Rutenspitze, Rute und Schnur etwa eine Gerade bilden. Dann hebt man wieder an. Allein der Zug der wie ein Flitzbogen gespannten Rute übt schon eine gewaltige Kraft aus.

Wenn Sie sich mit dem Drill eines starken Fisches beschäftigen, passiert es zu Anfang gern, daß Sie sich instinktiv vom Uferabfall entfernen wollen. Dazu ist aber nötig, daß Sie wissen, was hinter Ihnen los ist. Schauen Sie sich also den Ihnen zur Verfügung stehenden Platz genau an und probieren Sie schon vor dem Auswerfen, wie Sie nach hinten treten können. Fallen Sie nämlich, dann passiert nicht nur Ihnen vielleicht etwas, sondern auch der Fisch an der Angel verabschiedet sich unter Umständen auf Nimmerwiedersehen. Diese Schritte nach hinten verstärken noch den Zug an der Rute, und das Vortreten gibt etwas mehr Schnur frei bei gleichzeitigem Senken der Rutenspitze.

Nun gibt es unter den Fischen aber auch ausgesprochene »Nuppler«. Das sind solche, die sich mit der Köderaufnahme viel Zeit lassen, ihn mißtrauisch umkreisen, mit dem Maul dagegenstoßen und so die Schmackhaftigkeit prüfen. Ja, sie packen ihn sogar vorsichtig mit den Lippen, die bei den meisten Fischen weit vorstülpbar sind und lassen ihn wieder los. Berüchtigt auf diesem Gebiet sind die Karpfen, deren Vorsicht geradezu sprichwörtlich geworden ist. Hier übe man sich in Geduld. In ziemlich klarem Wasser, in dem man den Köder gut sieht, ist der Anhieb noch einigermaßen einfach, weil man nun nach Gutdünken und Erfahrung arbeiten kann. Im trüben, undurchsichtigen ist es aber schwer, den genauen Zeitpunkt des Anhauens zu erfassen. Man richtet sich ja nach der Pose, und die ist beim Karpfenfischen eher eine Verführung zum falschen Anhieb als ein sicherer Anzeiger. Vor allem zu Anfang macht man den Fehler, zu früh loszulegen.

Kartoffeln sind der klassische Köder während der Sommermonate. Nur im Frühjahr, wenn die Karpfen aus der Winterruhe vom Boden hochsteigen, kommt man ihnen mit Würmern bei. Dann beißen sie auch gieriger. Hier braucht man nicht so viel Vorsicht walten zu lassen wie im Sommer. Der Anfänger wappne sich mit Geduld und lasse dem Karpfen seinen Spaß. Erst wenn die Pose stetig abzieht, haut man an. Bei der Karpfenangelei sichere man die Rute aber immer, wenn man sie aus der Hand legt. Der Fisch verfügt über gewaltige Kräfte und reißt die Rute leicht ins Wasser, wenn er auf seiner scharfen Flucht abzieht. Der Karpfendrill ist etwa dem für Raubfische vergleichbar.

Ein Nuppler unter den Raubfischen ist der Zander. Er läßt sich sehr oft viel Zeit, ehe er den Köder, und dann häufig mit einem gewaltigen Schluck, annimmt. Bis es aber soweit ist, kann man graue Haare bekommen. In manchen Gebieten kämpft der Zander gut, in anderen fügt er sich sofort in sein Schicksal und zeigt nicht mehr Temperament als ein nasser Lappen. Wenn er aber kämpft, dann muß man ihn stark ermüden und drillen, bis er aufgibt. Vorsicht ist an den Stellen geboten, an denen sich die Standorte der Zander vor ausgewachsenen Kolken im tiefen Wasser befinden. Die Schnur ist lang und läßt dem Fisch bei Unachtsamkeit viel Spielraum. Hier also immer wieder die Schnur einholen und dem Tier keine Zeit zum Ausruhen lassen! In einem Kolkgebiet empfiehlt sich als Vorfach ein Metalldraht, denn sonst scheuert man manchmal das Perlonmaterial durch.

Bodenfische stehen gern vor Unterständen und flüchten bei Gefahr dort hinein. Sonderbarerweise verlassen sie aber bei einem Fang auch die schützende Sicherheit. Dann achte man darauf, daß sie nicht in neue, vielleicht weniger gut zu bearbeitende Unterstände flüchten. Kurbeln, was das Zeug hält! Daß das leichter gesagt als getan ist, erweist sich spätestens bei einem mittelschweren Wels, der offensichtlich Blei gefressen hat. Auf solche Fische gehe man von vornherein auch nicht mit leichtem Zeug, sondern mit leicht-schwerem! Und man hebt sie auch nie mit der Rute aus dem Wasser, sondern immer mit einem Gaff oder einem Kescher. Auch mit der Hand geht es, wenn man Auflagefläche am Ufer hat. Fest zugreifen! Wenn man schon empfiehlt, den gefangenen Fisch mit der Hand aus dem Wasser zu heben, dann muß auch gesagt werden, wie man das macht. Blindes Zugreifen führt zu nichts, denn einmal sind die Fische bekanntermaßen glitschig, zum anderen aber oft mit wehrhaften Stacheln gespickt, die nicht unbedeutende Wunden reißen können. Wenn irgend möglich, sollte man die Schnur mit beiden Händen ergreifen und langsam, Zug um Zug, anheben oder heranziehen. Fürchtet man um die Haltbarkeit der Schnur, dann muß man unter Umständen mit der Hand selbst den Fisch ergreifen. Bitte, machen Sie das nicht so wie ein Fischhändler, der ziemlich entschleimte Tiere packt. Er kann es sich leisten, leicht zuzugreifen. Für den Angler, der ein noch lebendes Tier an der Angel hat, das in der Regel die letzten Kräfte mobilisiert, sobald es den Griff der menschlichen Hand spürt, ist zum Beispiel der Schwanz ein völlig falscher Ansatzpunkt. Am sichersten ergreift man die Tiere am Kopf oder dicht dahinter, indem man mit gekrümmten Fingern entweder in das Maul selbst greift oder hinter den Kiemendeckeln einhakt. Das geht aber nicht (!) beim Hecht, denn der Finger würde aus zahlreichen Wunden bluten wegen der nach hinten stehenden Zähne. Hechte erfaßt man in den Augen oder von unten im und am Unterkiefer.

Auch der Karpfen kann nicht einfach ergriffen werden, denn er ist ziemlich kräftig und besitzt starke Hartstrahlen. Selbst der Kiemendeckel reißt tiefe Wunden. Deshalb im Maul fest packen oder von oben in die Kiemenöffnung. Wichtig ist der feste Griff. Wer erst lange herumfühlt, wird nicht viel Erfolg haben.

Bei Barschen greife man nie von oben her auf und um den Fisch: Ihre Stacheln sind nadelscharf. Auch der Kiemendeckel ist wehrhaft. Deshalb am besten mit dem Netz herausheben! Denn auch die Afterflosse besitzt Stachelstrahlen, die denen der Rückenflosse nicht nachstehen. Man faßt also am besten mit einem Tuch zu.

Untermaßige Fische fasse man immer mit einem Tuch an, wenn man sie sicher und ohne innere Verletzungen vom Haken nehmen möchte. Außerdem erlaubt einem das Tuch, nicht zu fest zupacken zu müssen. Sonst zerdrückt man bei zarteren Arten die Schwimmblase, und damit ist dem Leben manches Fisches ein frühzeitiges Ende gesetzt. Übrigens gilt für untermaßige Tiere die Anweisung, daß man sie auch ins Wasser zurückwerfen soll, wenn sie tot sind – eine Bestimmung, die sich freilich von Verein zu Verein ändert. Mit dem Zurückwerfen der toten untermaßigen Exemplare will man wohl erreichen, daß sie Raubfischen oder bodenbewohnenden Arten, die räuberisch leben, als Nahrung dienen. In der Regel kümmern sich die Räuber aber nicht darum, sondern die Fische verludern irgendwo am Ufer.

Meeresangelei

Für den Angler aus dem Binnenland hat der Fang von Schwert-
fischen oder Haien von einem besonderen Fangboot aus nicht erst
seit dem Roman von Hemingway »Der alte Mann und das Meer«
einen eigenen Reiz. Wohl jeder möchte einmal solche Fischriesen
fangen und den Kampf und die gewaltigen Kräfte an der Leine
spüren. Nun, solche Freuden werden nur wenigen zuteil, man
kann sich aber auch mit kleineren Arten zufriedengeben. Im
Grunde genommen unterscheidet sich das Angeln auf Meeresfische kaum von Süßwasserfischen mit schwerem Zeug. Wir haben
entlang unserer eigenen Küsten durchaus Gelegenheit, auch diese
Seite unserer Liebhaberei kennenzulernen. Selbst Haie kann man
an den Haken bekommen, wenn auch nur kleine Arten, die einem
aber mit ihren Körperkräften ganz schön zu schaffen machen
können.
Normalerweise wird man sich für einen gelegentlichen Aufent-
halt am Meer nicht unbedingt die passende Ausrüstung zulegen.
Das sollten nur Küstenbewohner. Wer aber trotzdem nicht verzichten möchte, der kann sich in manchen Seebädern die passende
Ausrüstung leihen. So gibt es sowohl an der Nordsee als auch an
der Ostsee Unternehmungen, die zu Angelfahrten auf Meeresfische einladen. Sie dauern wenige Tage und sind durchaus er-
schwinglich, wenn man davon absieht, daß unter Umständen die
Anreise teuer werden kann. Klassische Ziele sind Helgoland,
Norderney, Travemünde, Lübeck, Kiel. Wichtig ist eigentlich nur,
daß man für längere Schiffsfahrten einigermaßen seefest ist.
An der deutschen Küste hauptsächlich gefangen werden Dorsch,
Makrele, Dornhai und Hornhecht. Dazu kommen noch Plattfische, wie zum Beispiel Flundern und Schollen, neben einigen
anderen Vertretern der Dorschfische. Entlang der Atlantikküsten,
im Mittelmeer und im Schwarzen Meer finden sich dann noch
weitere Fischarten ein, auf die man die Angel auswerfen kann.
Hierzu gehören vor allem der prächtig kämpfende Seebarsch, die
Brassen und die Ährenfische.
Besonders in den südlichen Ländern findet man schnell Anschluß
an Angler, die auf den Molen oder Klippen in der Nähe des
Wohnortes zu finden sind. Von ihnen lernt man die wichtigsten
Regeln, die man für den Fang der einheimischen Fischarten ken-
nen muß, und die Auswahl der Köder. Grundsätzlich sollte man

vielleicht mit den Pilkern beginnen, weil man da am ehesten zu Fangergebnissen kommt. Die Pilke oder der Pilker ist ein dem Jucker sehr ähnlicher Köder, der an einer kurzen Rute oder nur an einem Stock befestigt wird. Durch Heben und Senken des Köders verführt man vor allem Dorsche und Makrelen zum Biß. Dabei können einem stattliche Exemplare an den Haken gehen. Für viele Sportangler ist gerade das Pilkern ein Graus, weil es nicht genug mit dem echten Angeln zu tun hat. Genau wie die Blinker in der Süßwasserangelei unterliegen auch die Pilker einem Gestaltwandel. Immer wieder kommen neue Formen heraus, die aber ähnlich wie bei den Blinkern alle auf dem gleichen Prinzip beruhen.

Wer sich mit der normalen Angelrute auf Fang begibt, der wähle mittelschwere bis schwere Ruten. Wirft man die Schnur vom Land aus, dann eignet sich am besten die lange Grundrute, während man vom Boot aus mit Ruten zwischen 2 m und 2,5 m gut auskommt, ja selbst kürzere eignen sich ausgezeichnet. Sie dürfen nicht zu weich sein, sondern eher kräftig.

Nirgends ist die Perlonschnur ein so großer Segen wie in der Meeresangelei. Seewasser greift herkömmliche Materialien leicht an, während die Kunststoffe nur gering in Mitleidenschaft gezogen werden. Für die normale Tiefenangel oder Schleppangel vom Boot aus wähle man Schnüre von 0,50 bis 1 mm, während für die Wattangelei oder das Angeln von Molenköpfen aus Schnüre von 0,35 bis 0,50 mm gut ausreichen.

Das Meer ist kein kleines Binnengewässer, seine Entfernungen sind ungleich größer. Dementsprechend wählt man die Schnurlänge fürs Meer sehr viel länger als sonst. Hundert bis zweihundert Meter sollte man immer zur Verfügung haben. Das aber bedingt eine große Rolle. Mit kleinem Gerät kommen wir also nicht mehr weiter. So empfehlen sich besonders die Multirollen mit großem Fassungsvermögen, aber auch die schweren Stationärrollen leisten ausgezeichnete Dienste.

Wichtig bleibt in jedem Fall, daß die Trommel wirklich genug Schnur aufnehmen kann. Da es außerdem bei den starkfädigen Schnüren eher zu bleibenden Verdrehungen kommen kann, sollte die Rolle auch aus diesem Grunde kräftig sein, weil man dann den Schnurzug stärker ausgleicht. Meerwasser greift wegen seiner Salzhaltigkeit leicht Metalle an, vor allem aber die schönen Chromverzierungen. Deshalb eignen sich die brünierten Rollen besser.

Eine wichtige Rolle spielt auch die Bleibeschwerung. Erstens muß man in der Regel größere Tiefen erreichen, und zweitens ist die Meeresströmung an vielen Stellen recht stark. Deshalb wählen wir schwere Grundbleie, die es in mannigfacher Ausführung gibt. Gut bewährt haben sich die pyramidenförmigen Senker, die in den verschiedensten Gewichten zu haben sind. Je nach der Tiefe, die erreicht werden soll, hängen wir 250 g bis 1500 g an, bei größeren Tiefen müssen unter Umständen noch weitere Beschwerungen genommen werden. Im allgemeinen genügen uns in den küstennahen Gebieten unserer europäischen Meere aber Gewichte bis zu 500 g. Am besten hängt man an das Ende der Hauptschnur einen starken Wirbel, in dessen obere Öse eine Seitenschnur mit dem Bleigewicht eingehängt wird, während in die untere Öse das Vorfach mit dem Köder kommt.

Da Meeresfische nicht selten recht scharfe Bezahnung besitzen — sie sind ja in der Mehrzahl mit den Barschen verwandt —, darf das Vorfach nicht zu dünn sein. Selbst für die Brandungsangel braucht man eine Dicke von 0,35 bis 0,50 mm. Für schwerere Angeln nimmt man am besten Stahlvorfächer, entweder glatten Draht oder aber das aus der Süßwasserangelei bekannte geflochtene Material.

Besonders beachten sollte man die Hakengröße, denn mit unseren normalen Haken kommt man nicht immer aus, vor allem dann nicht, wenn man Haien nachstellt. So gewaltige Tiere sind allerdings an den deutschen Küsten nicht vertreten. Bis 40 mm darf der Haken lang sein. Von unseren Süßwasserködern können wir im Meer wenig einsetzen, wenn man einmal vom sogenannten Aalschwanz und von den Regenwürmern absieht. Am besten eignen sich Fischstücke, die man aus gefangenen kleineren Exemplaren selbst schneidet. Von den Wattwürmern bietet sich vor allem der Pierwurm an, den man während der Ebbe ausgräbt. Aber verwenden Sie dazu einen kräftigen Spaten, denn das Watt sieht zwar sehr schlammig aus, ist es aber nicht. Ein leichter Spaten verbiegt sich todsicher.

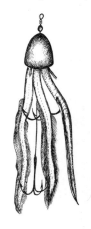

Aal-Zopf

Angeln in fernen Ländern

Die Welt ist klein geworden. Die vielfältigen Angebote an Reisen zu erschwinglichem Preis ermöglichen es uns heute, Länder zu besuchen, von denen man in früheren Jahren nur geträumt hat. Wer als Angler auf Reisen geht, möchte natürlich auch seine Rute mitnehmen und sich an Fischen versuchen, die in Mitteleuropa selten oder gar nicht anzutreffen sind. Wie schön ist es doch, wenn man unter Gleichgesinnten erzählen kann, man habe in Thailand, Afrika oder im Amazonas Fische von sagenhafter Größe gefangen – kontrollieren kann das ja niemand!

Zu den häufig besuchten Gebieten Asiens gehören Indien und Thailand. Hier haben wir eine Fischwelt, die unserer europäischen ungefähr entspricht; wir begegnen den gleichen Fischfamilien. Allerdings unterscheiden sich die Tiere oft in der Größe, finden wir doch gewaltige Arten, von denen ein einziges Exemplar ein halbes Dorf ernährt.

Unter den Karpfenfischen sind es vor allem die Vertreter der Gattungen Hampala, Tor, Acrossocheilus und Cyclocheilichthys, die in einigen Arten einen Meter lang werden können, in der Regel aber rund 50 cm Länge haben. Dazu kommen von den Welsen die Gattung Pangasianodon (Riesenwelse) und ihre Verwandten, von denen die größte Art durchschnittlich 2,5 m lang wird und von den Einheimischen als Speisefisch geschätzt ist. Auch die Verwandtschaft erreicht Längen bis zu 1 m, so daß an Fisch kein Mangel ist.

Wenn man Jagd auf die Tiere macht, sollte man sich mit einem Einheimischen zusammentun, der sich mit den Angelstellen und Ködern auskennt. Zwar unterscheiden sich die Köder in der ganzen Welt nicht sehr stark, doch kann man von einem Landesbewohner am besten erfahren, woher man die Köder bekommt. Gerade in Südostasien ißt man sehr viel Fisch, und man versteht es, selbst aus den kleinsten Fischarten, die nur wenige Zentimeter lang werden, schmackhafte Gerichte zu bereiten oder die Tiere für Suppen und Soßen zu verwenden. Deshalb wird man bei den Einheimischen auf Verständnis stoßen, vor allem, wenn man ihnen die überzählige Beute als Zeichen der Dankbarkeit überläßt.

Etwas anders liegen die Verhältnisse in Afrika. Einmal macht sich die Bevölkerung dort nicht viel aus Fischen, obwohl die

Flüsse und Seen meist sehr fischreich sind. Zum anderen aber sollte man sich zuallererst erkundigen, ob man nicht etwa ein Gewässer vor sich hat, das mit Bilharzia verseucht ist. Diese Tropenkrankheit, die man bereits bekommen kann, wenn man nur einen Arm ins Wasser steckt, ist eine Geißel vieler Gebiete. Man kann sie heute zwar bekämpfen, aber die Behandlung ist langwierig und nicht ganz schmerzlos. Deshalb sollten wir uns davor hüten, in solchen Gewässern zu angeln. Bilharziose ist heimtückisch!

Die afrikanischen Fischarten lassen sich vom Standpunkt des Anglers aus in drei große Gruppen einteilen. In fast allen Gewässern findet man Buntbarsche oder Cichliden, die mit unseren einheimischen Barschen verwandt, aber meist viel prächtiger gefärbt sind, wie ja ihr Name schon besagt. Vor allem Vertreter der Gattung Tilapia gehören zu den Angelfischen, denn sie werden teilweise über 30 cm lang.

Von den Karpfenfischen sind es hauptsächlich die Vertreter der Gattung Labeo, die man wegen ihrer Mundbildung auch Fransenlipper nennt. Sie nehmen pflanzliche Köder häufig sehr gern an. Manche Arten werden bis zu 1 m lang, sind aber als Sportfische nicht besonders beliebt.

Von den Welsen werden wir in den meisten Gewässern Vertreter der Büschelkiemenwelse (Clarias) antreffen. Es sind gewaltige Räuber, die nicht schwer an den Haken gehen, vor allem, wenn man sie in der futterarmen Zeit angelt. Sie können gut kämpfen, entwickeln schon wegen ihrer Größe (manche Arten werden bis zu 1 m lang) überraschende Kräfte und können hinsichtlich der Sportlichkeit mit unserem einheimischen Wels verglichen werden.

Südamerika ist bekannt wegen seiner Piranhas, jener Fische, die einen Menschen in kurzer Zeit buchstäblich skelettieren, wenn man den Abenteuerbüchern glauben will. Unter den zahlreichen Piranha-Arten sind aber nur vier, die tatsächlich gefährlich werden können, und das erfährt man spätestens, wenn man seinen Wunsch laut werden läßt, an irgendeinem Fluß angeln zu wollen. Ich war darüber überrascht, daß man Piranhas auch ohne Stahlvorfach fangen kann. Besser ist aber in jedem Fall ein Stahlvorfach, denn einige Arten haben scharfe Zähne und schneiden jede normale Schnur leicht durch.

Zu den wirtschaftlich genutzten Fischarten Südamerikas gehört vor allem der im Stromgebiet des Amazonas weit verbreitete Arapaima. Er ist mit seinen gut 3 m Länge der größte Süßwasserfisch überhaupt. Für ihn braucht man starke Schnur und Angelgerät, das etwa dem der Meeresangelei entspricht. Natürlich gibt es auch noch andere Arten, zum Beispiel Buntbarsche, Raubsalmler, Panzerwelse und andere, die das Angeln lohnen, aber hier will ich ja nur auf die außergewöhnlichen Fischarten hinweisen.

Im Gegensatz zu den Verhältnissen in Europa ist das Angeln in tropischen Ländern kaum je einer Beschränkung unterworfen. Angelscheine und Erlaubnisbewilligungen kennt man nur in bewirtschafteten Gebieten. Wer aber hier angeln möchte, sollte sich immer mit der einheimischen Bevölkerung in Verbindung setzen, die uns in der Regel nach einigem Palaver bereitwillig die besten Plätze zeigt. Mit einem Trinkgeld erreicht man in diesen Gebieten oft mehr als zunächst angenommen. Am besten ist es stets, beizeiten aufzustehen und den örtlichen Fischmarkt zu besuchen, der gleich nach Sonnenaufgang eröffnet wird. Hier sieht man fast alle Fischarten, die es in der Umgebung zu fangen gibt.

Das Ausnehmen und schnelle Zubereiten der gefangenen Fische ist in tropischen Gebieten wichtig, oft sogar lebenswichtig, denn bei der Hitze und dem hohen Feuchtigkeitsgehalt der Luft verdirbt das zarte Fischfleisch viel schneller als bei uns. Man fährt ja schließlich nicht in ferne Länder, um sich eine Fischvergiftung zu holen. Da man als Tourist meist nicht in der Lage ist, den gefangenen Fisch selbst zuzubereiten, ist der Kontakt mit der einheimischen Bevölkerung schon aus diesem Grunde wichtig. Wer je so ein romantisches Fischessen im Kreise von oft noch in einfachsten Verhältnissen lebenden Menschen mitgemacht hat, wird sich gern daran erinnern. Man darf freilich keine europäischen Maßstäbe anlegen, denn Gabel und Löffel sind vielerorts unbekannt; man nimmt statt dessen die Finger. Für solche kleinen Unannehmlichkeiten wird man jedoch mehr als entschädigt durch exotische Zubereitungsarten, die den Fischgerichten oft einen überraschenden Geschmack verleihen.

Wenn Sie in den Tropen Fisch essen, dann richten Sie sich bitte unbedingt nach der einheimischen Bevölkerung. Unsere Maßstäbe werfen Sie besser über Bord. Die Landesbewohner wissen am besten, was unter den dortigen klimatischen Bedingungen für den Magen am bekömmlichsten ist. Schon mancher Reisende hat tagelang an den Folgen eines Essens zu leiden gehabt, nur weil er der Meinung war, auch in tropischen Gebieten an der europäischen Küche festhalten zu müssen. Solche Beschwerden stellen sich

Kunstfliegen

Man unterscheidet zunächst einmal zwischen nassen und trockenen Fliegen. Die Trockenfliegen sind so gebunden, daß sie weich auf die Wasseroberfläche fallen und schwimmen, während die nassen entweder schwimmen oder untergehen. Alle Kunstfliegen sind freie Nachbildungen von natürlichen Insekten, und sie sollen dann eingesetzt werden, wenn die Naturformen gerade ihre Flugzeit oder hauptsächliche Verbreitung haben. Dennoch ist die Gewähr für einen sicheren Fang durchaus nicht immer gegeben. Fliegenangelei gehört nun einmal zum ›Großen 1 x 1 des Angelsportes‹. Innerhalb der Kunstfliegen unterscheidet man im allgemeinen folgende Gruppen: *Streamer* (das sind Nachbildungen von Fischen), *Optikfliegen* (ebenfalls Fischnachbildungen, aber mit großen Augen), *Gefügelte Fliegen* (also solche, die deutliche Flügelbildungen zeigen), *Hechelfliegen* (ihnen fehlen die Flügel), *Raupenfliegen oder Palmer* (stark behaarte Körper, meist ohne Flügel, aber auch mit Flügeln), *Nymphen, Käfer, Ameisen, Heuschrecken, Glanzfliegen*. Auf der nebenstehenden Tafel finden wir *Naßfliegen*. Obere Reihe, von links nach rechts: *Blaue Aufrechte oder Blaustelze* (Blue Upright), *Goldfliege* (Golden Fly), *Rote Ameise* (Red Ant), *Alexandra* (Alexandra); zweite Reihe von links nach rechts: *Kuhmistfliege* (Cow Dung), *Blaue Zulufliege* (Blue Zulu-fly), *Eisenblaue Nymphe, Roter Spinner* (Red Spinner), *Schwarze Zulufliege* (Black Zulu-fly); untere Reihe von links nach rechts: *Märzbraune* (March-brown), *Schmeißfliege, Hollands Fliege* (Hofland's Fancy), *Steinfliege* (Stone Fly), *Grauer Palmer* (Gray Tag). Die Namen in den Klammern nennen die englischen Bezeichnungen. Gerade die Fliegenkollektionen besitzen fast immer englische Namen, da sie in Amerika und England eine außerordentlich weite Verbreitung haben und hier oft erfunden wurden. Daß manche Namen ausschließlich Phantasieprodukte sind, wird man leicht ver-

stehen, wenn man sich die Geschöpfe ansieht. Mit natürlichen Insekten haben sie bei aller Toleranz nichts mehr zu tun. Man kann sich mit einiger Fertigkeit und Übung solche Fliegen auch selbst binden, aber der Anfänger wird sich wohl immer auf die käuflichen Modelle verlassen. Will man nasse Fliegen länger an der Wasseroberfläche halten, muß man sie leicht einfetten. Sollen sie schnell absinken, feuchtet man sie vor dem Wurf an. Hat sich eine Fliege als fängig erwiesen, dann bedeutet das nicht, daß man sie nun unbeschränkt einsetzen kann. Durch das schnappende Fischmaul und die oft nicht gerade sanfte Behandlung nach dem Fang beim Entfernen aus dem Fischmaul leiden auch die besten Kunstfliegen. Man braucht also nach einer gewissen Zeit neue Fliegen. Von den einzelnen Fliegentypen gibt es sowohl nasse als auch trockene. Es ist schwierig, die Fängigkeit der einzelnen Fliegen für die jeweiligen Fische und Gewässer vorauszusagen, aber es gibt einige grobe Anweisungen, nach denen man sich zu Anfang richten sollte. So erweisen sich die Maifliegen und Märzbraunen für die ersten Frühjahrsmonate als gut, Sommerfliegen sind unter anderem Rote Ameisenfliege, Goldfliege, Kuhmistfliege, Steinfliege. Für den Herbst eignen sich Eisenblaue Nymphe, Rote und Schwarze Ameisenfliege. Daneben kann man auch andere Fliegen einsetzen, so die Kutscher, Rotspinner, Hoflands Fliege. Man wende sich am besten immer an die örtlichen Angler, die den besten Überblick haben. Nach dem Fang sollte man die Fliegen gut trocknen und an der Luft aufbewahren, bis sich auch die letzte Nässe verflüchtigt hat.

Kunstfliegen

Die auf der nebenstehenden Tafel abgebildeten Trockenfliegen erkennt man in erster Linie an ihren abstehenden Borsten oder Hecheln und Flügeln. Damit bilden sie ein Luftpolster, ähnlich wie bei pelzigen Wassertieren, das das Untergehen verhindert oder doch eine Zeitlang sehr erschwert. Will man die Fliege auch nach einem längeren Angeltag schwimmfähig halten, dann sollte man sie einfetten, damit sie noch wasserabstoßender wird. Trockenfliegen werden sanft auf die Wasseroberfläche gesetzt, möglichst nicht mit einem lauten Klatschen, denn normalerweise fallen Fliegen nicht wie Bleikugeln auf den Wasserspiegel. Da die Schnur bei der Trockenfliege ebenfalls auf der Wasseroberfläche treibt, dem Fisch dann aber einen viel zu langen Schwanz der Fliege vortäuscht, wird sie hinter der Fliege sorgfältig entfettet, damit sie untertaucht. So vermeidet man den Reflex an der Wasseroberfläche. Der weitere Teil der Schnur ist schwimmfähig und schadet dann auch nicht mehr. Die Tafel zeigt als Auswahl in der oberen Reihe von links nach rechts: *Rote Ibis* (Red Ibis), *Graue Pfauenhechel* (Grey Hackle Peacock), *Weiße Müllerfliege* (White Miller), *Silberdoktor* (Silver Doctor), *Wasserkönig* (King of Water); mittlere Reihe von links nach rechts: *Rote Ameise* (Red Ant), *Schwarzbraune Hechelfliege* (Brown Hackle Black), *Königskutscher* (Royal Coatchman), *Professor* (Professor), *Kutscher* (Coatchman); untere Reihe von links nach rechts: *Braune Pfauenhechelfliege* (Brown Hackle Peacock), *Parma Beile*, *Rote Hechelfliege* (Grey Hackle Red), *Biene* (Bee), *Schwarze Mücke* (Black Gnal). Auch mit dieser Auswahl ist das vielseitige und umfassende Sortiment bei weitem nicht erschöpft. Es gibt noch eine ganze Reihe eigener Formen, Zwischenformen und Farbspielarten. Dazu kommen noch die Kunstfliegen, die wir bei den Naßfliegen vorstellten, die aber auch als Trockenfliegen gebunden werden können oder er-

hältlich sind. Viele dieser Fliegenformen gibt es in den unterschiedlichsten Hakengrößen, so daß man sie den nachgestellten Fischen anpassen kann. Zu den größten Fliegen überhaupt gehören die Lachsfliegen. Die sogenannten Hutfliegen nimmt man als Abzeichen und nicht zum Angeln. Eine weitere Fliegengruppe sind die Turnierfliegen, mit denen man Wurfturniere bestreitet. Sie sind genormt, damit jeder Teilnehmer die gleichen Voraussetzungen hat. Bei der Fliegenangelei ist es grundsätzlich wichtig zu wissen, welche Insekten im oder am Gewässer vorkommen. Man muß sich also genauso mit der Kleinlebewelt beschäftigen, wie bei den natürlichen Ködern. Nur selten nimmt ein Fisch eine Kunstfliege an, die einem Nährtier nachgebildet ist, das er gar nicht kennt. Dennoch kann man auch mit völligen Phantasieprodukten oder für das Gewässer untypischen Fliegen Fänge erreichen. Es gehört eben auch Glück dazu. Zu den fängigsten Trockenfliegen gehören die Blaue Aufrechte oder Blaustelze, die Kutscher, Rotspinner und Hofflands Fliege. Auch bei ihnen muß man sich aber nach der Jahreszeit richten, wie wir es schon bei den Naßfliegen besprachen. Im großen und ganzen wird man sich aber nach einiger Zeit so auf die einzelnen Gewässer eingespielt haben, daß man sein Sortiment zwischen Naß- und Trockenfliegen beisammen hat, und man wird dann darauf schwören. Dennoch sollte man sich nicht den neuen Gegebenheiten verschließen und ruhig einmal zu einer neuen Fliege greifen, wenn sie erfolgversprechend erscheint. Trotz der anstrengenden Beobachtung seiner treibenden Kunstfliege darf man die umgebende Natur nicht aus dem Auge verlieren.

aber in der Regel nicht ein, wenn man auf die Einheimischen hört und so ißt wie sie. Dabei wird einem zu Anfang zwar je nach Temperament das Blut stocken oder überkochen, weil vor allem die Suppen so scharf sind, daß man glaubt, Feuer geschluckt zu haben, aber man gewöhnt sich sehr schnell daran.

Gesetzliche Fragen

Wie schnell man mit Behörden oder Aufsichtspersonen in Berührung kommen kann, das erlebt man meist sehr bald, wenn plötzlich ein Büttel hinter einem steht und sich fröhlich nach der Beißlust der Fische und dem Fangerfolg erkundigt. Heutzutage gibt es in Mitteleuropa kein Gewässer, in dem man nach Herzenslust der schuppigen Beute nachstellen kann. Überall sind Gesetze und Vorschriften zu beachten, die vom Staat erlassen worden sind.

Umgeht man aber die staatlichen Stellen und fischt als Schwarzangler, dann hat man noch längst nicht alle Klippen umschifft. Denn die Gewässer selbst sind in der Regel im Besitz von Angelvereinen oder von Gemeinden, im günstigsten Falle von Einzelpersonen, die man nicht unbedingt am Fischwasser treffen muß. Wer sich also mit der hohen Kunst des Angelsports befassen möchte, der erkundige sich tunlichst vorher, an welche Institutionen oder Personen er sich wenden muß, damit er seinen Köder baden kann.

In Deutschland, aber auch in Österreich benötigen wir zwei Bescheinigungen, die uns freien Zutritt zu den Gewässern gestatten. Zunächst einmal müssen wir uns an das zuständige Landratsamt oder Gewerbeamt des Wohnortes wenden, und hier erhalten wir, wie sollte es auch anders sein, ein Antragsformular für den staatlichen Fischereischein. Die Kosten dafür variieren, sind aber nicht allzu hoch. Wir dürfen nur nicht vergessen, Paßbilder mitzunehmen, denn die sind offenbar bei allen Behörden wichtig. Bereits Jungangler können den staatlichen Fischereischein beantragen, sobald sie über 12 Jahre alt sind. Im großen und ganzen wird man bei unseren Behörden kaum auf Schwierigkeiten stoßen.

Zwar gilt der staatliche Fischereischein ein ganzes Jahr, aber er nutzt uns strenggenommen noch gar nichts. Er bedeutet lediglich, daß man seinen Obulus an die Obrigkeit entrichtet hat. Wie man zu Fischen kommen soll, wird noch nicht verraten. Nun muß man sich mit den Vereinen, Gemeinden oder Personen ins Benehmen setzen, in deren Gewässern man angeln möchte. Das kann ziemlich schwierig werden, wie einem die Praxis bald beweist. Oft ist es nämlich so, daß auch in kleinen Orten zwei oder drei Angelvereine bestehen, die die Gewässer unter sich aufgeteilt haben. Dazu kommt noch, daß ein Teil der Gewässer von Einzelpersonen gepachtet ist oder der Gemeinde gehört. An wen man sich in diesem Fall zu wenden hat, erfährt man am ehesten in einem Geschäft für Angelutensilien, von denen es sicher wenigstens eines in einem Ort gibt, in dem auch Angelvereine existieren. Sonst kann man sich an die Bürgermeistereien wenden, die gern Auskunft geben.

Der Preis für eine Erlaubnis des Pächters oder Besitzers eines Fischgewässers schlägt dann schon mehr zu Buche. Je nach Fischbesatz und Bestand variieren die Preise erheblich, so daß keine Norm genannt werden kann. Am Wohnort ist es wohl immer am sichersten, wenn man selbst in den Angelverein eintritt. Die Mitgliedsbeiträge, mit denen man Zugang zu den gepachteten Gewässern erhält, schwanken ebenfalls von stolzen Summen bis zu bürgerlichen. Schon manchen Angler hat der hohe Beitrag abgehalten, sich einem Verein anzuschließen, weil er der Meinung war, für dieses Geld könne er sich seine Fische auch in der Fischhandlung kaufen. Aber diese Einstellung ist falsch. Man muß bedenken, daß der Verein ebenfalls nicht unerhebliche Ausgaben hat, will er die Pacht aufbringen und für den Fischbestand sorgen. Die Hege und Pflege der Gewässer ist nicht billig und wird heute fast ausschließlich von interessierten Vereinen übernommen.

Wie schwer die Erhaltung und Erneuerung des Fischbestandes ganz allgemein in unserer Industriegesellschaft ist, wird jeder Zeitungsleser hin und wieder aus der Presse entnehmen können, wenn von großen Fischsterben die Rede ist. Der Schuldige ist nicht immer zu ermitteln, und den Schaden tragen dann die pachtenden Vereine. Damit wir aber unsere Angelliebhaberei auch in der Zukunft ausüben können, sollten wir uns ernsthaft überlegen, ob wir die verhältnismäßig hohen Kosten des Beitritts nicht doch bezahlen. Abgesehen davon ist es dann auch leichter, für Gewässer Fischereierlaubnisscheine zu erhalten, die wir nur auf Urlaubsfahrten oder Ausflügen besuchen und die von dort ansässigen Vereinen kontrolliert werden. Solche Gastkarten werden in der Regel an organisierte Angler billiger abgegeben als an nichtorganisierte, und das ist immerhin ein Vorteil.

In Süddeutschland, aber auch in anderen Teilen Deutschlands wird es immer mehr Brauch, die Ausgabe von Fischereierlaubnisscheinen vom Ablegen der Sportfischerprüfung abhängig zu machen. Diese Prüfung kann man in den Vereinen ablegen. Dazu führen die Vereine Kurse durch, in denen jeder Petrijünger mit den grundsätzlichen Fragen des Angelsportes vertraut gemacht wird. Wie jede Prüfung ist auch diese oft mit scheinbarem Ballast versehen. In der Praxis aber hat es sich erwiesen, daß die Prüfer mit ihren Schulungen doch eine breite Grundlage für den Angelsport geben.

Sind wir nun im Besitz sowohl des staatlichen Fischereischeines als auch der örtlichen Fischereierlaubnis, der sogenannten Angelkarte, dann scheinen alle Hindernisse überwunden und der Weg zum Gewässer frei. Leider beginnt nun etwas, auf das manche Angler nicht achten. Mit der Ausgabe des örtlichen Fischereierlaubnisscheines erhält man meist – wenn sie nicht auf dem Schein aufgedruckt sind – die besonderen Vorschriften für die nun benutzbaren Gewässer. Dazu gehören die Mindestmaße der gefangenen Fische, die Schonzeiten der einzelnen Arten, die Höchstzahl der Exemplare, die von einer Fischart an einem Tage gefangen werden dürfen, und so weiter. Diese Bestimmungen sind aber von Gewässer zu Gewässer verschieden, sie können sogar so unterschiedlich sein, daß man als Anfänger fast verzweifelt. Bitte denken Sie daran, ehe Sie von einer Schikane sprechen, daß die Pächter ziemlich genau wissen, wie ihr Fischbestand aussieht. Solche Bestimmungen sind nämlich, bis auf wenige Ausnahmen, kein Selbstzweck, sondern hängen mit der Hege des Fischbestandes zusammen.

Unter Mindestmaß versteht man die Länge des Fisches, die erreicht sein muß, bevor man ihn in den Kochtopf wandern lassen darf. Man mißt mit einem Zentimetermaß von der Schnauzenspitze bis zum Schwanzende. In der Regel sind diese Maße trotz ihrer

Federwaage

Fischwaage
mit Maßband

Unterschiedlichkeit selbst innerhalb eines ziemlich begrenzten Gebietes so berechnet, daß die Fische geschlechtsreif sind und schon für Nachkommenschaft gesorgt haben. Mitunter kommt zu diesem Mindestmaß noch ein Mindestgewicht. Dann muß man eine kleine transportable Federwaage mitführen, die man nach dem Fang einfach im Vorfach einhängt. Fische mit Untermaß und mit Untergewicht müssen wieder in das Gewässer zurückgesetzt werden. Bitte halten Sie sich daran, Sie gehen Ärger aus dem Wege und riskieren kein Gewässerverbot. Wenn ein Fisch den Haken zu tief geschluckt hat, so daß dieser ohne starke Verletzungen oder gar ohne Abtöten nicht gelöst werden kann, und wenn man fremd am Gewässer ist, dann empfehle ich, den Haken zu lassen, wo er ist, und nur das Vorfach auszuhängen. So hat man einen sicheren Beweis, daß man nicht aus Böswilligkeit den zu kleinen Fisch mitgenommen hat. Solche Situationen ergeben sich oft bei Barschen, die manchmal den gewaltigen Haken mit dem Köder sozusagen bis zum Darmende verschluckt haben. Aber auch kleine Aale sind darin Künstler.

Noch etwas zum Lösen der Fische vom Haken. Wie man den Fisch behandelt, so wird man von seinen Angelfreunden eingeschätzt. Wer einen Fisch mit brutalem Griff festhält, weil er glaubt, den glitschigen Burschen sonst zu verlieren, der hat sich mit der Lösetechnik noch nicht vertraut gemacht. Die eigene Frau weiß das oft besser, denn sie hat es bei der Fischzubereitung gelernt. Man verwendet am besten ein feuchtes Tuch, legt es um den Fisch herum und hält ihn so einfacher und ohne großen Kraftaufwand fest. Wer einmal erlebt hat, wie kleine Fische, nach dem Lösen vom Haken ins Wasser zurückgesetzt, nicht mehr schwimmen konnten, weil ihnen die Schwimmblase oder andere wichtige Organe durch unsachgemäße Behandlung zerdrückt wurden, der weiß, wie grob und falsch er das Tier behandelt hat.

Sitzt der Haken so im Maul des Tieres, daß man ihn trotz Hakenlöser oder Löseschere nur mit Gewalt aus dem Tier herausreißen kann, dann wendet man die gleiche Methode an, die man auch wählt, wenn einem der Haken zu tief ins eigene Fleisch geraten ist. Man sticht den Haken einfach durch und kneift mit einer Zange die Spitze mitsamt dem Widerhaken ab. Dann zieht man den Resthaken zurück. So einfach kann es sein, wenn ich mir auch darüber im klaren bin, daß solche Empfehlungen in der Praxis manchmal nicht anzuwenden sind.

Hat man einen Fisch mit Untermaß vom Haken gelöst, dann

wickle man ihn nicht einfach aus und werfe ihn im hohen Bogen in das Wasser, sondern fasse das Tier bestimmt, aber vorsichtig, um den Körper und setze es ins Wasser. Zu dieser Geduldsübung muß sich mancher Angelfreund erst noch zwingen, denn die Empfindungen gegenüber einem »Rotzbarsch« sind ja nicht gerade die freundlichsten. Aber auch diese Fische haben eine Daseinsberechtigung und spielen im Gewässer eine bestimmte Rolle.

Zu den kritischen und örtlich oft unterschiedlichen Schonzeiten, die man unbedingt einhalten muß, sei noch gesagt, daß sie nicht von ungefähr kommen. Meist liegen die Schonzeiten während der Laichzeit, in der die Fische für ihre Nachkommenschaft sorgen. Es gibt zwar eine Reihe von Fischen, die während ihrer Hochzeitsperiode kaum fressen, bei anderen aber macht die Liebe hungrig. So ist es verständlich, daß man den Fischbestand nicht unbedingt dezimieren möchte, indem man die Elterntiere vor der Eiablage herausfängt. Da sich aber die Laichzeiten in den verschiedenen Gewässertypen und Regionen nicht immer an ein genaues Datum halten (sie hängen unter anderem auch vom Wetter ab), sind die angegebenen Schonzeiten Erfahrungswerte, die über die angegebenen Daten hinaus sich verschieben können. Deshalb achte man immer um die Laichzeit herum, selbst wenn die Schonzeit aufgehoben ist, auf Exemplare in Laichfärbung, wie zum Beispiel bei den Forellen und Saiblingen, oder auf die arttypischen Laichausschläge unserer Karpfenfische. Solche Veränderungen treten zwar in der Regel nur bei den Männchen auf, zeigen aber, daß manche Exemplare ihre Flitterwochen noch nicht abgeschlossen haben. Solche Tiere gehören nicht in den Kochtopf, sondern zur Schonung des Fischbestandes wieder in das Gewässer, selbst wenn es sich um ein ausgesprochen kapitales Stück handelt, das man nur zu gern vorzeigen würde. Auch hier hat man Selbstdisziplin zu üben.

Für viele Gewässer besteht die Pflicht, ein Fangbuch zu führen. Das bedeutet, wir müssen für unsere Fänge genaue Daten angeben. Dazu gehören das Maß in Zentimetern und das Gewicht. Wer nun glaubt, solche Angaben dienten nur dazu, dem Angler auf die Finger zu sehen, der irrt sich. Ein typischer Fall für die Anwendung solcher Statistiken ist dann gegeben, wenn durch Gewässerverschmutzungen ein Fischsterben eintritt und es um die Schadenersatzforderungen geht. Dann können Ihre statistischen Daten eine wichtige Rolle beim Aushandeln der Ersatzprämien spielen. Wenn Sie noch zusätzlich zu den geforderten Daten hinzuschreiben, zu welcher Tageszeit, mit welchem Köder, bei welchen Wetterbedingungen und an welchen Standorten Sie Ihre Beute gemacht haben, dann erhalten Sie mit der Zeit ein recht umfangreiches Tagebuch, aus dem Sie für Ihre spätere Angelzeit allerhand lernen können, denn im Kopf behalten würden Sie das alles nie. So aber haben Sie's schwarz auf weiß, und die Erinnerung kann Ihnen nicht Dinge vorgaukeln, an die Sie dann wirklich glauben. Das aber führt zu negativen Fangtagen.

Viele Vereine begrenzen auch die Menge der an einem Tag oder in einer Woche zugelassenen Fische. Bitte, halten Sie sich auch daran, denn nichts ist peinlicher, als wenn man über die genehmigte Zahl hinaus noch einige Fische im Rucksack hat. Töten Sie bei Beschränkungen nicht gleich jeden Fisch ab, wenn es auch anders geht, sondern setzen Sie die noch lebenden Fische in einen Setzkescher in der Nähe Ihres Fangortes. Sie haben dann die Möglichkeit, die zwar zugelassenen aber kleineren Exemplare gegen eventuell später an den Haken gehende größere auszutauschen. Stark verletzte Tiere sollte man aber abtöten und nicht im Wasser aufbewahren, weil unsere Karpfenfische Schreckstoffe an das Wasser abgeben und je nach Gewässerart die nähere oder weitere Umgebung damit verseuchen und so ihre Artgenossen vertreiben.

Auch Ihr Angelgerät kann in manchen Gebieten einer Beschränkung unterworfen sein, genauso wie die Angelmethode. Die normale Grundangel ist wohl überall zugelassen, aber schon die Verwendung des Buldo, der Wasserkugel, ist nicht überall erlaubt. Ähnlich verhält es sich mit der Nachtangelei, mit Lichtfang, Schleppangelei und so weiter. In bestimmten Gebieten sind auch manche Köder nicht zugelassen, zum Beispiel der Wurm beim Forellenfang. Über diese Dinge müssen Sie sich informieren. Bitte, stellen Sie sich nicht auf den Standpunkt: Was ich nicht weiß, macht mich nicht heiß. Ein verantwortungsbewußter Angelfreund sollte stets an diese Fragen denken. Zu den Verboten gehört auch die Beschränkung in der Zahl der Ruten. Mitunter sind nur eine Wurmangel und eine Spinnangel zugelassen, während in anderen Gegenden die Zahl unbeschränkt bleibt. Warum soll man sich aber mit seiner frisch erworbenen Angelerlaubnis unbedingt in des Teufels Küche begeben?

Deutschland und Österreich haben ziemlich genau die gleichen Grundvorschriften für den Angelsport. Dagegen ist schon in der Schweiz die Lage ganz anders. Jeder Kanton verfügt über ein anderes Gesetz, und die Durchführungsbestimmungen sind so unterschiedlich, daß man sie tatsächlich nicht hier aufführen kann. Wer also die Schweiz besucht und seine Angel mitnimmt, der informiere sich bei der Kantonsverwaltung, welche Bestimmungen er zu beachten hat. Man wendet sich in der Kantonshauptstadt an das zuständige Jagd- und Fischereidepartement. Hier bekommt man die richtige Auskunft.

Urlaubsreisen von Angelfreunden führen ja meist dazu, daß die Familie dazu verurteilt ist, entweder allein die Schönheiten des Landes kennenzulernen oder aber am Fischgewässer auszuharren, ohne etwas anderes zu sehen als Wasser. Wer sich solcher Urlaubsfreuden unterzieht, der sollte sich vorher erkundigen, was er beachten muß. Deutschland hat in fast allen Ländern Europas konsularische Vertretungen, über die man die jeweiligen Bestimmungen erhalten kann. Klassische Reiseländer, wie Italien und Spanien, zeigen sich gerade für den Angler oft nicht als die Paradiese, die man erwartet. Dagegen sind die skandinavischen Staaten, Schottland, Irland und die Pyrenäen beliebte Ausflugsziele für Lachsangler. Am besten ist es, wenn man solche Fahrten mindestens ein halbes Jahr vor Eröffnung der Lachssaison plant, damit man die nötigen Unterlagen beisammen hat. Auch hier geben die konsularischen Vertretungen Auskunft, oder man kann eine solche in manchen Städten vom Verband Deutscher Sportfischer e.V. erhalten. Schwieriger ist es in den osteuropäischen Ländern, denn hier muß man sich unter Umständen erst im Lande informieren. Wer bereits Freunde oder Bekannte dort wohnen hat, kann sich die Mitnahme des Angelgerätes sparen, er leiht es sich besser. Denn manche Kontrollbeamte sind päpstlicher als der Papst.